土地法制の改革

土地の利用・管理・放棄

山野目章夫

有斐閣

はしがき

　けっして逆説でなく，それが正しい理解であると信ずるから述べることであるが，所有者不明土地問題をはじめとする土地問題に取り組む目的は，この問題を終わらせるためである。本書もまた，これも皮肉でも何でもなく真摯に考えることとして，おおいに土地問題を論じて欲しい，というよりも，人々が土地問題を論じる状況，もっと述べるならば所有者不明土地問題などをめぐる社会の喧噪の終息を願って執筆される。

　ある問題が政治過程の俎上に置かれる事態は，そこに社会の資源が投じられる結果を意味する。官僚機構の優秀な部分が投入され，世論も関心を向けるから記者が取材に奔走する。この帰結は，もっと大きな社会の諸課題の解決の遅延を招く。

　なぜ人々が土地問題を熱心に論ずるか。いろいろな事情があるであろう。まず，人間には，知っている問題は論じたくなる，という性向がある。2021 年の民法の改正などに至る一連の法制整備のお手伝いをした私のところには，いろいろな人が便りをくださり，論稿の恵贈に接し，また，ひきとめて議論を吹っかけてくださった。土地政策は広大な分野であり，ちょっとやそっとの知識経験で全体を見渡すことがかなわないけれども，ある局部をよく知っている人はいる。長年書き溜めた論稿の束を封筒に入れ，手紙も何も添えずボンと送ってくる人もいます。もちろん全部読みました。

　ここまでであれば，人の気持ちの動きがよくわかる部類である。

　しかし，所有者不明土地問題などが一挙に時局の話題となった理由は，これだけでは説明ができない。その理由を精確に分析する暇がないが，おそらく要因として存在するものに，なにかを社会について論じたいと人々が感じている雰囲気がある。そこに，所有者不明土地問題という，論じやすい便利な題材が現われた。土地の所有者がわからないと告げられれば，それはなんとかしなければ，と思うにちがいない。所有者不明土地問題は，わかりやすい話題である。かくして，多くの国士が出現した。「山野目さん，これは大変なことですよ。

あなた，きちんとこれに取り組んでくれていますか。こんなことでは日本はおかしくなってしまいますからね」と多くの知人たちに叱られたけれども，いつも私は不思議に感じた。いったい，たとえば土地の所有者がわからなければ直ちに人が生命を失う，というような事態になるか。そんな事態は起こらない。所有者がわからない土地がそこここにあっても，すぐに日本がおかしくなったりはしない。大切なものは，所有者を探索するという手順を通じ，きちんと地域を整え，土地の上に暮らす人々を安んずる政策にほかならない。

　むろん，人々は，さまざまな社会の矛盾に気づいている。自分は食べないで子に食事を用意する母，ときに父がいたりする現在の社会の矛盾を知っている。しかし，その種の問題は，複雑でわかりにくい。政治が機能していないという直感が，人々を当面は論じやすいテーマへと招いたにちがいない。

　本書を手に取ってくださった読者の皆さんに提案したい。2021 年に至る土地法制の整備がひとまず終局したところで，その法制の的確な実施が望まれることがもちろんであるとしても，さらに土地政策の奥にある本質問題に取り組んでいこうではありませんか。込み入っているし，なかなか解答に辿り着かないとしても。

　今日に至る土地政策の展開が，土地の上に暮らす人々に少しでも功徳をもたらす成果を願いつつ，本書を世に送る。これが著者の思いであるが，もちろん，本書が提供するさまざまの題材の受け止めは，皆さんお一人お一人次第である。本書を手に取ってくださる皆さんが思いをめぐらす一助として，本書の用い方について，いささかの御案内を差し上げておこう。

———————————————————

　本書は，それぞれの章または節において，その前半では，具体的な事例を盛り込み，そこで扱われる各論点を概説します。後半では，専門的な解説をしています。すなわち，各章節の前半は，土地問題に関心を抱いている皆さんに広く読んでいただきたい内容にしました。後半は，今般の法律改正や新しい法律について細部を知りたいと考える皆さんに向け，ひととおりの専門的な知見を差し上げようとするものです。

　これらの大きく分かれる 2 つの部分のうち，前半の概説のところは，1 な

どの数字と見出しを用いて項目を分けます。これに対し，後半の詳説のところになりますと，こんどは **1** などの数字と見出しを用います。これらの番号には，本書を通じて通し番号を与えており，この番号によって，適宜，本書のなかの別の個所の参照の案内をしてありますから，どうぞお役立てください。

本書においては，皆さんの理解に資するため，概念を表わす図や，項目を整理した表も，それなりの数のものを用意してあります。図や表も楽しんでくださると，うれしいです。

内容のあらましをお話ししますと，本書は，土地制度に関わる新しい法制について，各法制を有機的に関連づけ，俯瞰する視点から読み解こうとしています。令和3年に改正された民法や不動産登記法，同年に制定された「相続等により取得した土地所有権の国庫への帰属に関する法律」，令和2年改正の土地基本法，平成30年制定の「所有者不明土地の利用の円滑化等に関する特別措置法」をはじめ，国土利用計画法，都市計画法，宅地建物取引業法などの関連する法律も扱います。

巻末には条文索引を設け，これらの登場する諸法律を扱う記述へのアクセスが容易であるよう努めました。

───────────────────

本書の制作にあたっては，原恵美氏（学習院大学教授），藤巻梓氏（国士舘大学教授）および吉原祥子氏（東京財団政策研究所研究員）の御三方（五十音順）に丁寧に草稿をごらんいただき，それぞれの視点から有益な示唆，意見をいただいた。第5章の境界の標識の写真は，いずれも土地家屋調査士の小西浄二氏（秋田県土地家屋調査士会）および田原浩之氏（福島県土地家屋調査士会）から提供を受けた。有斐閣において本書を担当した山下訓正氏（同社法律編集局注釈書編集部）は，つねに著者を励ましてくださった伴走者である。

2021年11月

山 野 目 章 夫

目　次

第8章　人々の暮らしと土地制度································281

● 格差，そして個人情報

第1章　2021年の土地制度改革

端午の海みほとけの座す声を聴く

　5月初旬，急ぎ足で海辺の町から市へと走り回ってきた日の夕暮れ，ふと気づくと，快晴であった空が妖しく掻き曇り，雲の隙間から光が射す。多くの人々がなくなったこの海に今も仏様たちが座っておられ，しっかりやってくれよ，と励ます声が聞こえる。

　2014年5月，岩手県司法書士会の支援を得て三陸を訪れた著者の想念には，思いもかけぬ仕方で幽明を隔てることになった多くの人たちが過ぎる。仏たちは，なぜ三陸の地を今も去らないか。なぜ，しっかりやってくれ，と励ますか。

● 津波被災地において思う

　　10年の歳月を経て　　けっして三陸沿岸に限った話ではないが，日本の各地に所有者が「誰外何名」というふうに登記されている土地がみられる。「誰」の部分は特定の個人の氏名が記される。続く「外」は，「ほか」と読む。「何名」は，数字が示される。「外25名」というふうに，である。その25人は，氏名がわからないから，その者たちの相続人はわからない。こうして，所有者不明土地が生まれる。三陸の場合，それは，しばしば高台においてみられる。街よりも少し標高の高いところの土地は，山林，原野，墓地，雑種地であったりして，取引の需要が乏しく，固定資産税を課されない土地も多い。きちんと登記をして所有者を明らかにしておこうとする人々の気力が萎え，今日に至る。

　東日本大震災に際し，津波に家を流された人たちの住宅の再建は，もと建物があった場所でするわけにはいかない。再び津波が襲うならば，また流される。ひとつ標高が上の場所，つまり高台に災害復興住宅の建設が構想される。けれども，結局は「何名」が誰かわからず，権利関係の整理が得られないまま，仮設住宅に留め置かれた人たちは，あの東北の厳しい冬を1年，2年，そして3年と無為に過ごす。

やがて健康を失い，場合によっては絶望のうちに生涯を閉じる。土地制度に関心を抱き，責任をもつ者たちが，けっして忘れてはならない経過である。

　「誰外何名」の登記は，土地の登記の表題部という場所において，表題部所有者の欄にされる。このような不正常な登記の状態を正すため国が調査をする制度が，表題部所有者不明土地の登記及び管理の適正化に関する法律（令和元年法律第15号）によって設けられた。これに続く制度の整備も含め，本書が2021年の土地制度改革とよぶものが始まる。

　それは，東日本大震災が明らかにした課題に対する遅すぎた答案であると共に，東海，東南海，首都直下という予想される災厄を睨む備えでもある。

１　改革を促したものは何か

　人々の暮らしに役立つよう地域の土地が利用されるべきであり，これに対する障害となる事象を取り除くため土地制度を改革しなければならない。この課題に応えるため，2018年から2021年の時期に行なわれた法制の整備を本書において，<u>2021年の土地制度改革</u>とよぶ。

　もっとも，<u>地域における土地の適正な利用のため</u>という説明は，あまりにまじめすぎて人々の耳に響かないかもしれない。所有者不明土地問題があり，所有者がわからない土地があっては困るから，土地制度改革が行なわれた，さあ，どのように所有者不明が防止されることになったか，乞う御期待！　と述べるほうが，よほど聞く人を刺激する。人が辛口の食べ物を望むのと同じ理由である。

　けれど，この話は，おかしい。なぜ所有者がわからないと困るか。困る事項を特定して，だから解決を要する，というなら理解ができる。しかし，テレビの番組などで所有者不明土地がたくさんあるから大変だ，と述べられる際，この点が明らかでないまま，とにかく大変だから大変だ，と騒ぐだけの番組は多い。

　昭和の高度成長期に都市の郊外に住宅地を新規に造成し，販売した不動産資本は，そうした郊外の開発を進める際，すでに所有者不明土地があったはずである。所有者不明土地は今に始まる話ではない。開発事業者のスタッフが努力をして土地の所有者を探す。その成果として所有者がわかり，所有者と交渉し

て土地を取得して用地を確保し開発が効を奏すれば，事業者には利潤が生ずる。所有者の探索に奔走したスタッフはボーナスに恵まれる。通常の経済の循環であり，とくに騒ぐ必要はない。

2 地域における土地の適正な利用のために

　所有者がわからない土地は，その土地を地域に役立て，適正に利用しようとする人が取得することの妨げになる。これが，所有者不明土地が問題である理由である。所有者不明土地があるために事業者が困り，利潤が得られない，という話ではない。所有者不明土地があるために，みんなが不利益を被る。だから公共が制度を用意し，お金も出す。公共の利益が関わる問題となる契機は，2つある。

　(1) **災害などの災厄と向き合う日本**　　土地の需要を有するにもかかわらず，所有者との折衝に支障がある事業者などに対する一つの居直った答えは，儲けたければ御自分で所有者を探しなさい，ということに尽きる。現に昭和の高度経済成長期に大都市圏の郊外にニュータウンを造成しようとする事業者らは，そうしてきた。所有者不明土地問題の解決を市場に任せてよいならば，最も話は簡単である。

　気づかれてよいこととして，1995 年の阪神・淡路大震災このかた，この国は，災害など災厄の時代に入った。土地問題への対処の全部を市場に丸投げすれば，私たちの暮らす地域は崩壊し，災害の際の被災者は路頭に迷う。

　(2) **暮らしやすい街に作り直すという要請**　　市街地の周辺をドンドン開発し，住宅を分譲し，たくさんの工場も作れば生産はグングン伸びる。いきおい，都市は膨らむ。昭和は，わかりやすい時代であった。今日は異なる。何かを作れば作るほど儲かるということはない。街で働く人たちは，同時に子を育て，また，としよりを介護する。あるいは介護されるためにいる施設との往き来をする。交通ネットワークと効率よく結ばれ，動きやすいコンパクトな都市に誘導しなければならない。幼稚園や保育園，介護施設を建て，それらとの往来をする道路の適地を得ようとしても，ところどころに所有者不明土地があると，うまくいかない。

③　人口減少社会という仮説の検証

　所有者不明土地問題と社会経済情勢の変化とを関連させる言説として，よく聞くものは，「人口減少社会に入った日本において，所有者不明土地問題が深刻である」という命題である。こう述べられると，話の雰囲気として，なんとなく納得してしまう。この言説は，便利であり，このあと，本書においても，記述が冗長になるのを避けるため，このように簡単に述べることがある。ただし，きちんと一度は考え込んでおきたい。

　いったい，「人口減少社会」と「所有者不明土地問題」とは，どちらが原因で，どちらが結果であろうか。それとも，因果の関係ではなく，なにか微妙な関連になっているということであろうか。

　まず，人口が減ったから所有者不明土地が増えた，という話は，そのままでは納得し難い。人口という数量の問題が直ちに所有者不明という質的な現象をもたらすことは，想像が困難である。おそらく，単なる数の問題ではなく，どのように人口が減っているか，分析しなければならない。世代というものの構成の変化に分け入って考えなければならない。高齢者が増え，子どもが減り，これらに伴い，勤労現役世代が社会に占める割合が小さくなる。それも一つの要因となり，高度成長が過去の物語となる経済は，低成長ないし安定成長の時代に移る。工業，商業において土地を用いる需要は減り，土地が資産としての興味関心の外に置かれる。親の土地とは別な場所に住む子は，親の相続に際し，まともに土地を管理し，帰属を明確化する努力をしないであろう。

　これに拍車をかけるものは，親とは別の場所で職業を営み家庭をもつ人たちが社会の大半を占めるようになった変化である。家業を継ぐとか，家族で経営をするとかいう明治，大正の日本の光景は，もともと戦後減ってきていたが，平成，令和になり，決定的に例外になった。

　土地の利用への要請は，産業的な需要とは異なる形態で現われる。地域には，保育所や託児所，介護施設などを建て，また，コンパクトな都市に誘導するため，地域を俯瞰する観点から土地利用をコントロールしなければならない。

　土地保有に関心を失う相続人と，土地利用の再編を望む地域。両者のミス・マッチが，すなわち，所有者不明土地問題にほかならない。

　このあたりの入り組んだ事象の分析は，2021 年 3 月 19 日の衆議院法務委員

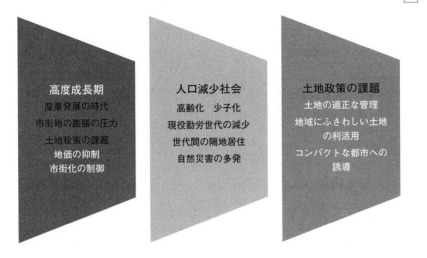

高度成長期	人口減少社会	土地政策の課題
産業発展の時代 市街地の膨脹の圧力 土地政策の課題 地価の抑制 市街化の制御	高齢化　少子化 現役勤労世代の減少 世代間の隔地居住 自然災害の多発	土地の適正な管理 地域にふさわしい土地 の利活用 コンパクトな都市への 誘導

会における吉原祥子氏の次の発言に要約される。

　　「人口減少，高齢化といった社会の変化に対して，不動産登記制度やその根底にある相続の仕組みなど，従来の制度が十分に対応できていない実態〔があり……〕振り返ってみますと，日本の土地制度は，明治以来，人口の増加や，土地は有利な資産という前提の下で構築されてきました。従来の土地政策は，戦後の高度経済成長やバブル経済を背景に，地価高騰や乱開発など市場の行き過ぎを抑制することが主眼であり，現在，日本の各地で発生している低未利用の土地の管理や人口が減る中での相続の在り方など，市場原理では解決が難しい，また個人の所有権にも関わる課題については，踏み込んだ検討が行われてきたとは言えません」。

④　所有者不明土地問題という言葉そのものがヘン

　所有者不明土地問題という言葉を卒然と聞くと，所有"者"という人が行方不明であるということを意味すると聞こえる。しかし，そんなに私たちの周囲に失踪した人が殊更に多いという印象はない。これは，どうしたことか。じつは，所有者は，行方不明ではなく，いる。ただし，土地の近くにはいなくて，だれであるかわからず，所在を把握することができない。土地の需要を有し，

これを用いたいと望む人との間で，コミュニケーションが成りたたず，その結果として土地を迅速に用いることが妨げられる。土地の所有者が家庭と職場を擁する場所は遠隔であり，たとえば親から受け継いだ土地に関心をもたない。

　政府が実施している「土地問題に関する国民の意識調査」によると，「土地は預貯金や株式などに比べて有利な資産か」という問いを肯定する回答は，1993 年度に 61.8 パーセントであったが，そのあとはおおむね減り続け，このところ 30 パーセント余を推移してきた。ついに 2019 年度には 30 パーセントを割り，2020 年度には 21.5 パーセントになる。

5　"ないこと証明"の時代の到来

　災害からの復興や，災害への備え，子育てや介護の福祉の活動，効率的な交通ネットワークの構築などのため，さまざまな仕方で地域は土地を必要とする。人口減少社会で土地需要が縮んだと述べられることもあるけれど，その見方は一面的である。今まではみられなかった土地の需要が芽生え始めた。半面，資産としての価値に着目する土地への関心，需要は明らかに減衰していく。親が遺した遠隔の土地に人々は関心をもたない。

　こうして考えてくると，だったら思い切って土地の相続ということはやめ，土地は生きている間のみ私有し，その人の代が終わったら公共に収納する，というふうにしたら，どうか。

　それでよいなら，この本は，ここで終わりにしてよい。土地の相続を廃し，大幅に公有制に移行する提言をする，とヒトコト記して役目は終わる。

　けれども，そのアイデアは，おそらく実現が困難な一つの条件に依存する。ものすごく巨大な政府を作り，個々人の状況に即したケアを完璧に達成する政府が存在するならば，土地公有制という話がありうるであろうか。障害のある子を育て，そして老いるまで守り続けてきた土地とその上の住居を子に遺すから安心して旅立つことがかなうと信じていた親から土地を取り上げ，そのかわりに障害のある人の居住と暮らしを政府が確実に保護する，という発想になる。けれど，社会保障の運用の経験は，なかなかそうはいかないことを教える。家族が崩壊したというけれども，崩壊していない家族もある。家族を頼りとする人もまだまだいる。人々が頼りとして生きる相手が主として親族共同体であっ

たものが変化し，地域の人々を含めて多様化してきたにとどまる。暮らしの縁として家族が，つまり相続が果たす役割の部分は零になっていない。そこの現実を無視して急進的に土地公有制ないし土地相続の廃止を断行するならば，班田収授法の運営に苦しんだ律令国家と同じ轍を踏む。

こうして考えてくると，土地の社会制度に奇跡のような即効の変革というものは，ありえない。手順を重ね，土地を地域に活かしていく道があるのみである。どのような手順であるか。相続人が土地に関心がないことを明らかにする手順を経て，土地を地域に役立てる手順に進む。そう，"ないこと証明"の時代が始まったのである。

6 "ないこと証明"という概念

"ないこと証明"は，国語辞典に載っているような普遍的な言葉ではない。実務の用語である。用語というよりも，やや隠語に近い。法律事務の現場において，ときに用いられる。しかも，皆が用いるものでもない。その意味でも，隠語の風格がある。

難しい言葉でよぶと，消極的事実の立証ないし説明ということになる。ある事実がないという事実の証明である。これは，一般に困難であるとされている。ある人に子がある事実は，この人が子であると示せば達せられるから，比較的に容易である。これに対し，その人に子がない，という事実について考えると，論理的には，世界中を歩き回り，人類の全員について遺伝子などを調べ，その人の子でないことを証明しなければならない。それは実際上不可能である。

ある土地について権利を有する者がほかにいないことの証明も，やはり難しい。どうしても "ないこと証明" という手順を制度に組み込もうとするならば，現実的な手段は，証明度を調整することが考えられる。土地基本法13条5項は，所有者不明土地を定義し，「相当な努力を払って探索を行ってもなおその所有者の全部又は一部を確知することができない土地」とする。完璧な証明を求めず，所有者を探索する術を尽くし，なお確信をもって真相に辿り着かない場合は，所有者不明土地として扱い，話を先に進める。

あとひとつ，困難を克服する方法があるとすれば，情報通信技術を用いてする情報の集積を使う。親がなくなり，自分が相続した土地として登記の手続を

しなければならないものが，どこにどれくらいあるか，相続した土地がないこ
とを証明し，相続登記をする必要のある土地がない，というならば，その事実
も知りたい，という場合において，全国のすべての土地についてコンピュータ
を用いて検索をすればよい。ただし，この検索をするためには，全国の登記の
データを手許で扱うようになっていなければならない。それは，一般の人には
できなくて，政府のみがする。そこで，自分が相続した土地の有無を知りたい
ならば，不動産登記法119条の2が定める所有不動産記録証明制度を用い
（→ 126），政府に問い合わせて，教えてもらう。もし親が登記名義人になってい
る土地が「ないときは，その旨……を証明した書面」が交付される。

7　2021年の土地制度改革の経過

　社会の行く末の帰趨を握ることになった土地問題への政府の対処は，**所有者
不明土地の利用の円滑化等に関する特別措置法**（平成30年法律第49号）の制定
に始まる。この法律に始まり，2021年に一応の区切りをみる一連の土地に関
する法制の改革は，本書において**2021年の土地制度改革**とよぶことにする。
そのいくつかの局面においては，"ないこと証明"として実質が理解される仕
組みが導入された。

　同法は，国土審議会土地政策分科会特別部会における調査審議を経て，政府
が立案し，衆議院に提出された。2018年に成立し，すでに施行されている。
なお，すぐあとに紹介する令和3年法律第24号により一部が改正された。こ
の2018年の法律の重要な内容の一つには，所有者不明土地を地域の福祉およ
び利便のために使用することができる**地域福利増進事業**があり，**第6章**にお
いて解説する（→ 90）。

　つづいて，**表題部所有者不明土地の登記及び管理の適正化に関する法律**（令
和元年法律第15号）が制定される。同法は，政府が立案し，衆議院に提出した。
法律になった年は，2019年である。歴史的な経過から登記記録の表題部とい
う部分の所有者の記録が変則的な内容になっている土地があり，事業の用地と
して取得しようとする際などに障害となる。典型的な例として，所有者が「浦
島太郎外25名」などとなっているものがある。浦島太郎の相続人は戸籍で辿
ることができるとしても，「外25名」と表示される25名の者は，氏名または

	所有者不明土地の利用の円滑化等に関する特別措置法（平成30年法律第49号）	表題部所有者不明土地の登記及び管理の適正化に関する法律（令和元年法律第15号）	土地基本法等の一部を改正する法律（令和2年法律第12号）	民法等の一部を改正する法律（令和3年法律第24号）相続等により取得した土地所有権の国庫への帰属に関する法律（令和3年法律第25号）
立案の経過	国土審議会土地政策分科会特別部会の調査審議を踏まえ政府が衆議院に提出。	政府が立案し，衆議院に提出。	国土審議会土地政策分科会の特別部会および企画部会の調査審議を踏まえ政府が衆議院に提出。	法制審議会の調査審議を踏まえ政府が衆議院に提出。
おもな内容	地域福利増進事業の制度などを創設（→第6章）。	変則的な表題部の登記を是正する所有者探索の手続などを創設。	土地基本法や国土調査法の改正。あわせて不動産登記法も改正（思いもかけないプレゼント，→**85**）。	民法や不動産登記法の改正。
施行の経過	すでに施行。令和3年法律第24号により一部を改正。	すでに施行。令和3年法律第24号により一部を改正。	すでに施行。	2021年4月28日に公布。法律第24号は2023年4月1日に施行。法律第25号は同月27日に施行。ただし，若干の例外がある。

名称がわからず，現在の承継人を明らかにすることが容易でない。そこで，同法に基づき，登記官が<u>所有者の探索</u>をし，その成果に基づき，相当と認められる登記をする。登記官は，法務局に属する法務事務官であって，登記に関する事務を掌るとされるものである。同法は，登記が変則的なものになっていて所有者がわからない土地について，国の事業として行なう所有者の探索を定める。同法は，すでに施行されている。

　2020 年になると，**土地基本法等の一部を改正する法律**（令和 2 年法律第 12 号）が成立し，これにより**土地基本法**が大きな規模の改正を受けた。**土地所有者が土地を適正に管理して登記などをする責務**などを定める。その概容を**第 2 章**において紹介する。この土地基本法の改正は，国土審議会土地政策分科会の企画部会および特別部会における調査審議を経て，政府が立案し，衆議院に提出した。本書においては，とくにことわらない限り，この改正の後の土地基本法の法文を引く。

　2021 年の土地制度改革の結びは，**民法等の一部を改正する法律**（令和 3 年法律第 24 号）および**相続等により取得した土地所有権の国庫への帰属に関する法律**（令和 3 年法律第 25 号）である。令和 3 年法律第 24 号は，「民法等」を改正する法律であり，民法でない法律で改正されるものとしては不動産登記法が重要である。

　これら令和 3 年の 2 つの法律は，2021 年 4 月 28 日に公布された。そこに盛り込まれた内容の大部分は，2023 年 4 月に施行される（前頁の図表を参照）。例外もある。不動産登記法の改正により導入される相続登記の義務化は，2024 年 4 月 1 日に施行され，それまでの間，国民に対し法律の内容の周知がされる。

8　制度を扱う際の用語のいくつか

　本書においては，これらの法律により設けられる様々の制度を考察する。どうしても，法制上の概念の使用が避けられない。その厳密な使用を期すると，あまり耳にしない用語が登場してきたり，難解に感じられる表現を用いたりすることになる。たびたび出てくる言葉をいくつか紹介する。

　(1) 相続と遺贈のちがい　　親が死亡すると，子が**相続人**になる。なくなる親のほうは，**被相続人**とよぶ。この展開は，死亡する，という事象が起こると，自ずから進む。法律家は，このことを相続が当然に開始すると表現する。相続によって起こる効果は，すべての権利と義務の承継である。相続人は，この帰結を受け容れないという選択をしてもよい。それを**相続の放棄**とよぶ。相続の放棄により，すべての相続の効果が否定される。相続人は，あの預金は受け継ぐが，こちらの土地は相続しない，また借金はゴメンだ，という選択をすることはできない。

財産をもつ人が，**遺言**をし，自分が死亡したときに，その財産を無償で与える意思表示が，**遺贈**である。財産を受ける人は，**受遺者**とよぶ（聞き慣れないし，発語しにくいですね）。受遺者は，相続人であるとは限らない。法人は，相続人になることがありえないのに対し，受遺者にはなる場面がみられる。遺贈は，特定の財産を定めてすることができる。受遺者は，遺贈の放棄をしてもよいが，それにより失うものは，その特定の財産に限られる。

概念として，相続と遺贈は，大きく異なる。ただし，**相続人に対する遺贈**は，相続と似た役割をもつ側面もみられる。相続人に対する遺贈とは，異なる表現を用いると，相続人を受遺者とする遺贈である。自分が死んだときに預金を母校に寄付する，という遺贈は，相続人に対する遺贈でない。子に預金を与えるという遺贈と，預金を子が相続する，という事象とは，区別して理解しなければならないと共に，現実の働きや意識は接近する。放棄をするという決然とした行動をとる場面では差異が可視的になり，子が相続を放棄すると遺産のすべてを辞する結果となるのに対し，預金の遺贈を放棄すると，預金が子のものにならないにとどまり，相続人でなくなるものではない。この法律的な差異は理解しなければならないとしても，普通に話が進む場面において，預金が子のものにならないという帰結は同じである。親の側からしても，人々が遺言を作る際，どこまで差異を理解してするかも怪しい。そこで，しばしば法律は，法律的な意味が異なることに留意しながら，なるべく扱いに大きな懸隔がないようにもしている。

(2) **土地とは何か**　　本書は，**土地**を扱う本である。こうなると，学問的にまじめな人は，それならば何よりも土地の定義をしないと始まらないと考える。けれども，定義というものは，たいてい話がおもしろくない。精確な定義をすればするほど，実感の乏しい話になってくる。そんな道草が許されるほど，土地政策をめぐる問題状況は，のんびりしたものではない。

そこで本書においては，手っ取り早く土地とは，地表面およびその上下を一体として観念される空間である，として話の先を急ぐ。いつも海水に覆われている場所は，土地として扱わず，本書の考察の外に置く。自然に観察すると，土地は，海に達するまで広大に続く。これを切り分けて認識しないと利用や取引に不便を来す。切り分けられて登記される個別の土地を<ruby>筆<rt>ひつ</rt></ruby>という概念で認

11

識し，1筆，2筆，3筆……と数える。

　土地の上に存在する**建物**は，土地とは異なる財産である。しかし，土地の上に建物が設けられているという仕方で土地が利用されている，という状態にあるかどうかは，土地政策の関心事項の一つである。建物がなく，そのほか全く利用されておらず，あるいは利用の程度が著しく劣る土地は，俗に**空き地**とよばれ，また，法制上の概念としては**低未利用土地**とよばれる。

　なお，建物と**建築物**とは少し異なる。異なるが，本書の記述は，そのあたりにあまり過敏にならず，文脈に応じ自然にいずれかの言葉を用いる。建物は，土地に定着する工作物で柱・壁・屋根で覆われ，外気から内部が分断されていると認められて初めて登記される。その際，建物は，1個，2個，3個……と数える。建築物は，柱または壁で土地にしっかり定着していて屋根があればよく，開放型の駐車場や車庫も建築物として建築確認の対象となる場合がある。使用されていない建物が**空き家**であるが，法制上は「き」を外し2字の漢字のみで「空家」と表記する用例もみられる。本書においては，「き」を入れましょう。空き地と平仄を揃えるほうが気分がよいではありませんか。

(3)　所有者の全部または一部もしくはその所在の不明ということの意味

所有者不明土地問題を論ずる際，所有者の全部または一部の不明という概念が登場する。所有者に当たると認められる者が皆無である，つまり所有者に当たる者に一人として出会わない，という事態が，<u>所有者の全部の不明</u>である。

　所有者に当たる者がわかったが，そのわかった者が別の誰かと共に土地を所有している，つまり共有されている土地の一部の権利者がわかったものの，他にも権利者があり，その全部がわかっていない場合は，所有者の一部が不明であることになる。数人の者が共に一筆の土地を所有する場合が**共有**であり，権利を有する者らは**共有者**とよばれる。共有者の一部はわかっているが他の一部がわからない場合が，<u>所有者の一部の不明</u>である。

　また，これらとは異なる次元の話であるが，所有者が誰であるか，そもそもわからない，つまり所有者の氏名や名称がわからない場合がある半面，所有者が誰であるかはわかっているものの，その所在がわからず連絡を交わすことができないという場合がある。土地を所有している者が死亡した際，同人に3人の子があり，その氏名もわかっているが，そのうちの一人とは連絡をとること

ができず，どこに住んでいるかわからない，という事態は，所有者の不明でなく，<u>所有者の所在の不明</u>であると理解される。

　所有者そのものの不明と所有者の所在の不明とは，異なる事態ではあるが，いろいろな制度は両方に適用されるものが多い。それらの制度を運用する際は，<u>所在等不明所有者</u>という概念が用いられる。それは，所有者またはその所在がわからない者を意味する。両方の事態を含むことが「等」の字で示される。共有において，そもそも不明である共有者と所在がわかっていない共有者をあわせ，<u>所在等不明共有者</u>とよぶことも，意義が異ならない。

　(4)　**法務局の数は都道府県のそれと同じ？**　　親の土地を相続して受け継ぐと，相続登記をしなければならない。登記の手続は，<u>登記官</u>に申請してする。登記官は，法務局または地方法務局に属する法務事務官のなかで，登記の事務を掌るものである。公務員の身分を有する。

　<u>法務局</u>および<u>地方法務局</u>は，法務省の地方支分機関である。法務省設置法18条1項は，その掌る事務として，「国籍，戸籍，登記，供託及び公証に関すること」や「司法書士及び土地家屋調査士に関すること」を掲げる（同法4条1項21号・22号）。

　法務局と地方法務局を一括してよぶ際，法務局等という表現を用いる例もみられる。しかし，"等"の字がうるさい。本書においては簡明を期し，地方法務局も含む意味において単に法務局という。北海道を例にして紹介すると，札幌に置かれる札幌法務局は，札幌とその周辺の登記や供託の事務を扱うほか，函館地方法務局に加え，旭川，釧路に置かれる地方法務局を札幌法務局長が指揮監督する。上級庁である札幌法務局は，「地方」の字がなく，単に札幌法務局である。そのもとにある函館・旭川・釧路は，「地方」の文字が入る。北海道のみならず，この例で全国について法務局が設けられる。首都圏では，東京法務局のもとに，宇都宮地方法務局や水戸地方法務局が置かれる。静岡地方法務局も東京法務局のもとにある（名古屋法務局ではない）。

　いずれにしても，北海道の配置が変則になっており，法務局の数は都道府県の数と一致せず，それよりも多い。余談になるが，警察は，法務局より一つ多く，北海道警察本部のもと，函館，旭川，北見，そして釧路の方面本部を擁する。

9　本書のプラン

　きわめてあたりまえのことを確かめるならば，土地政策は，土地のために行なわれるものではない。土地の上で暮らす人々の幸福のためにある。**第 8 章**は，その観点から，土地政策や不動産登記制度と人権，福祉，さらに人の生命や身体の危険という課題が交錯する険しい場面を扱う。土地政策の話は，そこまで最後は行かなければならない。それと共に，人々の幸福が土地政策のみによってもたらされるものでない関係に気づくならば，終章となる**第 8 章**の課題追求が，もともと未完のままに終わる宿命にあることは，あらかじめ読者の海容をお願いしなければならない。

　2021 年の土地制度改革の概要の紹介から明らかであるとおり，この改革の基本精神は，土地基本法において集約して提示される。**第 2 章**は，同法を一条ずつ丁寧に読み込む機会としたい。その土地制度改革の中心的な課題の一つが所有者不明土地問題であり，**第 3 章**は，これを扱う。土地に関する制度のなかで大きな比重を占めるものが不動産登記制度であり，それを扱う**第 4 章**において，いよいよ相続登記の義務化のルールが登場する。親から受け継ぐ土地は，登記をしなければならないと共に，それにとどまらず，土地を保有することに伴い，さまざまな社会関係に入る。たとえば都市計画によりどのようなコントロールを受けるか。**第 5 章**の一つの主題である。土地を保有することになった相続人の立場から眼を転じ，自分が関心をもつ他人の土地が所有者やその所在が不明になった場合の諸問題は，**第 6 章**の主題となる。たとえば，隣地の樹の枝が当方に越境してきて迷惑である。抗議をしようとする隣人は，このごろ姿を見かけず，行方がわからないとしたら，さて，どうするか。

　土地を適切に管理しないまま所有者が行方不明になるとしたら，それは，その人にも事情があるのであろう。行方不明といっても本当に失踪してしまうのではなく，老いて施設に移ることになり，それを周囲に挨拶して告げる暇がなかった，とかいう事例は少なくない。困難を感じ，土地の保有に熱意を失った所有者には，土地を放棄してよいとすることは，どうか。でも，それを国が無限に引き受け，その負担を私たちの納める税で支えることになるか。この難問に**第 7 章**において挑む。

――――――――― 解　説 ―――――――――

■1　土地および建物の概念

　春分の日の満潮時に地表が海水に覆われていない場所は，土地として登記することができる。とくに法令上の根拠はないが，登記実務の扱いである。ときに土地であった場所が海没することもある。そうすると，島が消える。長谷川亮一『地図から消えた島々／幻の日本領と南洋探検家たち』(2011年)。

　登記することができる建物は，不動産登記規則111条に定義がある。建物と必ずしも概念が一致しない建築物は，建築基準法2条1号が定める。概念が一致しないといっても，土地に定着していなければならないところは，共通する。

　では，あらためて問う。水に覆われた土地は，土地か。

　たとえば琵琶湖。あるいは十和田湖とか河口湖とかでもよい。これらは，公有水面である。これらについて固定資産税を納める必要はない。そこでまた，これらの土地は，登記をする必要もないとされる。税金を納めなくてよいし，登記簿にも載らないということを考えると，これらは土地でない，ということになるであろう。これが，まずは直感的な解答であるかもしれない。しかし，こういうことも，あるのではないか。たとえば湖畔に別荘群があり，そのうちの1号棟は湖面が迫る草地の一角に基礎工事をして設えられた。しかし，2号棟は，まさに湖面の只中で，その柱は湖底に固定され，上部の居住区画のみが湖面の上に姿を現している。建物とは土地の定着物であるから，陸地に建てられた1号棟は，疑いなく建物である。しかし，2号棟は，建物であるか。湖底なるものを土地でないと考えるならば，土地でない湖底に定着する2号棟も建物でない，ということになりそうであるが，この結論はヘンなのではないか。実際，2号棟のようなものも建物として扱われ，登記がされている。登記される建物にはすべて，家屋番号を与えなければならず，その家屋番号は，建物が所在する土地の地番を与えることになっているから，1号棟が17番地に建っているとするならば，1号棟の家屋番号は17番である。そして，2号棟は，建物として扱うことはよいとしても，敷地の地番がないから，たとえば「17番地先」というように家屋番号を定める扱いがされている。

　このように考えてきて，さしあたり確認することができるのは，土地の定義

15

は，登記をしなければならないか，固定資産税課税の対象であるか，そして，建物の敷地でありうるか，といった文脈に応じ，あるいは観点によって異なる，ということであろう。

　それはよいとして，じつは土地の定義に関しては，もっと深刻な問題が控えている。というのも，ここで私たちが向かい合っている問い，つまり，「水に覆われた土地は，土地か」という問いの文それ自体が少しおかしい。「水に覆われた土地は……」と切り出したところで既に土地であることが前提とされており，その述語が土地であることを肯定することになるであろう成りゆきは，いわば論理的に自明である。「円は丸いか」と尋ねられれば，それはまちがいなく丸いでしょう，という答えになるのと同じように，である。

　じつは，「水に覆われた土地は，土地か」という問いは，最も広い土地の概念が論理的に先行して前提とされており，それに該当するもののうち，さらに様々な観点を追加し，ある種の条件に応える土地であるかどうか，がそれぞれの局面に応じ論ぜられる，という問題の構図をなしている。

2　人口減少社会と所有者不明土地問題

　吉田克己『現代土地所有権論／所有者不明土地と人口減少社会をめぐる法的諸問題』（2019年）は，時代状況を睨みながら土地所有権の理論と思想を考察する体系的な研究である。

　本文 **3** において論ずるとおり，単に人口が減る社会であるということをもって，所有者不明土地問題との間に因果ないし関連があるという説明は成りたち難い。どのような世代構成の変化を人口の減少がもたらすか，そこに分け入らなければならない。吉原祥子『人口減少時代の土地問題／「所有者不明化」と相続，空き家，制度のゆくえ』（中公新書，2017年）41-47頁が，高齢化や少子化との関連について分析をする。

　橘木俊詔『日本の構造／50の統計データで読む国のかたち』（講談社現代新書，2021年）118-119頁は，「家業を子どもが継承しなくなった事情」，「地方から大都会への人口移動（すなわち若い人が大都会に移って働く）」の状況を説明する。

3 "ないこと証明"の法制上の例

　本書の著者は，刊行の時点で未だ高齢者の定義には当たらないが，あと少しで該当する。もし電車で席を譲られたら，どうしよう。今までは他人に譲る意識しかなかったけれど。そして，そんな話より深刻である事態として，銀行の窓口で「失礼でございますが，ご高齢で，いささか疲れている様子にお見受けしますが，後見などは開始されていないですよね。もし後見になっているならば，成年後見人の方にしか払戻しはできません」と告げられたならば，ひどく困りそうである。

　こういうとき，"ないこと証明"を用いる。後見登記等に関する法律10条1項に基づき，私について後見・保佐・補助や任意後見契約のいずれの登記もされていない場合において，それらの登記の「記録がないときは，その旨」の証明をしてもらい，それを銀行に示すとよい。本書の主題である土地問題から離れるが，"ないこと証明"の法制上の一例である（でも，そんなに私，疲れてみえますかね）。

　あと一つ例を挙げると，だれでも人を特定し，その人の遺言書を法務局が保管していないかどうかを問い合わせることができる。これを尋ねられたならば，「遺言書の保管の有無」（法務局における遺言書の保管等に関する法律10条）を答える。その人の遺言書を保管していなければ，保管していないことが証明される。

4　表題部所有者不明土地の登記及び管理の適正化に関する法律

　表題部所有者不明土地の登記及び管理の適正化に関する法律は，いわゆる記名共有地（「誰外何名」という表題部所有者の登記がされている状態の土地，山野目章夫『ストーリーに学ぶ／所有者不明土地の論点』〔2018年〕第6話）や字持地（「大字何」，「字何」など，山野目・同書第26話）について，登記官が，法務局長が任命する所有者等探索委員がした調査に基づいて所有者を特定し，それに基づく登記をする仕組みを定める（同法9条・11条・14条・15条）。また，容易に表題部の登記の変則的な状態を解消することが難しい土地の当面の管理をさせるため，裁判所が特定不能土地等管理命令や特定社団等帰属土地等管理命令を発して管理人を置く制度（同法19条・30条）も設ける。山野目章夫『不動産登記法』（第2版，2020年）175頁。

5　防災のための集団移転促進事業──いわゆる"防集"

　「豪雨，洪水，高潮その他の異常な自然現象による災害が発生した地域〔など〕のうち，住民の居住に適当でないと認められる区域内にある住居の集団的移転を促進するため，地方公共団体が行う」事業が，「防災のための集団移転促進事業」である（防災のための集団移転促進事業に係る国の財政上の特別措置等に関する法律 1 条）。現場では"防集"とよぶ。東日本大震災の復興において，高台の土地を見出して災害復興住宅を建てようとする際，防集が用いられた。

　そのため，防集というと，津波が襲う海浜部でのみ主題になるという印象がある。実際は，そうでもない。倉敷市の真備地区に案内してくれた人に対し，「氾濫した川は，あの大きな太いヤツですか」と著者が尋ねたところ，「ちがいます，それに流れ込んでいるこちらの支流です」と指さされたものが，今はチョロチョロとしか流れていない，おとなしい小川であるのを見て愕然とした旅が想い起こされる。震災のみならず，台風の際の豪雨なども怖い。その事前復興として防集が行なわれる事例も考えられる（特定都市河川浸水被害対策法参照）。

　新型コロナウイルス感染症対策として最初の緊急事態宣言が発出された際は，著者が勤める大学への入構も禁じられ，することがない日々，住まいの近傍をひたすら散策するなか，そこにある川の岸を歩くと，「ここは豪雨の際，貯水をする場所になります」という図解の案内板があったりする。海辺の土地でないから安心というわけにはいかない。

6　令和 3 年法の国会審議

　令和 3 年法律第 24 号および令和 3 年法律第 25 号の原案となる法律案は，2021 年 3 月 5 日，政府が衆議院へ提出した。法務委員会に付託され，同委員会は，同月 30 日，全会一致で政府原案のとおり可決した。衆議院は，同年 4 月 1 日，これを全会一致で可決し，参議院へ送付した。参議院においても，同様に，同月 20 日の法務委員会の議決を経て，翌 21 日，可決した。法務委員会の議決は，いずれも附帯決議が付されている。

　衆議院の審議においては，政府原案に対する各会派の議員からの質疑がされるなか，そこに問題点や課題がないか，が質された。それらが明らかになってきた参議院の審議においては，ひきつづき政府に対し疑問点を質すと共に，政

府原案に含まれる新しい制度の運用が実効を得るために，法律実施にあたって
の政府の努力はもちろんのこと，民間の協力や活動が重要であるという指摘が
めだった（→**51**）。参議院において参考人として陳述した民間の団体の関係者
からは，その趣旨の指摘と共に，今後へ向けての意欲も語られている。一部の
論点について政府原案に批判的な会派を含め全部の会派が賛成して可決された
ことや，それと共に附帯決議の内容がもりだくさんであることは，こうした審
議経過と関係がある。

　2つの令和3年法の国会審議は，参議院に至るまで充実の度を高めた。議論
を深めるために二院制が機能した良い例を遺したことになる。

7　令和3年法律第24号による民法改正の経過措置

　令和3年法律第24号による民法の改正事項は，2021年4月28日から起算
して2年以内の政令で定める日から施行される（令和3年法律第24号の附則1条。
同法成立後に制定された政令において，2023年4月1日が施行日と定められた）。

　民法の改正事項の一つに民法への904条の3の規定の追加がある。同条は，
相続開始から10年を経ると，原則として，特別受益を相続分の計算に反映さ
せ，そしてまた寄与分も同様に相続分の計算において顧慮するとされる仕組み
を排除し，相続分は簡明に法定相続分または指定相続分により定まるものとす
る。この規定は，令和3年法律第24号の施行日の前に開始していた相続の事
案にも適用される。その際，新しい民法の904条の3の規定にいう10年の期
間は，その相続の開始から10年を経過する時と令和3年法律第24号の施行日
から5年を経過する時の前後を比べ，そのうち遅いほうまでとする（令和3年
法律第24号の附則3条）。

8　令和3年法律第24号による不動産登記法改正の経過措置

　令和3年法律第24号による不動産登記法の改正事項のうち，相続登記の義
務化を定める同法76条の2という新しい規定は，2021年4月28日から起算
して3年以内の政令で定める日から施行される（令和3年法律第24号の附則1条2
号。同法成立後の政令により，施行日が2024年4月1日と定められた）。その施行日の
前に相続が開始していた場合は，その相続により相続人が所有権を取得したこ

とを知った日と政令で定める施行日との前後を比べ，いずれか遅いほうの日から3年以内に相続登記をしなければならないものとされる（同附則5条6項）。

　また，不動産登記法の改正事項のうち，登記官が住民基本台帳ネットワークシステムから情報を取得する手段をシステムとして整備することを前提とする諸規定，つまり新しい規定の76条の4から76条の6までの規定は，2021年4月28日から5年以内の政令で定める日から施行される（同附則1条3号）。

　以上のほか，不動産登記法の新しい規定の全般は，その大部分が2021年4月28日から起算して2年以内の政令で定める日（2023年4月1日）から施行される（同附則1条柱書）。

第2章　土地基本法を読む

第1節　平成の土地基本法と令和の土地基本法

● ダンシング・ヒーロー，今と昔

30年の歳月を経て　歌手の荻野目洋子さんが「ダンシング・ヒーロー」をヒットさせた年が1985年。同じ時代（精確には4年後），土地基本法が制定される。平成元年法律第84号であり，平成の土地基本法である。

2017年，家庭人にもなった荻野目さんが，同じ曲で，大阪府立登美丘高等学校ダンス部と共に第59回日本レコード大賞の特別賞を受賞した。その3年後，令和2年法律第12号により土地基本法が制定このかた最大にして本質の改正を受ける。令和の土地基本法の誕生である。

1985年の荻野目さんの歌が，若さの活力があってよいことは，もちろんである。現在は，どうか。若い時，いわゆるアイドルとして一人で歌っていた姿もよいけれど，今は，若い世代との踊りのコラボレイトがいい。異なる世代の共働という今日の喫緊の課題が，うるさい理屈ぬきに楽しく表現される。

令和の土地基本法も，平成の土地基本法の出発点を大切にしながら，かつ，現下の時代状況に応えて欲しい。いや，応えていくようにしなければならない。

10　令和2年法律第12号

令和の土地基本法が成立した。

成立した，という言い方は，おかしいかもしれない。法制的に正しくは，すでに存在している法令である**土地基本法**（平成元年法律第84号）を改正する法律が成立した，となる。けれども，物事は何でも正確であればよいというものではない。公用表現の正確を期するほど，事態の本質から離れることがある。平成に制定された土地基本法は，もちろん先輩として大切にしなければならないが，それと共に，それとは異なる装いの土地基本法が紛れもなく成立をみた。

経過を紹介しよう。第201回国会（2020年春の常会）において，**土地基本法等の一部を改正する法律**（令和2年法律第12号）が成立した。注意を喚起したい。土地基本法「等」である。土地基本法のほかに改正された法律のなかでも，同法と並べて語るべきものは，国土調査法にほかならない。国土調査法が改正された意義は，別の個所で扱う（→71）。

土地基本法の改正を促した端緒が，何を措いても人口減少社会ということであったことは，たしかである。その説明に工夫を要する部分がある（→3）としても，人口減少社会における土地需要の低下という現象は，乗り越えていかなければならない。所有者がわからない土地や管理状態が不良な土地が増えてくる。それは，生活環境の悪化の原因となり，社会基盤の整備や防災の重大な障害となるおそれがある。人口減少社会に対応して土地政策を再構築し，また，土地の所有と境界の情報基盤である地籍整備の円滑や迅速を期して，これらを土地に関する基本施策の一環に明瞭に位置づけなければならない。

この方向を打ち出すまでには，国土審議会の土地政策分科会における調査審議の積み重ねがあった。土地基本法の改正は，同分科会の特別部会のとりまとめ（2019年2月27日）および同分科会企画部会の中間とりまとめ（2019年12月26日）を踏まえるものである。2つの部会の役割は，密接に関連し合っているから，一概に述べることは難しいが，どちらかというと制度の基本構造の側面の検討を特別部会が担い，そこで見通しが得られる制度に基本的施策の内容面の方向を充塡するための検討が企画部会で行なわれた。

11 土地基本法という法律の存在意義

土地基本法は，土地政策の基本体系を提示する法律である。なぜ土地について基本法とよばれるものが必要とされるのであろうか。それは，土地が，人々の生活と社会経済の基盤となる空間であるからにほかならない。そうであるからこそ，土地については，多岐にわたる施策と，その根拠となる法制の整備が講じられる。それらは，膨大であり，そのままであれば雑然としたものになり，ハーモニーを欠くおそれがある。そこで，前提とされるべき基本理念を明確にし，基本的な施策の体系が明瞭になっていなければならない。

土地基本法の役割は，**土地に関する基本理念**を明らかにし，**土地政策におけ**

<u>る基本的施策</u>を示すことにある。これらを超えるものではない。土地基本法そのもののなかに，国民の権利義務を具体的に定める規定はない。土地基本法において，人を処罰する規定が含まれないことは，同法の役割を象徴して示す。土地基本法には，"土地基本法施行令"とか"土地基本法施行規則"などといった実施の細目を定める政省令もない。

　土地基本法が定める土地政策における基本的施策は，あくまでも基本的施策にとどまる。個別の施策は，土地基本法のガイドに則り，**個別法**が定める。代表的な個別法の例を一つ挙げると，都市計画法は個別法であり，これには罰則の規定があり，また，都市計画法施行令や都市計画法施行規則という政省令を随える。

12　平成の土地基本法

　土地基本法は，平成の初めに制定された。この平成の制定の段階で既に，土地基本法の役割としての普遍的な土地政策の提示という思想の萌芽がみられた。すなわち，土地に関する基本理念と基本的施策の提示ということである。けれども同時に，この段階の土地基本法は，当時の情勢に即応するための経済対策立法としての側面も濃かったと評しなければならない。荒れ狂うバブルを抑え込むという見地から，事業者のする投機的取引を抑制しようとし，事業者に対し土地の利用を促した。〈利用〉，これがキーワードであったと性格づけてよいであろう。したがってまた，この土地基本法は，必ずしも開発を規制しようとしたものではない。このような当時の状況との関連という制約から，平成の土地基本法は，普遍的な土地政策の提示という役割において限界を伴うものとならざるをえなかった。キーワードとしての利用の概念が登場するにしても，翻って管理という概念は明瞭には示されていない。また，土地に関する責務は事業者に厳しく課せられる建付けであり，ここに事業者とは，投機的取引に関わるかもしれない不動産事業者であり，それに資金を出す金融機関であった。

13　令和の土地基本法

　これらの特徴ないし限界を伴う土地基本法は，本質的な改正を経ないまま平成の時代を見守り，令和を迎える。

　今，私たちは，人口減少社会に向かい合って，土地の適正な利用と，そして何よりも管理の確保の観点から土地政策を再構築しなければならない。そのためには，平成の土地基本法を否定する必要はないけれども，そこに示されている思想は，大きく転轍されなければならない。土地基本法の改正思想においては，目的・基本理念・責務・基本的施策という，すべての部面において，管理の重要性が明確化される。この〈管理〉が，このたびのキーワードにほかならない。

　もっとも，この点を強調する際には，ひとつの注意が要る。令和の土地基本法のキーワードが管理であるとすると，では，平成の土地基本法のキーワードである利用ということは，もはや無視されてよいということであろうか。いな，そのような短絡の思考は，結局，令和の土地基本法をもまた，人口減少社会という足下の社会経済情勢に縛られたものにしてしまう。今度こそ，普遍的な土地政策を提示するものとして土地基本法を調えなければならない。そこで，新しい土地基本法のキーワードは，ひとり管理であるにとどまらず，〈利用〉と〈管理〉でこそ，ある。

　本書においては，これからあとも令和 2 年法律第 12 号により改正される前の土地基本法を<u>平成の土地基本法</u>と，また，その改正の以後の土地基本法を<u>令和の土地基本法</u>というニックネームでよぶこととしよう。

14　新しい土地基本法の注目点

　令和の土地基本法の内容に立ち入って具体的に見てみると，そこにおいては，時々の土地政策の基本となる施策を提示する**土地基本方針**という制度装置が設えられる（土地基本法 21 条）。これは，適正な利用と管理を確保する観点から折々の土地政策の方向を明示するものであり，国土審議会の意見を聴いて政府において決定される。

　また，土地に関する計画の制度に**管理の観点**が加わる（同法 12 条 1 項）。管理不全土地の適正な利活用のため取引需要との接合を講ずるものとし（同法 13 条 4 項・5 項），適正な管理のため国や地方公共団体の責務（同法 7 条 2 項）のほか，土地の所有者，そして，土地を使用収益する権原を有する者の**責務の規定**が盛り込まれた（同法 6 条）。ここに所有者の責務として定める事項のなかには，登

記手続などによる権利関係の明確化や境界の明確化ということが含まれる（同条2項）。

　土地基本法の新しい規定において装いを一新した土地に関する基本理念の思想と概念は，今後，各施策分野において参照されるにちがいない。

―――――――――――――　**解　説**　―――――――――――――

9　平成の土地基本法の制定経過

　江口洋一郎「土地基本法の概要」ジュリスト952号（1990年）は制定時の立案担当者による解説であり，本書も多くを負う。本間義人＝五十嵐敬喜＝原田純孝（編）『土地基本法を読む／都市・土地・住宅問題のゆくえ』（1990年）は平成の土地基本法に対する批判的検証を包括的に提示する研究である。

　座談会「都市的土地利用の十年」社会科学研究47巻5号（1996年）は，制定に深く携わった稲本洋之助・教授の貴重な証言を含む。立案の準備をした懇談会の経過，その結論と，国会審議における修正を顧みて，考えさせられる事項は少なくない。意見集約の力量も問われた。とはいえ，この転回の積み重ねが，〈公共の福祉の優先〉という理念の輪郭を浮き彫りにしたことも，たしかである。平良小百合「土地所有権と憲法――土地基本法の制定・改正論議から考える」法律時報92巻9号・10号（2020年）は，今日の視点から顧みる制定経過の冷静な分析である。

10　基本法ということの意味

　法令の性格を分類する際の学問上の概念が，基本法である。基本法という名称の法令が存在するものではない。土地基本法も，基本法である性格をもつ。

　ある分野について，国民に恵まれるべき福利や，国民に対する要請，また，それらに係る政府の施策に関する基本的な理念を明らかにし，その理念を実現する基本的な施策を提示する法律が基本法である。一般に，基本法は，抽象的な規律を内容とする規定から構成され，規律の細密度が抑制される。また，通常，基本法の規定により直ちに国民に義務が課されたり，権利が制限されたりすることはない。

基本法も国会が制定する法律であるから，憲法に優越する効力を有しない（日本国憲法 98 条 1 項）。このこととは区別される事項として，憲法の理念を実現するための思想を明らかにして，それに関連して憲法の規律の意味理解を基本法において提示することがある。それは，むしろ基本法の役割である。

11　個別法という概念

基本法と対立する概念が個別法である。基本法が提示する基本的な施策は，個別法が定める具体的な施策により実現される。個別法が学問上の分類概念であって，個別法という名称の法令が存在しないことは，基本法の概念と異ならない。

個別法の概念を扱う際，つぎの 3 点に注意を要する。

第一に，基本法と個別法の関係は，相対的なものである。ある法律がひとたび基本法に分類されると，個別法として扱われる場面が全くないといった概念の扱い方はしない。同一の施策分野を扱う甲・乙という法律があり，甲が相対的に抽象度の高い規律で構成され，乙が相対的に具体的で細密度の高い規律を内容とし，法令の体系から見ても甲が乙の上位にあると認められる場合において，甲が基本法であり，乙が個別法である。計画に従う土地の利用という理念は土地基本法で明らかにされ，国土利用計画法が全国計画や土地利用基本計画の制度を具体的に定めるから，同法は，土地基本法との関係において個別法である。

基本法と個別法の関係は輻輳することもある。国土利用計画法の土地利用基本計画は個別の土地の所有権行使を制約する拘束的な効果をもたないが，都市区域については，都市計画法が都市計画区域の概念を用意し，そのなかの市街化調整区域においては原則として開発行為を許さないとする具体の効果を定める。国土利用計画法は，都市計画法との関係では，基本法である。都市計画法は，土地基本法との関係でも国土利用計画法との関係でも個別法になる。

第二に，基本法と個別法の関係は，法律が成立した時間の順序と関係がない。国土利用計画法も都市計画法も土地基本法の前に制定された。法律の内容をみて，体系的に上位にあるものが基本法である。土地基本法は，これら 2 つの法律のほか，国土調査法，地価公示法，都市再開発法，建築基準法など，じつに

多くの歴史的に先行する諸法を随え，土地政策を総攬する役割を引き受ける。

　なお，土地基本法は，主務の国務大臣（日本国憲法 74 条の「主任の国務大臣」）が国土交通大臣であるが，他の各省大臣が主務の大臣である法律は土地基本法と個別法の関係にならない，などということはない。農林水産省が所管する農地法は，農地政策に関しては，土地基本法との整合が要請される個別法である。

　第三に，基本法が個別法の上位にあるといっても，それは，政策体系上の次元のことである。どちらも国会が制定する法律であり，効力は等しい。基本法の役割は，個別法の立案，審査，解釈そして運用において基本法との整合が要請され，整合の成否について政治的批判の根拠になる点に見出される。

第 2 節　　土地についての基本理念

● 土地基本法に罰則の規定があるか？

> **土地基本法の意義──財産権保障の解釈の提示**　　憲法を解釈する権限は，だれに属するか，という問いに対し，ある人は，法令の違憲審査権をもつ最高裁判所がもつ，と答える。
>
> 　この答えは，誤りではない。
>
> 　誤りではないが，注意が要る。
>
> 　最高裁判所のみが解釈の権限をもつ，と考えるとしたら，それは，正しくない。最高裁判所は，最終的な解釈の権限をもつ。国および地方公共団体のすべての機関が，憲法を尊重し擁護する義務を負う。この憲法尊重擁護義務の論理的な前提として，各機関は，ひとまず憲法の意味として自らが考えるところを見定めなければ，尊重することも擁護することもできない。
>
> 　土地基本法は，国会が制定し，そこで土地に関しては公共の福祉が優先する，と宣言する。この宣言は，憲法の財産権保障が土地に関しては他の財貨より強い公共の福祉の制約を受ける，という憲法の解釈の国会による表明にほかならない。

15　土地に関する基本理念

　土地基本法 1 条は，同法の内容を簡潔に要約し，「土地についての基本理念」を定め，「土地所有者等……の……責務」を明らかにし，そして「土地に関す

土地に関する基本理念

公共の福祉の優先　2条			
土地の適正な 利用 3条	土地の適正な 管理 3条	土地の適正な 取引 4条	土地所有者等 の適切な負担 5条
基本的施策 →12条・13条	基本的施策 →12条・13条	基本的施策 →14条	基本的施策 →15条・16条
土地基本方針 →21条2項2号	土地基本方針 →21条2項2号	土地基本方針 →21条2項3号	土地基本方針 →15条・16条

る施策の基本となる事項」を定める法律が同法であるとする。理念と責務と施策のうち，話の出発点となるものは，<u>土地に関する基本理念</u>にほかならない。そのうえで，一方において，理念に係る責務を所有者などが負い，他方において，理念を実現するための施策が続く。ただし，施策は，土地基本法が定めるものは基本的な施策であり，具体の施策は個別法が定める。個別法が扱う具体の施策の段階になると，国民に対し，その権利を制限し，具体の義務を課したり，その義務を遵守させるために罰則の規定を設けたりする。基本的な施策を定める土地基本法に罰則の規定はない。

　土地基本法は，土地に関する基本理念を2条，3条，4条，そして5条という4つの条において定める。内容の面から見て最も重要であるものは，3条が定める土地の適正な利用と管理である。公共の福祉の優先を言う2条は，理念の内容というよりも理念に与えられる性格を明らかにする。取引，また負担を主題とする4条・5条は，3条が定める利用と管理を支える考え方を補う。すなわち，良い取引がされなければ良い利用や管理をする者が土地を保有するに至らない。また，利用や管理からもたらされる利益やそれらに要する費用について，所有者は相応の負担をすべきである。このあと，条の順に従い見てみよう。

16　公共の福祉の優先

　土地基本法2条は，「土地については，公共の福祉を優先させる」と宣言す

る。公共の福祉を優先させて何を実現するか，そのこと自体を同条は語らない。そのこと自体は，次に続く3条の役割である。ここでは，公共の福祉が優先するということの意義そのものを確かめておく。

　(1)　**なぜ公共の福祉が優先するか**　　土地基本法2条は，土地という財貨が他の財貨に比べ，きわだって「公共の利害に関係する特性を有している」とし，そこで，「土地については，公共の福祉を優先させる」とする。なぜ公共の利害に関係する性質が顕著であるか，具体的に4つの点を挙げる。まず，**土地の資源としての希少性**，すなわち「現在及び将来における国民のための限られた貴重な資源であること」，つぎに，**人間活動にとっての不可欠性**をもち，人々の暮らしや職業，事業が土地なくしては不可能であって「国民の諸活動にとって不可欠の基盤であること」，さらに，**土地の相互の依存性**であり，「利用及び管理が他の土地の利用及び管理と密接な関係を有する」こと，そして最後に，**土地の社会的経済的条件への依存性**であり，土地の「価値が……社会的経済的条件により変動する」ことである。

　(2)　**憲法の文言との関係**　　これらの事情を勘案し，土地について公共の福祉が優先すると考えることは，憲法との関係において，どのように整理されるか。じつは，憲法の言葉遣いとの間に微妙な相違が観察される。憲法29条2項は，財産権の内容が「公共の福祉に適合する」ように法律で定められるとする。適合であって優先ではない。土地基本法は，憲法と異なることを，さらに述べれば憲法に反することを定めているか。そうではない。

　憲法は，財産権の全般について，公共の福祉への適合を求める。適合の具体の姿は，財産権の種類に応じ，また，財産権の目的となる財貨の性質に応じ，異なる。

　土地に関しては，その特性を考慮し，公共の福祉が優先するという在り方が，適合するという要請の具体の意味であると考えるのである。どうしてそのような特性を有するかは，すでに分析したとおり，土地基本法2条が4つの要素を掲げる。

　(3)　**優先するとされることの効果**　　この公共の福祉の優先の思想は，憲法29条2項を土地について個別に検討すると，それが導かれる，という理解を施すことになる。施す主体は，国会である。土地基本法を制定することにより

国会は，同法が定めるように憲法を解釈すると表明した。政府は，国会の信任により国政を掌るから，特別の事情がない限り，国会の解釈を誠実に尊重しなければならない。もし政府がどうしても国会の解釈がヘンだと考えるならば，土地基本法を改正する法律案を国会に提出すべきであり，それが容れられないならば，内閣が総辞職するか，衆議院を解散して結着を与えるほかない。

　通常，そのように話が大裂裟にはならない。むしろ土地基本法2条の思想は，国会に対してというよりも，政府の各部門の間のやりとりで威力を発揮する。ある部門が「土地の所有権を制限するこれこれの法律を作りたい」と提案するのに対し，別の部門から「それは憲法の制約があるからダメではないか」という疑問が出される際，反論として，「いや土地に関しては公共の福祉を優先させるというふうに国会も解釈しているから，これでいこう」と答え，話を進めることができる。

　もちろん，それがやはり明らかに行き過ぎであるということになれば，最終的には裁判所において適用を拒まれる。

　公共の福祉が優先するという宣言は，このような効果をねらうものである。けっして，国民の権利義務が土地基本法2条を口実として軽んじられるというようなことにはならない。

17　適正な利用と管理という理念

　土地基本法3条は，まず，1項において，土地が，「所在する地域の自然的，社会的，経済的及び文化的諸条件に応じて」，適正に利用し，また，管理されることが求められる，という理念を掲げる。土地が国民生活にとって重要な財貨であり，それが国民生活に役立てられなければならない，という至当な理念を謳うものである。

　平成の土地基本法が適正な利用のみを強調したのに対し，令和の土地基本法は，**適正な利用と管理**という理念を掲げる。そのことに関わることとして，同条2項は，土地について，「周辺地域の良好な環境の形成を図るとともに当該周辺地域への悪影響を防止する観点」が重要であるとする。「悪影響」は，生活の平穏や公衆衛生の観点から周辺にもたらす不利益であり，ゴミ屋敷の状態，鳥獣や害虫の被害や雑草の繁茂，樹木の不適切な管理などが想起される。

　適正な土地の利用と管理という際，問われなければならない論点は，何をもって適正とするか，にほかならない。同条3項は，**土地の利用及び管理に関する計画**に従って利用と管理がされることを説き，計画が重要であるとする。その点も含め，土地基本法3条の理念の実現に向けての基本的施策は，同法12条・13条において提示される（→ 26・27・74）。

18　円滑かつ適正な取引という理念

　土地基本法4条は，そこから，土地が**円滑かつ適正に取引**されるという理念を読み取ることができる。

　このうち，適正な取引は，具体的には，投機的取引の禁止であり（同条2項），**国土利用計画法**が不適切な取引をさせないための仕組みを用意する。この部分は，平成の土地基本法において既に存在した。まさにバブル経済への対処に迫られた土地基本法の姿がここにある。とはいえ，この考え方そのものは，今日においても意義を有する。バブル経済が再来するおそれは，直ちには考えにくい。しかし，大きな災害が起きた際，復興の公共事業がされる可能性がある土地を買い占めて公共に高値で売りつけようとするようなことを企てる人は今日もいる。それは困るということを法律で明確にするため，この部分は改正されていない。

　くわえて，令和の土地基本法は，土地の適正な利用と管理を促進する観点から，円滑に取引されるという新しい理念を提示する。この観点からみてふさわしい者が取引によって円滑に土地を取得してこそ，適正な利用と管理が実現するにちがいない。そのためには土地を手放したい人と土地を入手したい人との**マッチング**を上手にすることが望まれる。

　これらの理念を実現する基本的施策は，同法14条において提示される（→ 28）。

19　所有者の適切な負担という理念

　土地に関し利益を得た人は応分の**負担**をしてもらう，という理念が土地基本法5条において説かれる。負担とは，眼に見える仕方で端的に表現すると，お金を納めてもらい，土地から得られた利益を吐き出すことを所有者などに求め

ることである。なぜ負担の考え方が出てくるか。大きなサイズの話から始めると，社会における資産の格差はあまり大きくならないほうがよい，というところもある。しかし，こうしたサイズの大きな話は，土地でなく金融資産で得た利益の再配分にもつながるものであり，格別，土地政策の文脈で考える必然性に欠ける。

　土地政策から見逃してならない観点からは，土地が有利な資産であると人々が感じ始める事態が困る，ということである。土地を保有していると大きな利益が手に入る，ということになるならば，それを狙い土地を取得しようとする人たちが現われる。その人たちは金銭的利益に眼が向き，土地の適正な利用と管理に関心を向けないおそれがある。

　だから，土地はおいしい資産であるという話の流れにしない。そのためには，土地の保有により得られるものとして正当視される限度を超える利益は吐き出してもらう。

　土地から得られる利益は，2つの異なる種類のものがあり，それぞれに負担の態様も異なる。第一に，市場の動きなど社会経済的な条件の〈変化〉により生ずる利益の一部は，個別の施策の定めるところにより公共に還元してもらう。たとえば税という仕方が考えられ，かつて行なわれた**地価税**は，この考え方による。変化であるから，必ずしも人の組織だった営みの成果として生ずる利益であるとは限らない。ひらたく言うと，濡れ手に粟で不労所得をマルマル手中に入れることは御遠慮を願う。

　第二は，社会資本の〈整備〉に伴い土地の経済的価値が増加する場合は，所有者に相応の負担を求める。整備は，まとまって目的に向けられた人の活動であり，例を挙げると，街区における下水道の整備などが思い浮かぶ。その際，下水道が整備される一帯の土地の所有者に対し**受益者負担金**の納付を求める。

　この2つの異なる利益とそれに対応する負担は，平成の土地基本法において明瞭に区別されていなかった。令和の土地基本法は，項を2つに分け，それぞれにおいて異なる種類の負担を掲げ，明瞭に考え方を伝えるものとなっている。

　土地基本法5条の掲げる理念は，同法15条・16条が定める基本的施策で受け止め，実現される（→第5章）。

―――――――――――――――――――――― 解　説 ――――――――――――――――――――――

12　令和の土地基本法における公共の福祉の優先という思想の維持

　令和の土地基本法は，2条の本質部分を変更せず，公共の福祉を〈優先〉さ
せるという思想を堅持する。立案の準備をした国土審議会の調査審議において，
憲法学者から，本当に優先でよいか，憲法の文言のとおり適合にすることも考
えられる，という問題提起がされた。その際の議事は，「公共の福祉の優先と
いう言葉は注意して使いなさいというご注意」として受け止めるという整理を
されている（国土審議会土地政策分科会特別部会第5回会議，2018年11月20日）。

13　憲法が保障する財産権の民法による内容形成

　憲法29条は，1項において財産権を保障し，その財産権の内容を法律で定
めることが2項において指示される。財産権の内容を定める法律は多様である
が，その代表例は，いうまでもなく民法である。民法が定める所有権などの財
産権の内容は，どのようなものであることが憲法からみて望まれるか。そこを
架橋するものが土地基本法にほかならない。適正な土地の利用と管理を実現さ
せるよう公共の福祉を優先する，という考え方を基礎にするという方針が同法
により提示される。

　一つの例を掲げると，所有者は，所有権を自由に行使することが権利として
保障される（民法206条）けれども，土地の所有権については，管理を怠り，周
辺に悪影響を及ぼすこととなる場合において，その自由を留保なく尊重するこ
とは許されない。所有者不明土地管理制度（同法264条の2）や管理不全土地管
理制度（同法264条の9）により，選任された管理人が土地についてする権能の
行使を是認する思想的基礎が，土地基本法により恵まれる。

　法律を拘束する憲法による権利保障は，じつは，そのために用いられる憲法
上の概念の意義が法律により内容形成されるところが法律家の共通諒解となっ
て初めて意義の輪郭が明瞭になる場面が観察される。この内容形成の関係を憲
法が自ら指示するものとして，「日本国民」の意義があり（日本国憲法10条），
また，憲法15条3項の「成年者」は，概念の性質上法律により明らかにされ
る。憲法29条の財産権も，土地について土地基本法に導かれながら，民法な

どにより内容が形成される。山野目章夫「憲法と経済秩序（4）／財産権の規矩としての民事基本法制」季刊『企業と法創造』9巻3号（通巻35号，2013年，早稲田大学グローバルCOE《企業法制と法創造》総合研究所），また，小山剛教授と著者との対談，「憲法学に問う／民法学からの問題提起と憲法学からの応答」法律時報81巻5号（2009年）。

第3節　土地所有者の責務
● 全会一致でなかった土地基本法の改正

> **全会一致でなかった幸運**　霞が関には，こういう言い伝えを述べる人がある
> ——国会において全会一致で通らなかった法律は，むしろそれゆえにこそ，ときに
> 幸福な行く末を辿る……ことがある。
>
> 　こんなことを大きな声で叫んだら，あたりまえであるが，その官僚に出世の先はない。だから先輩から後輩への秘伝である。その官僚も，私に対し酒席で耳打ちした。告げられた私は，民主政の極意を言い当てるその伝に大きく頷く。
>
> 　この伝を信ずるならば，土地基本法を改正した令和2年法律第12号は，胸を張ってよい。賛成多数で，つまり全員一致でなく，両議院が可決した。反対討論をした議員の意見に耳を傾け，その注意を忘れることなく令和の土地基本法を運用していかなければならない。

20 義務でなく責務

　一度でも国会議事堂で発言をする機会があった者であれば誰でも知ることではないか。あれほどマイクの声が良く通る音声環境の会議室はないと感ずる。それだけ国費を投じ，良い性能の設備を用意する理由は何か。与野党の議席分布が明らかで，党議拘束があるからには，成立する法律案は成立する。それは，ほぼ予想ができる。でも，その成立まで何が論じられたか，精確に残された記録は，後年の国の政策が誤ることを防ぎ，人々に功徳をもたらすにちがいない。

　令和2年法律第12号により改正された後の土地基本法のなかの，土地所有者の責務を定める6条の規定を難じ，改正に反対する討論をした議員は，「一般の土地所有者に内容も無限定な協力義務を負わせることは，土地所有権の過

度な制約につながるものであり，認められません」と説く。

　著者は，この意見に承服しない。けっして同条は，土地の所有者に無限の義務を課したりするものではない。また，土地の所有権は適切に制限されるべきであり，同条を含む土地基本法が過度な制約を定めるとする理解は，同法の正確なそれではない。

　けれども，この反対討論の意見から得られる留意事項はある。それは2つある。

　第一に，土地基本法6条の規定のみを掲げて，個別具体の土地政策の局部を正当化し，それへの同調的な協力を土地所有者に迫るような政府の行為は，慎まなければならない。本来，土地政策は，地域を豊かにし，人々の暮らしを安んずるものである。権威的な国策としての土地政策に堕ちないよう，心構えが要る。

　第二に，このこととも関連するが，土地基本法6条の定める土地所有者の責務は，不断の法制上の措置の積み重ねにより，明瞭な義務を定める個別法の規定により輪郭が与えられていかなければならない。同条は，土地所有者の責務を定めるものであり，義務を定めない。理念の次元における責務は，個別の法令が義務を定めることにより具体の姿態を現わす。

21　土地所有者の責務

　まず，土地基本法6条1項は，土地所有者等が，土地についての基本理念に則り，土地の利用および管理ならびに取引を行なう責務を有するとする（法制執務は，「則り」を仮名にするが，本書は漢字を用いる）。土地の適正な利用，管理，取引を確保し，所有者不明土地の発生を抑制し，さらにそれを解消するためには，所有者自身が土地の適正な利用，管理および取引をしなければならない。そこで，**適正な利用・管理・取引の責務**が規定される。あたりまえのことであるが，土地所有者を孤立させ，国や地方公共団体は手を貸さない，という意味ではない。もちろん国や地方公共団体が土地政策を展開する（同法7条）としても，それのみであるならば，土地を所有する者の主体性は否定され，公共による土地所有権への無限の介入を許すことになる。6条1項は，そのような権威的な土地政策を否定する前提を調える意義もある。

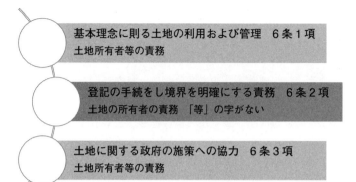

基本理念に則る土地の利用および管理　6条1項
土地所有者等の責務

登記の手続をし境界を明確にする責務　6条2項
土地の所有者の責務　「等」の字がない

土地に関する政府の施策への協力　6条3項
土地所有者等の責務

　つぎに，同条2項は，土地の所有者が，同条1項の責務を遂行するにあたり，その所有する土地に関する**登記手続その他の権利関係の明確化のための措置**，また，土地の所有権の境界の明確化のための措置を適切に講ずるように努める責務を定める。「登記手続」は，不動産登記法が用意する不動産登記制度に基づく登記の手続である。「その他の権利関係の明確化のための措置」は，農地法や森林法に基づく届出を意味する。「明確化」という語が用いられる理由は，明確化しなくても権利そのものは存在することによる。相続による所有権の取得を例にすると，親が死ぬと土地を相続して所有権を取得する。この権利移転は登記をしなくても起こる。しかし，それは外部から認識されないから，社会に向けて明瞭にすることが望まれる。そこで，登記手続などをして明確化される。「登記手続」という語が用いられる理由は，登記そのものは法務局において職権を行使する登記官がし，それを申請という手続により促す者が所有者であることによる。

　土地の所有権の境界の明確化のための措置は，隣地との間の境界を明確にするために積極的に行為をし，また，境界が不明確になるような行為をしない不作為の責務を意味し，さらに，境界を明確にするため隣地の権利者や公的機関が調査や測量をする際，現地において立ち会うなどして協力をするよう努める責務を負う。実際上，法務局がする登記所備付地図作成作業や国土調査法に基づく地籍調査の場面で境界の確認などに協力することが重要であり，期待される。なお，「所有権の境界」という概念の意味は，**第5章**において案内する

（→ **68**）。

　さらに，土地基本法6条は3項において，土地所有者が，国または地方公共団体が実施する**土地に関する施策に協力**しなければならないとする。もちろん，この規定は，基本的な考えを示すにとどまる。国や地方公共団体が要請してくる措置をすべて無制約に受け容れなければならないなどという趣旨ではない。国や地方公共団体の求めに応じないと叱られるとか，直ちに処罰されるとかいう話でもない。どのような協力が具体的に求められるかは，法令の個別の定めを待って明らかになる。

22　土地所有者"等"って何？

　土地基本法6条1項が定める適正な利用と管理の責務を負う者は，正確に述べると，「土地の所有者又は土地を使用収益する権原を有する者」である。同法4条1項が，これを**土地所有者等**とよぶことを案内する。法文を作る際の事務的な約束として，ある法律の初めのほうに概念が登場する条において，この種の案内を置き，そこからあとは，すべて"等"の字を用いた簡略な表記がされる。

　土地基本法6条1項のみならず，同条3項の責務も，それを負う者は，精密に述べると，土地所有者等である。

　土地の所有者でなく「土地を使用収益する権原を有する者」は，土地の地上権，永小作権，質権，使用貸借による権利，賃借権やその他の何らかの土地の使用収益権原を有する者すべてを含む。地域福利増進事業に基づく土地の使用権を付与される者も，これに当たる。

　厳密に述べると，このようになる。物事は厳密に述べることも大切であるが，簡明に伝えることも大切である。本書においては，ここでのみ土地所有者等の表記をし，それについての解説を添える。一般的には本書の全体を通じ，土地所有者等と記すべき場所で単に土地所有者という記述とする個所が少なくない。

23　国や地方公共団体の責務

　土地所有者の責務は，ある土地について責務を負う者が，まずは所有者である，という考え方である。すべてを所有者に押し付け，まわりの者は何も手を

貸さない，ということではない。所有者が責務を果たそうとしても果たすことに困難や限界がある場合において，最終的には，国が支える。そのほか，地方公共団体，事業者，そして国民のみんなが責務を負う，という理念が，いくつかの土地基本法の法文において明らかにされる。

　(1)　**土地政策に関する国や地方公共団体の責務**　　まず，国，そして地方公共団体は，土地についての基本理念に則り，土地に関する施策を総合的に策定し，それを実施する責務を有する（土地基本法7条1項）ことはもちろん，土地所有者等による適正な土地の利用と管理を確保するため必要な措置を講ずるように努め，地域住民など土地所有者等でない者による利用や管理を補完する取組を推進するため必要な措置を講ずるように努める（同条2項）。広報活動を通じ，土地についての基本理念に関する国民の理解を深めるようにもしなければならない（同条3項）。

　(2)　**国の地方公共団体への支援**　　これらの局面において国と地方公共団体とが互いに協力して施策を進め，総合的見地に立った行政組織の整備および行政運営の改善に努めることが要請される（土地基本法19条）。とりわけ，国が，地方公共団体が実施する土地に関する施策を支援するため，情報の提供など必要な措置を講ずることが望まれる（同法20条）。東日本大震災の被災地の市町村においては，県の職員が応援で派遣されたり，また県外の他の市から応援の職員の派遣を受けたりした。被災地は人手が足りないという職員の数の問題があるが，それと共に，職員の資質や練度の問題もある。それまで深刻な土地問題がなく，用地取得のプロを擁しない市町村が突然その種類の施策に迫られるから，国が，都道府県を跨ぐ専門家の手当てを調整する措置は重要である。

　(3)　**土地政策に関する国民の責務**　　土地基本法9条は，国民もまた，土地についての基本理念を尊重しなければならず，国および地方公共団体が実施する土地に関する施策に協力するように努めなければならない，と謳う。しかし，その規範としての意義は，乏しい。

　まず実際上，政府の土地政策と異なる行動をとる国民が，そのことのみを理由として処罰されたりはしない。この種類の国民の責務の宣言は，多くの法律において類例があり，それらにあって，特に具体の効果が伴うとはされていない。土地基本法9条も同じであり，土地政策への国民の協力が望まれる，とい

う立法者の希望の表明である。

　理論的にみて，平成の土地基本法は土地所有者の責務を明示していなかったから，所有者が国民の一員であるということを介し，土地を所有する国民の責務を引き出そうとする考え方もありえた。しかし，令和の土地基本法が，外国人や外国法人を含む所有者の責務を明確に定める今，国民の責務に依存して所有者の責務を考える必要はなくなった。

　⑷　**土地政策に関する事業者の責務**　　土地基本法8条は，事業者が，土地の利用，管理，そして取引にあたり土地についての基本理念に従わなければならず，国や地方公共団体が実施する土地に関する施策に協力しなければならない，とする。ここにいう事業者は，外国人または外国法人たる事業者を含む。さらに，国民の責務を定める同法9条とは別に8条を置く意義は，事業者の活動が土地の利用，管理や取引の動向においてもつ影響が実際上大きく，土地に関する基本理念を事業者が尊重するべきことを特に念押しする必要があることによる。とりわけ，土地の利用や管理そのものに当たる事業者の活動に加え，土地取引の資金を融資する金融機関などの動向が土地の需給動向に与える影響は大きい。土地基本法8条の法文が，土地の取引を「支援する行為」も土地に関する基本理念に従うべきものとする理由は，ここにある。バブル経済の際，**土地関連融資の総量規制**という行政指導がされた出来事は，土地基本法8条の責務の考え方に立脚した施策である。

────────　解　説　────────

14　「土地に関する権利を有する者」の概念の廃棄

　平成の土地基本法は，ある土地の関係者を示して規範を与えるに際し，「土地に関する権利を有する者」の概念を用いた。茫漠に過ぎる。あるいは，曖昧な概念である。土地を適正に管理する責務のようなものを宣言しようとしても，この概念を用いると，土地を有する者，土地を借りた者のみならず土地を抵当に取った者も論理的に含まれる。抵当に取った者に対し土地を管理せよ，と求められても応接に困る。

　令和の土地基本法は，土地の所有者に加え「土地を使用収益する権原を有す

る者」が，土地の管理を適正にする責務を負うとする（同法 6 条 1 項）。これならば，わかる。そして，表現の効率を期し，これらを「土地所有者等」という言葉で伝える。なお，土地を抵当に取る銀行なども，土地に関する基本理念を理解し，その適正な管理を妨げない責務を負う。そのことは，「事業者」が土地に関する基本理念に従う責務として別の規定（同法 8 条 1 項）において規律される。

　さらに注意して法文を読むと，たいていの個所は「土地所有者等」の語が用いられるが，土地基本法 6 条 2 項は，「等」がなく，専ら「土地の所有者」が，①「土地に関する登記手続その他の権利関係の明確化のための措置」と ②「所有権の境界の明確化のための措置」を講ずる責務を負うとする。① は，地籍の観念からの要請として，土地を借りたり抵当に取ったりする者までが登記をせよ，ということにはならない。所有者が明らかになっていることが重要であり，それで十分である。たしかに，抵当権や借地権も登記上の公示が望まれるが，それは，不動産登記制度の理念であって，土地政策からの要請ではない。また，② は，所有権の境界であるからには，責務を負う者が所有者であることは，論理的に当然である。

🄂🄓 2018 年の南北朝鮮首脳会談に思う──境界の概念

　2018 年 4 月 27 日，分裂国家を率いる両首脳が板門店で会い，一方の首脳が軍事境界線を越えて他方の領域に踏み入る光景がテレビで中継され，いささかの感動で世界の人々が見守った。見ていた著者の感動は，すこし異なる。あらためて境界という概念に思いをめぐらすチャンスであった。境界線にはブロックらしいものがあり，そこを跨いで首脳は他方の領域に入った。跨ぐ必要がないのに，というのが著者の感想である。踏めばよい。境界は，座標値で認識される点を結ぶ線であり，線に幅はない。境界に交差して，踏めば十分である。

　国内に眼を転ずると，実際，都道府県の境を踏む状態で存在する建物は珍しくない。浅井建爾『知らなかった！ 「県境」「境界線」92 の不思議』（2013 年）154 頁，西村まさゆき『カラー版 ふしぎな県境』（中公新書，2018 年）13-22 頁。

　もっとも，線に幅がないということは数学的な理想空間においてそうであるにとどまる。現実には，誤差の問題が控える。土地家屋調査士のなかには，酒

席で興に乗ると，国土調査法施行令別表第四に定める誤差の限度内において境界を決める者は誰か，それは地権者でも登記官でもなく自分たちこそ，と豪語する人もいる。豪語というより少し暴言に近い。しかし，ただの暴言ではなく，地理空間情報というもののリアルに潜む一面の真理を喝破する言でもある。

16　土地関連融資の総量規制

「1990 年 3 月に不動産業への融資の伸びを総貸残高の伸び以下に抑制するいわゆる総量規制が発動された」，長谷川徳之輔 = 稲本洋之助「地価バブルと土地政策」社会科学研究 47 巻 5 号（1996 年）227 頁。

第 4 節　土地に関する基本的施策

● 基本的施策の 4 つのキーワード

> **土地政策の体系とその動的契機**　　土地政策は，キーワードを掲げる仕方で述べると，利用，管理，取引，そして情報のそれぞれについて進められる。それぞれについて，土地基本法において施策の基本的なメニューが示される。
> 　土地政策は，社会経済の情勢に即応して進められなければならず，法律に固定した施策を示すのみでは機動的な動きが達せられない。ときどきの土地政策の指針は，随時に政府が定める土地基本方針において示される。

24　土地基本方針

　土地基本法は，12 条から 20 条において<u>土地に関する基本的施策</u>を定める。法律に記されているから，国会で改正の手続をしないと変えることができない。不動，不磨とまで述べると大袈裟になるが，たびたび変えるものではない。法律に示されているものは，施策の基本的な骨子という重い意味をもつ。

　社会経済は時代に応じて変化し，これに即応して時々の土地政策を進めるためには，国会が制定した法律で示される基本的施策を受け，随時の土地政策の方針を政府において定めるようになっているとよい。土地政策の方針として政府が定めるものが，<u>土地基本方針</u>である。

　土地政策は，土地基本法が 2 条から 5 条において定める土地に関する基本理念を実現するため，同法 12 条から 20 条までにおいて定める基本的施策に直接に立脚して制定される個別法を通じ，あるいは随時に定められる土地基本方針が方向として示すところに即応して制定される個別法を通じて実行される。

　政府は，土地についての基本理念に則り，土地の利用，管理，土地の取引，土地の調査，土地に関する情報の提供に関する基本的施策など，土地に関する施策の総合的な推進を図るため，土地基本方針を定める（同法 21 条 1 項）。土地基本方針は，国民の意見を聴く機会を設け，また，国土審議会の意見を聴いて，閣議で定める（同条 3 項・4 項）。実際，土地基本方針は，2020 年 5 月 26 日に定められた。その後，2021 年 5 月 31 日に最初の変更がされている（同条 6 項参照）。変更は，随時にすることでよい。年度ないし年に必ず一度しなければならないという制約はなく，また，一年に一度しか改定してはならないという制約もない。政府は，社会経済の動きを見て，随時，縦横に土地基本方針を変更し，または変更しないで土地政策を進める。

25　土地政策のメニュー

　土地基本方針の実質的な内容は，土地基本法 21 条 2 項の 2 号・3 号・4 号のものである。同項 1 号は，土地基本方針の序部であり，また，5 号は拾遺の事項である。

土地基本方針の内容──土地基本法 21 条 2 項の定め

　1　土地基本法 12 条 1 項の計画の策定等に関する基本的事項

　2　適正な土地の利用および管理の確保を図るための措置に関する基本的事項

　3　土地の取引に関する措置に関する基本的事項

　4　土地に関する調査の実施および資料の収集に関する措置ならびに同法 18 条 2 項に規定する土地に関する情報の提供に関する基本的事項

　5　前各号に掲げるもののほか，土地に関する施策の総合的な推進

〳〳〳　を図るために必要な事項　〵〵〵

　実際の土地基本方針の文書の構成からも，2号から4号までの事項が浮き立つ。等しく2号に含まれる利用と管理の2つの観点を区別すると，あわせて4つの要目が得られる。第一は，「適正な土地の利用……の確保を図るための措置に関する基本的事項」であり，**利用**がキーワードになる（同項2号，→**26**）。第二は，「適正な土地の……管理の確保を図るための措置に関する基本的事項」であり，**管理**がキーワードである（同じく2号，→**27**）。第三は，「土地の取引に関する措置に関する基本的事項」であり，キーワードは**取引**である（同項3号，→**28**）。そして第四は，「土地に関する調査の実施及び資料の収集に関する措置並びに……土地に関する情報の提供に関する基本的事項」であり，**情報**がキーワードになる（同項4号，→**29**）。

26　土地を適正に利用する

　土地の適正な**利用**の実現という基本的施策の基盤となる理念は，土地基本法3条にあり，同条が謳うとおり，土地は，その所在する地域の自然的，社会的，経済的および文化的な諸条件に応じて適正に利用されることが望まれる。そのためには，適正かつ合理的な土地の利用および管理を図るため策定された**土地の利用及び管理に関する計画**（同条3項）に従って土地が利用されなければならない。**計画**が大切である。

　どのように計画を作るか。基本的施策として，土地基本法12条1項のガイドに従い，国および地方公共団体は，適正かつ合理的な土地の利用および管理を図るため，人口および産業の将来の見通し，土地の利用および管理の動向など，自然的，社会的，経済的，そして文化的な諸条件を勘案し，土地の利用及び管理に関する計画を策定する。同条2項は，計画を策定する際に留意しなければならない観点として，「地域の特性を考慮して，良好な環境の形成若しくは保全，災害の防止，良好な環境に配慮」することを要請する。

　計画は，大きなデッサンから描き始め（同条2項にいう「広域の見地」から），次第にズーム・アップし，あなたの保有するその土地が，街づくりの対象となる

かどうか，対象となる際，住宅の用地として用いなければならないか，商業施
設や工場を建ててもよいか，など詳細を定めるところまで進める。大きなデッ
サンは，国土利用計画法が定める**土地利用基本計画**であり，これに即して**都市
計画区域**については，**市街化区域**と**市街化調整区域**とを線引きし，市街化区域
については**用途地域**を定めて建築物の用途と関連づけた土地利用の在り方を定
める（→ 75）。都市計画が都市のものであるのに対し，都市地域でない国土に
ついては，農業振興地域整備計画，森林計画，自然環境保全地域の保全計画，
自然公園の公園計画など，土地の利用に関する計画が用意される。

　計画は，絵を描いて終わり，というものではない。描いたように実現してい
く動的契機が重要である。"形成"とか"誘導"という時間を想い起こさせる概
念が計画の思想を支える。大きなデッサンとしては，国土形成計画法が定める
国土形成計画があり，都市の形成を実際進めるにあたっては，都市再生特別措
置法の**立地適正化計画**が重要な役割を担う。土地基本法12条2項が「土地利
用の適正な転換を図る」という観点を提示して，計画に躍動感を与えようとす
る。

　さらに，当面の具体の施策として，2021年5月に変更された土地基本方針
においては，環境，水防災，空き地などをキーワードとする喫緊の課題への対
処が示された。まず，第五次環境基本計画（2018年4月17日閣議決定）に基づき，
自然との共生を軸とした国土の多様性の維持や，持続可能で魅力あるまちづく
り・地域づくりのため，各地域が自立・分散型の社会を形成しつつ特性に応じ
て支え合う**地域循環共生圏**の創造をめざし，環境保全のための土地に関する施
策を推進するとされた。水防災は，**浸水被害防止区域**という制度を創設するな
どし，流域治水の観点から水防災に対応したまちづくりを進めようとしている。
また，利用と共に管理の観点も関連するが，各地方公共団体の空き地・空き家
の情報の標準化，集約化を図り，全国の空き地・空き家の情報について簡単に
アクセス・検索することを可能とする**全国版空き家・空き地バンク**の試みを進
めるとされる。

27　土地の適正な管理の実現

　土地が適正に管理され，周辺地域への悪影響を防止することを謳う土地基本

法3条の基本理念を受け，同法13条1項は，国および地方公共団体が，良好な環境の形成や保全，災害の防止，良好な環境に配慮した土地の高度利用，土地利用の適正な転換など適正な土地の利用および管理の確保を図るため，土地の利用や管理の規制または誘導に関する措置を適切に講ずるものとされる。

　この観点から予定される基本的施策としては，**低未利用土地**の適正な利用，管理ということがある（同条4項）。低未利用土地とは，居住や事業などの用途に供されておらず，またはその利用の程度がその周辺の地域における同一の用途もしくはこれに類する用途に供されている土地の利用の程度に比し著しく劣っていると認められる土地をいう。国および地方公共団体は，低未利用土地に係る情報の提供，低未利用土地の取得の支援など，低未利用土地の適正な利用および管理の促進に努めるとされる。また，所有者不明土地の問題への対処も基本的施策の一つであり，**所有者不明土地**の発生の抑制および解消，そして円滑な利用および管理の確保が図られるように努めるとされる（同条5項）。所有者不明土地は，同条5項においては，相当な努力を払って探索を行なってもなおその所有者の全部または一部を確知することができない土地と定義される。

　低未利用土地の適正な管理や所有者不明土地の発生の抑制や解消を追求して，2021年5月に変更された土地基本方針においては，**民事基本法制**の見直しを踏まえ，管理不全の土地に関連する行政の関与を確保するための仕組みについて検討を進め，これを踏まえた制度見直しに取り組むとされている。民事基本法制においては，**管理不全土地管理制度**（→ **104**）や**所有者不明土地管理制度**（→ **95**）が低未利用土地の適正な管理，悪影響の防止，そして所有者不明土地への対策の観点から重要な意義をもつ。また，所有者不明土地の利用の円滑化等に関する特別措置法の施行後3年経過の見直しに向けた制度の見直しにも取り組まなければならない。同法が定める**地域福利増進事業**（→ **90**）については，地域の防災や減災に資する備蓄倉庫のような防災設備や，再生可能エネルギーの地産地消に資する施設の整備のように，対象となる事業の拡充が望まれる。

28　土地の円滑かつ適正な取引の実現

　土地の**取引**に関しては，土地基本法4条が，土地所有者による適正な利用や管理を促進する観点から，土地が，円滑に取引されるものとし，投機的取引の

対象とされてはならない，という基本理念を提示するところが重要である。この基本理念に立脚して，同法 14 条が，円滑な土地の取引に資するため，不動産市場の整備に関する措置を講ずるなどの基本的施策を指示する。**不動産市場**が主題となる。

　地価の高騰に悩んだ時代に制定された平成の土地基本法は，同法 4 条において，投機的取引の禁止のみを掲げていた。**投機的取引**とは，買った時の価格と売る時の価格との差額として得られる利益のみをひたすら獲得しようと狙う取引である。そんな取引をする者は，土地を実際に用い，きちんと土地を管理しようという気持ちにはならない。また，適正な地価の形成も妨げられ，実体から離れて地価が高騰するから，まじめに利用したいと望む人が土地を入手しにくくなる。それでは困る。そこで，この基本的施策の実施の重要な手立てとして，**国土利用計画法**は，都道府県知事が指定した**監視区域**の土地の取引を届け出させ，取引の内容が投機的取引であると認められるなど適正でないと判断する場合は，取引をしないよう勧告することができると定める（→**77**）。

　バブル経済がなくなった今となっては，全国的に広汎に投機的取引に走る人々が現われるような状況は想像しにくいが，復興事業が実施されると予想される大災害が起こった被災地の土地を買い占めるといった事態は心配であるから，投機的取引の禁止は，依然として意義がある。

　令和の土地基本法は，投機的取引の禁止に加え，土地の適正な利用や管理を実現するため，その土地を保有するにふさわしい人が土地を取得することができるよう，需給のマッチングを上手にしなければならないという基本的施策を提示する。2021 年 5 月に変更された土地基本方針は，この観点から前述（→**26**）の「全国版空き家・空き地バンク」の試みを進め，需給のマッチングの上手な実現を促進しようともしている。

29　土地情報政策

　土地基本法 18 条 2 項には，**土地に関する情報**という概念がみえる。同項は，政府が，地籍，土地の利用や管理の状況，さらに不動産市場の動向など土地に関する情報を適宜に国民に提供するように求める。提供にあたっては，個人の権利利益の保護に配慮することも要請されている。一つの例を挙げると，不動

産が実際に取引をされた際の成約価格は，**不動産取引価格情報提供制度**（→ 84）により，国土交通省のウェブサイトで公表されている。ただし，露骨に誰と誰との取引であるかは示さず，だいたいの地点で，その場所について実際にされた取引の際の価格が示される。

　当然のことながら，こうした施策を実施するためには，取引の状況を調べなければならない。そこで，同条 1 項は，国や地方公共団体が，土地に関する施策の総合的かつ効率的な実施を図るため，所要の調査を実施し，土地に関する情報に係る資料を収集するなど必要な措置を講ずるという施策を定める。

　同条にみえる地籍の概念については，**国土調査法**が定める**地籍調査**が重要である（→ 71）。地籍調査の歴史は長いが，ずっと土地政策の体系において明瞭な法制上の位置が十分に与えられないで来た。令和の土地基本法において地籍の概念が土地基本法 18 条に設けられ，土地基本法と国土調査法との間の連携，関連が可視化された意義が認められる。

　ひろく土地情報に当たるものを見渡すと，さらに，公的土地評価という課題も存在する。土地基本法 17 条は，国が，適正な地価の形成および課税の適正化に資するため，**土地の正常な価格**を公示するとともに，公的土地評価について相互の均衡と適正化が図られるように努めるとする。土地の正常な価格を公示する仕組みとしては，**地価公示法**が定める**公示価格**がある（→ 83）。このほか，都道府県地価調査，相続税評価や固定資産税路線価などの公的土地評価の仕組みが調えられ，土地に関する課税の適正確保の観点からも重要な役割を果たしている。

　このようなものが土地情報政策の分野のあらましであり，さらに 2021 年 5 月に変更された土地基本方針においては，防災や減災に資する浸水想定や地域の土地の災害履歴などの災害リスク情報，また「空き家・空き地バンク」に関する情報などを地理空間上において活用可能とするための情報の拡充整備，更新をするという方針などが示されている。地籍調査については，第 7 次国土調査事業十箇年計画（2020 年 5 月 26 日閣議決定）に基づき，新しい調査手続の活用や地域の特性に応じた効率的な調査手法の導入の促進によって地籍調査の円滑化，迅速化を図り，土地に関する基礎的情報である境界の明確化を推進する。そうすることで，所有者不明土地の発生抑制に貢献するという施策も強調され

る。

————————————　解　説　————————————

17　国土審議会

「土地基本法等の一部を改正する法律」（令和2年法律第12号）の成立を受け，**国土審議会**の**土地政策分科会**の役割も，ますます重要なものになってくる。

国土審議会は，国土交通大臣の諮問機関であり，土地政策の分野においては，同大臣の諮問に応じ，土地に関する基本的施策の調査審議をする（土地基本法22条1項・3項，国土交通省設置法7条2号）。この任を担うため同審議会に設けられる内部組織が土地政策分科会である（国土審議会令2条1項）。

国土審議会は，土地政策に関し，国土交通大臣の随時の諮問に応える。そのほか，必ずその調査審議を経なければならないものとして，土地白書（年次報告）および土地基本方針がある。これらを政府が決定するにあたっては，国土審議会の意見を聴かなければならない（土地基本法11条3項・21条4項）。

また，諮問に応えるのみならず，すすんで政府に意見を提出することもできる（同法22条2項）。この提出される意見は，建議とよぶ。不動産取引価格情報提供制度は，国土審議会の建議を経て，設けられた（→ **84**）。

これまでも土地政策分科会の調査審議は，単に形式的に白書の草稿を諒承するということでなく，なるべく土地政策の実質をめぐる論議がされるよう，その運営にあたり留意がされてきた。今後も土地白書に関する役割は異ならないが，これに加え，土地基本方針に関する国土審議会としての意見を調えるための審議という役割が加わる（国土審議会令2条1項・7項参照）。こちらはまさに当面の土地政策の内実を論ずる機会となるにちがいない。

10年に一度は国土調査促進特別措置法に基づき十箇年計画（→ **81**・**82**）を検討し，また，その中程のおおむね5年あたりで中締めの検証をするというリズムも，おそらく今後とも変わらないと予想される。平成の土地基本法の制定に際し，土地政策審議会という名称で始まった同分科会は，これまでの伝統を踏まえ，新しい時代に向かい合い，政府の土地政策を総攬する仕事に励むことが期待される。

18 土地基本方針を定める方式

土地基本方針は，実際の運用においては，2020年に「土地基本方針」という名称の一個の文書として定められ，その文書を2021年に改定する仕方で変更されている。土地基本法21条を読む限り，一個の文書でなければならないとはされていないし，変更が年（年度）に一度に限られるとも書かれていない。また，いったん定めた土地基本方針を廃し，それと入れ替わる仕方で別の文書を土地基本方針として定めることも禁じられているとみる必要はないであろう。土地基本方針の概念は，社会経済情勢に即応して，柔軟，機動的に土地政策の方向を提示することがかなうよう制約の少ないものとして用意される。特段の事情がない限り現在の実務が保たれるであろうが，変則の事態が生ずる際は，その趣旨に適する運用の妙が追求されてよい。

19 土地基本方針と土地白書との役割分担

土地基本法11条が定め，政府に作成を義務づける「年次報告等」は，①「土地に関する動向」（同条1項），②「政府が〔前年度に〕土地に関して講じた基本的な施策」（同項），そして③政府が当年に土地に関して「講じようとする基本的な施策」（同条2項）を明らかにする文書であり，「毎年」作成して国会に提出する。①・②・③を併せて一個の文書で作成する例であり，その文書は，土地白書というニックネームを与えられている。③の事項のみ必要的に国土審議会の意見を聴かなければならない（同条3項）。国土審議会の運用においては，①・②も含め同審議会の意見を聴いている（現実の審議会における議論は，③よりも①・②のほうが白熱する嫌いがある）。①には，土地に関する国民の意識の動向などに関する統計が含まれる。①・②は，ときどきの土地政策のトピックの事項を記述する部分があり，この部分を国土交通省の実務において「テーマ章」とよぶ。令和3年版の土地白書は，新型コロナウイルス感染症の不動産市場への影響や，防災・減災と土地政策，東日本大震災から10年を経ての復興の状況などをテーマ章の話題とした。

年次報告等の制度は平成の土地基本法から存在した。令和の土地基本法における土地基本方針の導入に伴い，③の部分と土地基本方針との間に重複感が生じている。これに対し，①で扱われる統計は，継続，定期に作成していく

点で意義がある。②も，ときどきの土地政策の現状を柔らかいタッチで記述するものであり，土地基本方針とは異なる趣をもつ。手続の観点から見ると，土地基本方針と異なり，国会に提出しなければならず，年ごとの土地政策の現状と課題を政府が国会に対し公式に伝える，という意義づけができる。

第3章　所有者不明土地問題

第1節　なぜ所有者不明土地は問題か

● 所有者不明ということの意義

　　多くの人々を虜にする不思議な問い　　所有者がわからない土地がたくさんある，と聞いた多くの人々が，それは問題である，と応じ，なんとかせよ，と求め，あるいは，こうすれば解決する，と提言する。

　そのような意味において，これは，不思議な問いである。不思議に人々を虜にする。議論に参加しようとする多くの人たちに恵まれる。なぜか人々を興奮させやすい問いである。

　所有者がわからなくて，なぜいけないか。所有者がわからない土地があると，誰かがケガをしたり，誰かの暮らしが成りたたなくなったりするか。そんなことは，すぐには想像することができない。それでも，人々は，所有者不明土地は問題であると言う。所有者不明土地問題を演題にする講演は，普通の市民であれ，専門家であれ，たくさんの人たちが集う。催しとしては，絶対にハズレがない。

　また，自分こそは問題を解決する策を有している，と話し始める人をよく見かける点も，この問いの特徴である。講演においては，質疑応答の時間に熱気があふれ，林のように手が挙がる。あるとき著者が演者を務めた講演の席において，つぎのような質疑を受けた。いろいろ所有者を探す苦労があるという御話でしたけれど，そんなに大袈裟に述べる必要があるでしょうか，ふつう，固定資産税は誰かが納めています，役所に行き，それが誰か調べればよい話ですよ，とおっしゃる。

　　所有者不明土地とは何か　　ふふむ，なるほど。所有者不明土地問題を社会的に意義ある仕方で論じ合うためには，所有者不明土地のイメージが共有されていなければならない。これが先決問題であることに著者は気づきました。

　所有者不明土地とは，所有者の全部もしくは一部がわからず，または，所有者の全部もしくは一部の者の所在がわからない土地である。

　この定義に当たる土地について，所有者の全部の所在を突き止める。これが目標

である。さしあたり誰か一人が納税をしていれば役所から叱られないで済む，という話ではない。どのようにして全員を突き止めるか，また，全員を突き止めなければならない理由は何か。

30　明智小次郎の物語

　読者の皆さんと共に所有者不明土地というものの仮想体験をしてみよう。その土地は，海を望む丘に所在する。雑草が茂るのみの土地であり，使用している者があるとはみえない。手順として当然，登記簿を調べる。そこには，所有権の登記名義人として「明智小次郎」と記されている。なんだか名探偵の明智小五郎の縁者のようにもみえるが，それはここではどうでもよいであろう。これからあと，登場してくる関係者の氏（姓）はすべて省く。全員の氏が「明智」でないかもしれないが，そこを詮索しなくても物語は成りたつし，いちいち氏を掲げると，煩わしい。それから，失礼ながら呼び捨てにする。

　小次郎が，昭和 28 年 6 月 19 日，売買により取得した土地らしい，と登記簿からわかる。次の手順として小次郎が存命であるか，戸籍を調べる。じつは，戸籍は，人の私事の情報がいっぱいであるから，簡単に他人が覗くことはできない。しかし，この土地の所有者を調べている私であれば，調べる術がある。申し遅れましたが，この物語の主人公である私は，とある三陸の町の役場の職員です。この地を襲った大津波で多くの方たちがなくなった。生き残った人たちは，住まいを失い，仮設住宅で暮らしている。東北の冬は寒い。早く仮設から移ってもらうため，町営の災害復興住宅を建設しなければならず，その用地として，この土地にあたりをつけた。海辺に築くとまた津波にやられるから，丘の上に作る。それを都会の人は高台移転とよぶ。そんなきれいな話ではない。高台とは，今まで見向きもされなかった土地である。

　小次郎の本籍がある市町村を突き止め，そこに戸籍の公用請求をしたところ，小次郎は，昭和 42 年 6 月 15 日，死亡していた。やはり戸籍を追いかけていくと，小次郎は，生涯に一度，婚姻をしたが，妻も死亡している。妻との間に 2 人の子があり，英恵と光太郎である。2 人とも死亡しており，また，その配偶者も死亡している。光太郎には子として悠太と香織がいる。そして，英恵の一

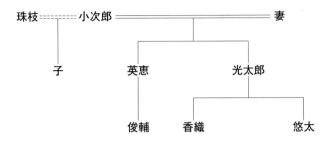

人息子である俊輔が今もこの町に住む事実を知り，過日，会って話を聴くことができた。やっとリアルに話を聴くことができる関係者に出会うことができ，うれしい。

　俊輔から聴き取ったところでは，まず，隣の街に移り住んだはずの悠太と香織は，幼少の頃に一緒に遊んだ記憶があるものの，最近は交流がない。最も悩ましい事実は，登記名義人の小次郎が遺していた日記から判明した。小次郎は，婚姻をする前，のちの妻とは異なる女性と共に暮らしていた。日記からは珠枝という人であるとわかる。珠枝との間に女の子があり，小次郎が認知をした。戦前の戸籍からは，認知した子の氏名はわからない（→**22**）。私は俊輔に対し，珠枝の氏がわからないか，また，その娘の氏名がわからないか，と記憶喚起を懇願したけれど，どうしても幼少の頃の祖父の記憶が乏しく，わからないという。

31　所在等不明所有者の概念を知る

　所有者の全部もしくは一部がわからず，または，所有者の全部もしくは一部の者の所在がわからない土地が，所有者不明土地である。裏返すと，所有者の全部について所在がわかる土地は，所有者不明土地でない。

　わからない所有者の例は，小次郎の物語において，小次郎を父とし，珠枝を母とする女性である。嫡出でない子であり，特別の経過がなければ，出生により珠枝の戸籍に入ったところから追っていくことになるが，珠枝の氏がわからないために戸籍に辿り着かなければ，もうお手上げである。いることはわかっているが，氏名がわからない者が不明所有者である。

　所在がわからない所有者は，氏名はわかっているけれども所在がわからず，

そのために連絡をとることができない者である。小次郎の物語においては，隣の街に移り住んだ悠太と香織に会うことができるか，という問題になる。三陸の風景に即して現実味をもたせて表現するならば，隣の街というよりも次の入り江という感じがする。鉄道で行くとしよう。三陸鉄道リアス線の車窓から海を眺めながら長くないトンネルを一つか二つ過ぎると，隣の入り江の街に着く。香織と会うことができ話を聴いたが，悠太の所在はわからない。津波被害の後，勤め先は倒産し，家庭もうまくいっていなかった悠太は，仙台方面に働きに出たという噂もあるが，不確実な話である。実際，住民票を調べて手紙を送ったが，不着で戻ってきた。こうなると，悠太は，<u>**所在不明所有者**</u>である。

　不明所有者と所在不明所有者とを併せ，<u>**所在等不明所有者**</u>とよぶ。

32　所在等不明所有者がある土地に家を建てる方策

　ここまでの探索で明らかになった事実を確かめよう。災害復興住宅の用地として見定めた土地は，登記名義人が小次郎であるとしても，死んだ人が所有者である論理はありえない。ここまでに登場した人物のほかに関係者がなく，家族の法律関係について特段に変則的な事情もなかったとするならば，現在，この土地は，俊輔，香織，悠太，そして氏名不詳の女性の4名の共有に属する。そのうち，あとの2人が所在等不明所有者である。

　この土地に災害復興住宅を築くことができるか。

　方策は，3つある。

　第一は，要件を充たすならば，災害復興住宅の建設が収用適格事業に該当することを踏まえ，所有者不明のまま土地収用をする。所有者不明土地の土地収用には手続の特例が用意されており，ありえない話ではない。ただ，それでも手続には時間を要する。あとの2つの方策との比較検討が求められる。

　第二は，土地の所有権のことを棚上げにして，とにかく住宅を建ててしまう解決がある。住宅の建設を地域福利増進事業（→ **90**）として認めてもらい，県知事の裁定で10年を限度とする土地使用を可能とする。しかし，これでは恒久的な土地使用がかなわない。仮設住宅ならばともかく，災害復興住宅としてはいかがなものか。

　第三に，普通の土地の取引として解決する。普通の，というのは，4人の共

有者の諒解をとりつけ，4人のハンコをもらって町を登記名義人とする所有権の登記をする。これなら，たしかに文句はない。文句はないが，障害は，所在等不明所有者である。悠太と，名を知らない女性を探し当て，ウンと述べてもらわない限り，取引は成りたたない。

33　東北の冬を越年した人々の辛苦

　想い起こすと辛くなる悔悟というものがある。2011年3月，三陸を襲った大津波の後に，仮設住宅から移ることができず，幾冬も仮設での越年を強いられた人たちがいる。その原因の主要なものの一つが所有者不明土地問題にほかならない。東京の人には想像することができない東北の冬に正月を仮設住宅で迎えた人たちがいる。寒風が吹き荒ぶなか，胡桃餅をめしあがったものであろうか。いや，しばしば仮設住宅は不便な立地にあり，近くに食料を調達する店舗などはない。容易に餅が手に入らないことだって，あったであろう。

　繰り返してはなるまい。再び三陸を津波が襲うとき，に限られる問題ではないであろう。これからさき，相模灘，東海，和歌山，四国などを襲うかもしれない津波，そして，そうした沿岸部のみならず，内陸を含め想定される豪雨など国土の災厄に際し，この国の社会が持ちこたえることができるか。これは，けっして他人事ではない。

　この難題に解決を得るため，思考の手順として，2つの段階を辿ることを提案しよう。まずは基礎編。小次郎の物語でいうと，首尾良く探索が進み，最終的に4人の共有者の所在がわかったという，やや楽観的な想定で，どのような解決が考えられるか。**第2節**における**遺産共有**の考察となる。その考察は，より難しい段階の解決の準備を提供する。すなわち，つぎには応用編。結局，2人の所在等不明共有者と出会うことができなかった場合の打開策である。**第3節**における**共有地の処分**の観点からの考察が用意される。

-------------・―――――――・――――-----------・ 解　説 ・―――――――・――――-----------・――――-----------

20　所有者不明土地を見たことがありますか？

　所有者不明土地があって，それは大問題だ，といって世上が騒然としたわり

には，そもそも所有者不明土地とはどのようなものをいうか，はっきり見定めて議論されることは少ない。所有者不明土地とは，所有者の全部または一部を知ることができず，または所有者の全部または一部の所在を知ることができない土地をいう。どのようにしてそれを確かめるか，という問いに対する模範の解答は，登記や戸籍を調べてわからない場合がそれに当たる，というものである。

　ここで一つことわっておこう。すべての場面で直面することであるから，ここでまとめて案内しておきたい。登記は，だれでも内容を見ることができる。これに対し，戸籍は，各人が秘匿したいと望む情報が満載されており，他人が覗きたい場合に御随意にごらんください，ということにはならない。戸籍法10条・10条の2が定める場合において，これらの各条が定める手順に従って情報を取得する場合に限られる。官庁や公署が公務のために請求することができ，また，弁護士や司法書士は，定められた場合において戸籍の証明を請求することができる。本書において，戸籍を調べたら……と述べる場面は，すべてこの手順に従って調べた，という意味である。これから，いちいち念押ししないが，簡単に見ることができるものではない，という点は，強調しておきたい。

　さて，そのようにして登記や戸籍を調べて，どうか。意外に感ずる読者もいるかもしれないが，場面がはっきりするのは，所有者の所在を知ることができない場合のほうである。所有者そのものを知ることができない場合というものは，じつのところ，どのような事情の場合を指すか，悩ましい。

21　所有者の所在を知ることができない場合

　登記を調べたら，所有権の登記名義人になっている者が判明する。登記には，住所も記されている。そこで，その登記名義人の戸籍を調べると，その人が存命であることがわかる。戸籍そのものに住所は記されていないけれども，戸籍の附票を見ると，住民票に記載されている住所がわかる。登記に記されている住所とも一致する。そこへ手紙を出す。宛先人に尋ね当たりません，とされて戻ってくる。これが，所有者の所在不明である。

22　所有者そのものを知ることができない場合

　これに対し，所有者そのものがわからない場合というものは，よくよく検討が要る。

　まず，主題とする土地が登記されていない（その土地の登記記録が存在しない）ということが，まったくないものではない。図面上は62番の土地の隣に63番の土地があり，いずれも登記されていて所有者もはっきりしている。しかし，現地に行くと，62番と63番の間に異なる土地があるようにみえる。この場面は，あまりあるものではないが，絶対にないというほどでもない。この場合は登記がないから，よほど特別な事情に恵まれない限り，土地の所有者はわからない。

　つぎに，登記されていて，したがって登記から所有権の登記名義人がわかるが，そのあとの戸籍で躓くこともある。登記上，所有者が「秋山真之　松山市坂上町一丁目5番21号」とあるのを踏まえ，戸籍や住民票を調べると，それにヒットする人物が見当たらない。辛うじて，よくよく調べたら松山市内に「秋山眞之　松山市坂雲町一丁目5番36号」という者がある事実を知る。ううむ。こういうところ，実務は悩む。同一の人とみてよいか，両説ありそうである。同一としてよいならば，**21**と同じ手順で進む。ダメならば，この土地は所有者不明である。

　異なる例を挙げよう。所有権の登記名義人に当たる人は，しばしば死亡している事実が戸籍でわかる。そうすると，さらに戸籍を調べ，相続人を追う。だいたいの場合において，複数の相続人がおり，すべての相続人が判明しなければ，一部の所有者が不明であるという理由から，所有者不明土地になる。そこで，その登記名義人の出生から死亡までの戸籍のすべてを収集する。すこし愚痴を述べると，本当に苦労があります。一つの役場で済むことは，まずない。いくつかの市町村の役場に請求する手数，時間，費用を考えると，ああ仏よ，お助けください，という気分になる。そういう苦労をし，登記名義人が生涯に2度の婚姻をした事実がわかると，それぞれの婚姻でもうけた子らの氏名などがわかり，その人たちが相続人であると判明する。ただし，困る問題として，子は婚姻から生まれるとは限らない。例を示すと，関係者の証言や遺された書類などから，男性である登記名義人の生前，婚姻外で親しくなった女性があり，

その方との間に子があり，認知をした——ということまで，わかる。けれども，その子の氏名がわからない。なぜならば，戦前の戸籍にあって，父となる者が子を認知した場合において，子の戸籍からは父がわかるのに対し，父の戸籍から子の氏名はわからない。氏名がわからないというよりも，その存在がわからない（末光祐一『事例でわかる　基礎からはじめる旧民法相続に関する法律と実務／民法・戸籍の変遷，家督相続・遺産相続，戸主，婿・養子，継子・嫡母庶子，入夫，相続人の特定，所有者不明土地』〔2019 年〕143-144 頁）。本文 **30** の設例の珠枝の子は，戸籍のような公文書でその存在が裏付けられるという事情がない場合において，その人が本当に存在するか，という論点それ自体が，難しい問題になってくる。あの人には世間が知らない子があるらしい，という風聞のみで，不明の所有者があると結論づけるわけにはいかない。設例で述べると，日記の記載というものの資料としての価値を他の諸般の事情と総合し，どのように評価するか，という観点から実際の処理がされる。

　その検討を経て，やはり珠枝の子があった，という判断に至る際，しかし，なにかの偶然に恵まれない限り，そこで探索が停まる。もし登記名義人について開始した相続に，家督相続の制度が廃止された後の民法または「日本国憲法の施行に伴う民法の応急的措置に関する法律」が適用されるとすると，相続人の一部がそもそもだれかわからず，したがって，そこに所有者不明土地が現われる。

第2節　遺 産 共 有

● 家族の記憶を仕舞う時

　相続分を計算する労苦　珠枝の子であるらしい女性の存在を考えないとすると，小次郎が所有していた土地は，相続により，まず英恵と光太郎が承継する。英恵が承継した分は英恵がなくなると，そのまま全部，一人息子の俊輔が承継する。光太郎の分は，光太郎が死ねば香織と悠太が受け継ぐ。そうすると，現在，各人の権利の割合は，どうなるか。そんなの簡単な算数です，と話が進むかもしれないと考える際の結論は，俊輔が2分の1，香織と悠太が4分の1ずつ，という計算であろう。
　それならば，単純である。たとえ行方がわからず悠太と話ができないとしても，

手順に従い，俊輔と香織が相談して土地を売却し，売れた値段の4分の1は，いつか現われるかもしれない悠太のために残しておくことで事務が処される。所有者の一部がわからない所有者不明土地であっても，こういうふうに話が進むと楽である。

　ところが，そう素朴に扱うわけにもいかないのである。家族には歴史がある。香織が俊輔に話すところでは，じつは悠太は光太郎の生前に金融資産の一部を分けてもらっていた（だから，そのぶんは悠太の取り分から引いて欲しい），そのうえ，晩年の光太郎の介護のため，施設に入居する際の諸費用を払ったのは自分である（だから，そのぶん，香織の取り分を増やして欲しい），これらを斟酌して見積もると，土地の権利のうち，悠太の分は8分の1しか主張することができず，半面，香織には8分の3が来るはず，と香織は主張する。

　俊輔としては，香織の話を信じないつもりはないが，そうであるからといって悠太の話を何も聴かないで悠太には8分の1しか残さないこととして，後で悠太から文句を述べられたらどうしようか，心配である。

34　家族の歴史ということの意味

　悠太が光太郎の生前に金融資産の一部を分けてもらっていたものであるならば，それは，おそらく**特別受益**に当たる。

　相続分は，**具体的相続分**というものが定まる前の段階のものと，具体的相続分とがある。具体的相続分が明らかになれば，原則として，それによって遺産の分割をしなければならない。その具体的相続分が定まる前の段階では，**法定相続分**または**指定相続分**の概念が登場する。相続分は，遺言がない場合において，法律が定めるところに従う。これが法定相続分である（民法900条）。法律は，香織と悠太に半分ずつと定める。遺言がある場合において，遺言の定めるところに従い決まる相続分が，指定相続分である（同法902条）。光太郎が，香織を3分の1とし，悠太を3分の2とするならば，そうなる。

　法定相続分と指定相続分のいずれを用いるかが決まったならば，つぎに特別受益を控除し（同法903条），また，寄与分

寄与分を加える

法定相続分
指定相続分

特別受益
を引く

を加え（同法904条の2），その家族の歴史に適う相続分を見出す。この計算により得られる割合が，具体的相続分である。

　悠太が光太郎から生前に贈与を受け，特別受益を得ていた場合において，法律が定める範囲の特別受益に当たるということになると，悠太は，そのぶんを既に受け取っていたという前提で具体的相続分を計算する。半面，晩年の光太郎の介護のため，施設に入居する際の諸費用を払った者が香織であるならば，そのぶんを増やして香織の具体的相続分を定める。

　こうして，家族の歴史に従って相続がされる。

35　作られるかもしれない歴史という悩み

　歴史は，人々の記憶の集積である。ここにある厄介な契機は，まず，記憶は失われるかもしれないことである。悠太がもらった金融資産のことや，香織が親の面倒をみたことは，忘れられるかもしれない。

　これとは別な悩みもある。記憶は，操られるかもしれない。そして，歴史は，作られる。悠太しかもらっていないプレゼントがあった，という事実は，悠太が自らそう述べるなら，そうであろう。しかし，香織が述べているならば，どうか。作り話かもしれない。行方不明の悠太が，作り話だと抗議するチャンスはない。同じように，香織が親の面倒をみた，という話も，どこまで本当であろうか。それを争って覆す可能性のある悠太は，その場にいない。

36　裁判所の入り口はいくつかあるけれど

　このように話が込みいってきて迷惑をしている者は，誰であろうか。俊輔である。小次郎が持っていた土地をなんとかしたい。あと一人いるかもしれない小次郎の子は措くとしても，不動産の事業を営む株式会社に土地を売る，というならば，俊輔と並び，香織および悠太の少なくとも3人が売主となって取引をしなければならない。実際には行方不明の悠太が売主になる可能性がないから，そこで困ってしまう。

　俊輔が土地を自ら用いる手もあるかもしれない。そのためには，遺産の分割の協議をし，そこで，俊輔のみを所有者とすることを決める，という結論をめざす。これも現実には無理であり，悠太が協議に参加する見込みがないから，

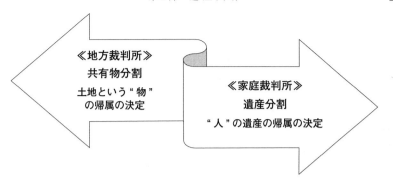

頓挫する。

　協議をすることができない場合において，裁判所に行き，審判という形式の裁判をしてもらい，遺産の分割を決める，という途もある。途もある，というよりも，これしかないであろう。どこの裁判所へ行けばよいか。地方裁判所のほか，家庭裁判所もある。簡易裁判所だってある。

　正解は，家庭裁判所である。

　ヒントは，遺産の分割が人の問題であるか，土地という物の問題であるか，にある。小次郎が持つ土地の処分を決める手続ではなく，小次郎という人が有してきた財産の全部を扱うから，人の問題として家事事件を管轄する家庭裁判所の出番になる。

　皆さんは，暮らしている街の家庭裁判所がどこにあるかご存知であろうか。つねに，ではないけれど，多くの街で，役場や法務局などがある界隈において，地方裁判所の庁舎と並んで建つ。俊輔にアドバイスをするならば，俊輔の暮らす街の家庭裁判所に行けばよいというものではない。小次郎が持っていた土地の所在する場所を管轄する家庭裁判所であるとも限らない。基準は，小次郎が死亡する前の最後の住所である。そこを管轄する家庭裁判所になる。管轄は，裁判所のウェブサイトを見ると，地図などが示され，わかりやすくガイドがされている。

　では，家庭裁判所で手続が進むか。そうでもない。やはり特別受益と寄与分が悩みである。悠太への光太郎からの生前のプレゼントがあったかなかったか，あったとすると，どのような性格のプレゼントであるか。さらに，香織が親の

面倒をみた，というが，どこまで本当か。面倒をみる，といっても，ときどき見舞いに行った，というくらいなら，具体的相続分に反映させる寄与分に当たらない。これらの点は，家庭裁判所において，丁寧に調べられるであろう。手続が迅速に進まない展開が危惧される。

37　所有者不明土地が増大するおそれ

　家庭裁判所の手続も簡単に済まないとすると，俊輔は，どうしたらよいか。ひとつは，買ってくれる不動産会社があるならば，俊輔が有する小次郎の土地の共有持分を売って，この迷惑な共有から離脱する選択が考えられる。遺産共有も共有の一つの形態であり，仮に俊輔・香織・悠太の3人だけ考えることでよいとするならば，ここでは俊輔が半分，香織と悠太の持分も合わせて半分である。俊輔の半分の持分を買う者があるならば，そうすればよい。

　もっとも，賢い不動産会社は，買わないのではないか。買って共有持分を取得しても，それは結局，俊輔の困った状況を引き継ぐにすぎず，およそお得な物件ではない。

　あと一つ，俊輔に方法があるとすれば，放っておくことである。よほど魅力のある土地を小次郎が遺したのであれば格別，そうでないならば関わり合わない，という選択を採る俊輔を非難はできないであろう。人は土地のために生きるのではない。逆に，土地は，人の役に立てられるものであり，人の人生の邪魔をしてはならない。

　ここで，俊輔もまた，いつかは必ず死ぬ，ということを忘れてはならない。小次郎の遺した土地が俊輔の世代で処分されないまま俊輔がなくなり，その相続人が複数であったりすると，ますます関係者が増え，そのなかに所在がわからなくなる者がいる可能性も累進して大きくなる。かくして，所有者の一部を確知することができない土地は，ますます状況が悪くなる。

38　10年という歳月を選ぶ折り合い

　記憶は，人として生きていくうえで，大切である。人格とは，記憶の集積であるといってもよい。それと共に，記憶は，時の移ろいによって薄らいでいく。家族の記憶も同じであろう。特別受益に浴する者があったり，特別の寄与

をした者があったりする記憶は，大切ではあるが，いつまでも尊重しなければ
ならないとすると，後の世代にとって不便が大きい。また，後の世代になって
記憶が薄らいでもくる。どこかで**期間の経過による具体的相続分の主張制限**を
しなければならない。法定相続分は家族の構成さえわかれば法律の規定により
自ずと計算されるし，指定相続分は適式であると確かめられた遺言により容易
に明らかとなる。

　2021年に改正された民法が，相続の開始から10年を経た場合は，その10
年の期間の経過により，もはや具体的相続分を考慮しない，という政策を採る
(同法904条の3)。経験に照らし，相続による権利変動を人々が登記する時期は，
だいたい相続開始から1年，2年が経つあたりに一つの山があり，そのあと暫
くなくて，やがて約10年を経たくらいで，もう一つの山がみられる。

　もちろん，10年を経る前に家庭裁判所に対し遺産の分割を請求する手続を
するならば，この主張制限は働かない (同条1号)。裁判所への申立てをしてい
たのにズルズルと手続が遅れ，10年を経た瞬間に具体的相続分が消える，な
どということはない。

　また，どうしてもやむをえない事由があって遺産の分割を請求することがで
きなかった場合も，考慮してもらえる。戸籍から容易に知ることができない者
が死亡しており，その者の相続人の一人が自分であるということを最近になっ
て知った，というような場合が考えられる。法律は，相続開始の時から始まる
10年の期間の満了前6か月以内の期間にあって，遺産の分割を請求すること
ができないやむをえない事由が相続人にあった場合において，その事由が消滅
した時から6か月を経過する前に家庭裁判所に遺産の分割の請求をするならば，
具体的相続分を主張することができるとする (同条2号)。やむをえない事由は，
一人の相続人にあれば十分であり，その者が家庭裁判所に遺産の分割の請求を
すると，相続人の全員について，特別受益と寄与分が考慮される。

━━━━━━━━━━━━━━━━━　**解　説**　━━━━━━━━━━━━━━━━━

23　相続分の概念と相続分をめぐるルール

　Aが，甲土地を所有するとしよう。Bが，Aの夫であり，A・Bの夫婦には

C・Dの2人の子があるとする。Aの死亡によって，相続が開始する（民法882条。このあとも，**23**において同法を引いていく）。

　B・C・Dが，**相続人**となり，Aの財産を承継する（890条・887条1項）。甲土地は，相続財産に含まれ，B・C・Dが共有する（898条1項）。この共有が，**遺産共有**である。遺産共有の共有持分は，法定相続分または指定相続分をもって定める（同条2項）。**指定相続分**は，Aが遺言で定めていた相続分である（902条）。Aが遺言で定めていない場合は，法律が用意するルールで定まる**法定相続分**により共有持分が定まる。

　B・C・Dは，協議をし，**遺産の分割**をして甲土地の遺産共有を終了させることができる（907条1項）。どのような内容の協議をしてもよい。一つの想定として甲土地をBが単独で所有する旨の協議がされたとしよう。この協議による遺産の分割はAについて相続が開始した時に遡り（909条），甲土地についてA→Bの所有権の移転が生ずる。

　いつまでも協議が調わない場合のBは，どうすればよいか。Cが協議に応ぜず，Dの所在がわからない，といった事態において，Bは，おおいに困る。選択は，3つある。

　第一に，家庭裁判所に遺産の分割を請求する（907条2項）。家庭裁判所は，遺産共有をめぐる諸事情（906条）を総合的に斟酌し，Bが甲土地を所有する解決が相当であるとする意見を有するに至る場合において，甲土地をBが取得すると共に，C・Dに対しBが債務を負担する方法により遺産の分割をする旨の審判をすることができる（家事事件手続法195条）。債務の額は，**具体的相続分**により定まる。具体的相続分とは，法定相続分または指定相続分について更に903条から904条の2を適用して定める。CがAの生前にAから生計の資本として贈与を受けていたときは，903条に従い贈与の価額を控除してCの**特別受益者の相続分**を具体的相続分として定める。DがAの事業や療養に特別の寄与をしていたときに，904条の2に従い**寄与分**を加えて具体的相続分を定める。

　遺産の分割の協議が調わない場合のBの第二の選択は，何もしないことである。この選択は，適法であるが，勧めない。何もしないまま時が経つと，Cへの贈与が本当にあったか，また，DのAへの寄与が実のところどのくらい

であったか，などを明らかにする証拠が散逸する。そこで，2021年に改正された民法により新しい仕組みが導入され，相続開始の時から10年を経る場合において，遺産の分割を請求される家庭裁判所は，10年を経る前に遺産の分割が請求され，または遺産の分割の請求を妨げるやむを得ない事由があったときを除き，具体的相続分を考慮せず，法定相続分または指定相続分によって遺産の分割を定める（904条の3）。

　Bは，第三の選択として，遺産共有におけるBの共有持分を処分し，遺産共有から離脱してもよい。Bが共有持分をEに譲渡すると，甲土地は，C・D・Eの共有となる。相続開始から10年を経るならば，C・D・Eのだれからでも，地方裁判所に共有物分割の訴えを提起し，共有を終了させるため，258条に基づく共有物の分割を請求することができる（258条の2第2項本文）。この共有物分割は，専ら甲土地の帰属を定める。Aに他の遺産があっても考慮されない。他の遺産と併せ遺産の分割の方法を定めて欲しいと望むC・Dは，新しい258条の2第2項ただし書・3項の規律に従い，家庭裁判所に遺産の分割を請求すると共に，共有物分割の訴えの受訴裁判所である地方裁判所に異議を申し出ることができる。裏返して述べるならば，他の相続人が「異議を申し出ない限り，地裁における共有物分割訴訟の中で遺産共有の解消もできる」（稲村晃伸「変わる相続・登記・民法／共有物分割にも新手続き」週刊エコノミスト2021年7月27日・8月3日合併号25頁）。10年を経る前の段階は，従前の扱いが保たれ，遺産共有の部分を留保して共有物分割がされる。西脇秀一郎「共有物分割訴訟の非訟事件性と遺産共有」龍谷法学48巻1号（2015年）は，従前の問題状況を整理して分析する。

24　遺産の一部分割

　Dが現われず，B・C・Dが甲土地を共有する場合において，この共有を終了させるためには，家庭裁判所に遺産の分割を請求する（民法258条の2第1項参照）。遺産の全部の分割でなく，甲土地のみの分割が望まれるときに，遺産の「一部の分割」（同法907条2項）を請求することができる。そして，2021年に改正された民法のルールにより，全部・一部のいずれの分割であるとを問わず，相続開始から10年を経る場合において，分割の基準となる割合は，原則

として，法定相続分または指定相続分である（同法 904 条の 3）。民法 904 条の 3 の各号の事由がない限り，具体的相続分によるものではない。

第 3 節 共有地の処分

● Cash-out!

　売渡しの請求，買取りの請求　　警察の人に話を聴くと，万引きなどをした少年のなかには，なぜ万引きがいけないことか，理解しない者があるという。レジに並ぶのが面倒だったから無断で持ってきた，とか，叱られるんだったら今からお金を払うからいいでしょう，と述べたりするそうである。並ぶのが面倒，は話にならないとしても，お金を置くことで済ませよう，という居直りには，どのように訓戒するとよいでしょうか。

　たしかに，スーパー・マーケットで売る者であれば，売るつもりで展示している。売る値段も決まっている。誰であれば売らない，などという制限も普通はない（酒類を 20 歳に満たない者に売らない，などという話はあるだろうけれども）。まあ，補導は警察が専門ですから，よくないことである，という説諭は，任せることにしよう。

　本書の観点から，万引きの話をガイドにして一つ確認をしておかなければならないとすると，それは，近代社会における取引のルールである。物を持っている人が売る意思をもち，取引の相手が買う意思を抱く場合に取引が成立し，その物の所有者が替わる。どんなに高いお金を積んでも，持ち主が嫌だ，と述べると取引は挫折する。

　ただし，これは原則である。例外がないではない。

　法律は，持ち主に取引をするつもりがないのに所有権を移転させる効果を認める場合を描いて，相手方が売渡しを請求する，と表現する。翻訳すると，cash-out である。反対に，買うつもりがない者に所有権を移転して取引を押し付けるほかない，という場合は，その者に対し買取りを請求する，と表現する。

39 共有を終了させる方策

　俊輔がその共有持分を東西商事株式会社に売ったことから，甲土地が同社，香織，悠太，そして誰かわからないがいるかもしれない別の子の 4 人の共有になっていると仮定しよう。東西商事とすれば，この状況を打開するため，どう

すればよいか。

　共有を終わらせるために一般的に用意される方策が，**共有物の分割**である。共有者らの全員が参加する協議で甲土地のゆくすえをどうするか，話し合いがまとまるならば，どのように決めてもよい。例を挙げると，甲土地を東西商事が取得し，ほかの3人の共有者にお金を払う。いくら払うかなど話がまとまれば，それで宜しい。揉めたらどうするか。その際は，裁判所に決めてもらう。相続開始から10年が経っていれば，地方裁判所に**共有物分割の訴え**を提起し，共有を終了させる解決を裁判所に決めてもらう。家庭裁判所でなく地方裁判所である理由は，甲土地という物の問題であって，人の問題でないからである。

　しかし，最大の問題は，あと一人の小次郎の子という人がいったい誰であるかわからない，という障害である。また，悠太の所在が知れないことも困る。

　そこで，共有物の分割が功を奏さないとすると，共有者の頭数を少なくしていって，顔がみえる者たちの共有に近づけていくことが考えられる。いずれも，相続開始から10年を経たら用いることができる方策として，次述 **40** の方策が用意される。

40　共有者の頭数を減らす方策

　法律が売渡しの請求を認め，cash-out による解決を認める場面の一つは，持ち主が意思を表明することができない場合である。ただし，そうした場合に常に cash-out が認められるものではない。もっと要件を絞る必要がある。電車の隣の席で眠っている人が膝に菓子折りの箱を置いており，おいしい御菓子が箱の中にあるとみえる場合において，その人の服のポケットに千円札を入れて箱を持ち去るとしたら，それはまちがいなく窃盗罪が成立する。

　売渡請求というものが認められるためには，それをするについて相当な理由がある場合であることを要し，また，現実に相当な理由がある事実を裁判所がチェックし，売渡しに際し払う代金が安すぎず適正であることも裁判所が点検する手順が望まれる。

　すこし話を単純にして，誰かわからない小次郎の子を考えないものとしよう。そこで，俊輔，香織，悠太の3人が共有する土地があり，悠太の所在が知れないとすると，最悪の事態として予想しなければならないものは，やがて悠太が

死亡して相続が開始したときに，連絡がつかない共有者がさらに増える，ということである。悠太の所在がわからないから，仮に悠太に3人の子があるとすると，その子らの所在もわからなくなるであろう。相続により土地は5人の共有となり，そのうち3人は行方不明である。やがてその3人が死亡すると，所在不明共有者がさらに増える。これでは，共有地の管理が困難になるばかりである。

　悠太の持分を取り上げ，悠太が共有者である事態を終わらせ，この事態を打開したい。**所在等不明共有者の持分の取得**の制度（民法262条の2）が，この要請に応える。俊輔から請求があった場合において，裁判所が悠太の持分を俊輔に取得させるという裁判をすると，悠太が持分を失い，それを俊輔が取得する。俊輔は持分の時価相当額を悠太に支払わなければならない。実際には悠太の所在がわからないから，手から手に時価を金銭で渡すことは考えられず，時価相当額を供託して解決される。

　こうすれば，共有者の頭数は，3人から5人に増え，さらに増えるかもしれないという変化が阻まれ，逆に共有者が2名に減る。共有者の頭数が減れば，減らない場合よりも共有地の管理や処分が円滑になる。

　似た仕組みとしては，このほか，**所在等不明共有者の持分の譲渡**の制度（同法262条の3）もある。甲土地を買ってもよいという南北不動産株式会社が現われてくれる場合において，俊輔が悠太の共有持分を取得し，それから香織と相談して南北不動産に売る，という二度手間を経なくてもよい。俊輔の共有持分は南北不動産へ，また，香織の共有持分も南北不動産へ譲渡することを条件として，裁判所から，悠太の共有持分を南北不動産へ譲渡する権限を与えてもらう。こうすれば，一挙に結着が得られる。もちろん所在等不明共有者である悠太に対しては，南北不動産から払ってもらった代金を原資として，その持分の時価相当額を供託することになる。

------------------- 解　説 -------------------

25　共有物分割の方法

現にある共有を終了させることが**共有物分割**である。共有物分割により，共

有物分割の目的とされる共有物の全部または一部は，それまでの共有が終了し，共有者は，目的物について全く持分を有しないものとなり，または，目的物の全部または一部を所有することとなる。共有者は，原則として「いつでも共有物の分割を請求すること」ができる（民法 256 条 1 項）。

　共有物分割の「方法」という言葉には，注意が要る。法文は，従前の共有の終了に伴い新しく始まる従後の財産の帰属形態を共有物分割の方法とよぶ（同法 258 条 2 項）。わかりやすく言い直すと，共有物分割の方法とは，いわば共有物分割により辿り着く結果である。

　価格が 600 万円の甲土地を A・B・C が等しい持分で共有する場合を例として，共有物分割の標準的な方法を観察しよう。

　現物分割は，共有物の一部を新しく一個の物とし，それを共有者が単独で所有するものとする方法である。民法 258 条 2 項 1 号にいう「共有物の現物を分割する方法」に当たる。甲土地を分筆し，その東側の一部を新しく乙土地とすると共に，従前の甲土地の西側の一部を分筆して新しく丙土地にし，甲・乙・丙の 3 つの土地の価格が等しくなるようにし，甲土地を A が，乙土地を B が，また，丙土地を C が所有するものとする解決が，現物分割の最も簡明な形態である。複雑な現物分割の例を挙げると，甲土地の一部を分筆して新しく乙土地として，甲・乙の土地の価格が 2 対 1 になるようにして，甲土地を A・B が共有し，乙土地を C が単独で所有するという方法がある（すこしわかりにくい表現であるから本書では用いないが，これを一部分割とよぶこともある）。

　債務負担分割は，共有者が他の共有者に対し債務を負担し，これに伴い，他の共有者が有する持分の全部または一部を取得する方法である（同法 258 条 2 項 2 号参照）。ある共有者が他の共有者の持分の全部を取得する場合とは，A が B・C の持分を取得し，その結果として甲土地を A が所有するものとし，そのかわりに，B・C に対し，それぞれ 200 万円を支払う債務を負担する方法が，これに当たる（あまり適切でない呼称であるから本書においては用いないが，この方法を全面的価格賠償とよぶことがある）。他の共有者らの持分の一部を取得する場合は，A が B の持分を取得するかわりに B に対し 200 万円の債務を負担する方法が例となり，この結果として，甲土地は従後に A・C が共有する状態となる。

　換価分割は，共有物を第三者に取得させ，これに伴い得る対価の利益を共有

者らが持分に従い収受する方法である。代金を600万円と定め，A・B・Cが売主となり，Dが買主となる売買契約を締結し，これに基づきDが支払う代金の600万円をA・B・Cが200万円ずつ取得する。標準的な経過として，A・B・Cが協力し，連絡調整をして，買主となるDを探す。換価分割の特殊な方法には，**競売分割**がある。買い手を探すためのA・B・Cの協力を期待することができない場面において，258条3項に従い，裁判所がする競売により共有物を処分する方法が競売分割である。

26　共有物分割の方法を選ぶ手順

　どのようにして共有物分割の方法を選ぶか，という課題も，言葉の用い方によっては共有物分割の方法であるかもしれないが，その段取りは，用語の混乱を避けるため，共有物分割の方法を選ぶ手順として考察する。共有者は，原則として「いつでも共有物の分割を請求すること」ができる（民法256条1項本文）。ここにいう「請求」は，2つの意義をもつ。ひとつめは，抽象的に，現にある共有を終了させる共有者の意思表示を指し，いつでもできるから，共有者には**共有物分割請求権**として理解される権利が保障される。

　あとひとつの意味は，この共有物分割請求権を具体的に実現する手続を要請することである。共有物分割の手続は，2つの種類のものに分かれる。第一のものが，共有者らがする**共有物分割の協議**である。協議という概念は，民法258条1項の法文に現われる。同項には共有物分割の第二の種類の手続も定められており，それが「裁判所に請求すること」である。裁判所に請求するためには，裁判所に訴えを提起する。この訴えを**共有物分割の訴え**とよぶ。共有物分割の訴えは，同項によると，「協議が調わないとき，又は協議をすることができないとき」にする，という経過が想定される。けれども，協議が不調または不能に終わった事実を証明しないと訴えとして成り立たないとまで考える必要はないから，これは，訴訟要件ではない。協議が調うならば訴えを提起するまでもないから，協議が不首尾であるから訴訟になるものであろう，という標準のなりゆきを述べるものにとどまる。

　共有者らが共有物分割の協議を調えてする共有物の分割は，方法を問わない。共有者らの間で採用すべきものとして意見が同じになる方法が選ばれるからに

は，それを超えて，特段の制約を設ける必要はない。

27　共有物分割の訴え

　これに対し，共有物分割の訴えの場合は，受訴裁判所が定める共有物分割の方法について，法律が定め，または法律の解釈により定まる順序に従わなければならない。

　順序において，最初に検討すべきものは，現物分割か，または債務負担分割である（民法258条2項）。どちらを選ぶかは，原則として裁判所の自由な意見で定めてよい。ただし，現物の全部または一部の部分を共有者の一部の者に取得させる方法について共有者の間で賛否が分かれる場合は，その方法による債務負担分割をするために2つの要件を充足しなければならない。すなわち，「共有物を共有者のうちの特定の者に取得させるのが相当であると認められ」るということ（相当性の要件），そして「当該共有物を取得する者に支払能力があって，他の共有者にはその持分の価格を取得させることとしても共有者間の実質的公平を害しないと認められる」こと（公平性の要件）を要する（最判平成8年10月31日最高裁判所民事判例集〔以下，「民集」と略す〕50巻9号2563頁。この判例は，今後においても意義を保つと考えるべきである）。A・B・Cがする土地の共有を例に取ると，B・Cの持分に相当する価額をAがB・Cに対し支払うこととしさえすればAが土地の全部を取得してよい，ということになるならば，この解決は実質的に，Aがお金さえ積めばB・Cの意思を無視してB・Cの持分の譲渡を強いることを容認するものである。それは，比喩的に述べると，目的や用途の合理性などの相当性の点検がないまま共有者の意思に反し，これを収奪する方法に近い。これは，許されるべきではない。Aの持分がB・Cのそれらよりも圧倒的に大きく，かつ，現に従来においてAが土地に建物を所有し，それを使用して地域においても意義のある事業をしてきた，などの事情がある事例などが，相当性の要件を充たす場合の典型として想像される。

　相当性と共に公平性が要件として要請される趣旨は，現物の全部または一部を取得しないこととなる共有者の利益の確保にほかならない。土地をAが所有するものとする代償としてB・Cに対し債務を負担する場合において，Aに支払能力が乏しく，B・Cによる取立てが実際には奏功しない，ということで

は困る。そこで，裁判所は，債務負担分割を選ぶ際，B・Cの持分をAへ移転する登記の手続とAによる償金の支払とを引換給付にさせるなどの措置を講ずることができる（同条4項）。

　裁判所が共有物分割の方法を選ぶ順序として，初めに検討した現物分割や債務負担分割によることが適切でない場合において，裁判所は，競売分割を命ずる（同条3項）。これにより行なわれる競売は，民事執行法195条に基づいて行なわれる。この競売は，債権や担保権を実現するために行なわれる強制競売や担保不動産競売と異なり，専ら目的物の換価を趣旨目的とするから，<u>形式競売</u>とよばれる。共有物分割の訴えが提起される場合は，共有者の間に意見の対立があり，換価の公正を図る要請が強いから，換価分割のなかでも，公正な分割が期待される競売分割のみが許容される。

　裁判所による共有物の分割の方法の選択に課せられる順序および要件は，ここまでである。ここまでに見たルールに従う限り，裁判所は自由な意見により選択ができる。その選択の結論を裁判所が判決で示し，それにより共有物分割の法律関係が形成される。判決手続の形式を採ってはいるものの，裁判所が自由な意見で結論を定めることができる意味において，共有物分割の訴えは非訟事件の性格をもつ。これらのことから，共有物分割の訴えは，<u>形式的形成訴訟</u>に当たるとされる。一般に形式的形成訴訟においては，処分権主義が必ず妥当するとは限らない。ここでも，訴えを提起するAが土地の全部の取得を求める陳述をしたとしても，それは裁判所に対し希望を表明する意見にすぎず，裁判所は，Bに土地の全部を取得させる判決をすることを妨げられない。また，共有者の利益確保のため，裁判所は，当事者に対して，金銭の支払，物の引渡しや登記手続をする義務の履行など給付を命ずることができる（上述のとおり，債務負担分割を命ずる裁判において，登記の手続を命ずると共に，それと償金支払との引換給付を命ずる判決は，その一つの例をなす）。

　共有物分割の訴えは，共有者の全員について，各自の持分の存在態様を抜本的に改める法律関係の変動をもたらすから，共有者の全員が訴訟当事者となり，その当事者としての権利が保障されなければならない。すなわち，<u>必要的共同訴訟</u>である。共有物分割の訴えを提起しようとするとAは，Bと共同の原告となってCを被告とする訴訟を提起し，または，Bが同調しない場合におい

て，B・Cを共同の被告として訴えを提起することになる。山野目章夫・判例研究・NBL641号（1998年）は，平成8年判決が出た当時のこの判例の考察である。

28　競売分割の要件——民法258条3項の読み方

民法258条3項に基づき裁判所が競売分割を命ずる場合は，現物分割と債務負担分割のいずれによっても「共有物を分割することができないとき」（①）と「分割によってその価格を著しく減少させるおそれがあるとき」（②）とのいずれかの場合である。現物分割をすることによって共有物の価格を著しく減少させるおそれがある場合であっても，債務負担分割によって価格を著しく減少させることは考えにくいから，債務負担分割を妨げる事情がない限り，②には当たらない。

このことを踏まえると，①は，現物分割をすることができず，かつ，債務負担分割をすることが相当でない場合である。また，②は，現物分割をすることによってその価格を著しく減少させるおそれがあり，かつ，債務負担分割をすることが相当でないときである。

一頭の馬を共有する場合において，当事者の資力に不安があって債務負担分割が相当でないときは，①に当たる。共有される宝石の塊を小片に刻み分けると価格を損ずることになる場合において，当事者の資力に不安があって債務負担分割が相当でないときは，②に当たる。

29　共有物分割のハイブリッドな方法

民法258条2項は，裁判所が命ずる共有物分割の方法として，1号のものと2号のものとを掲げる。しかし，1号のみが適用されることを前提とする他の規定は見当たらない。2号についても，同じである。したがって，1号・2号の方法を併用する共有物分割の方法も許される。

実際にも，1号と2号のハイブリッドなものが考えられる。甲土地をA・B・Cが等しい持分で共有する場合において，甲土地から乙土地を分筆し乙土地と従後の甲土地とが価格が等しくなるよう，いずれの土地も価格が300万円となるものとしたうえで従後の甲土地をAが単独で所有するものとし，また，

乙土地をB・Cの共有にし，これに伴い，AがBに対し50万円の債務を負担
し，また，やはりAがCに対し50万円の債務を負担する，という仕方の共有
物分割の方法は，すべての共有者が共有物の現物の一部を取得する方法を現物
分割（1号）とよぶならば，A・B・Cのいずれも従前の甲土地の一部を取得す
るから，これに当たる。それと共に，債務負担という契機を伴うものは2号に
当たると考えると，この方法は，それにも当たる。いずれかに当たるならば，
どちらの号で考えるとしても，同条3項は適用されない（2項のいずれの号にも当
たらない場合に3項の競売分割が主題となる）から，しいて1号・2号のいずれに当
たるかを決める必要もない。

30　所在等不明共有者の持分の取得

　不動産が数人の共有に属する場合において，共有者が他の共有者を知ること
ができず，または，他の共有者を知っているとしても，その所在を知ることが
できないときに，裁判所は，共有者の請求により，その共有者に対し，所在等
が不明な共有者の持分を取得させる旨の裁判をすることができる（民法262条の
2第1項前段）。A・B・Cがする土地の共有において，Cの所在が不明になると，
A・Bは，その土地を売ったり，長い期間にわたり賃貸したりすることができ
なくなる。Cに対し持分の価額を償い，Cの持分をA・Bが取得するならば，
この困難を打開することができる。そのために裁判所がする持分の取得の裁判
をA・Bの双方が望む場合は，A・Bの持分の割合で按分し，A・Bそれぞれ
にCの持分の一部ずつを取得させる（同項後段）。A・BがCの持分を取得した
場合において，Cは，A・Bに対し，A・Bが取得した持分の時価相当額の支
払を請求することができる（同条4項）。この支払請求を現実にCがすることは
考えにくいから，時価相当額は，供託されるであろう（32参照）。

　なお，AのみがCの持分の取得を望む場合において，共有物の分割の請求
や遺産の分割の請求があり，かつ，Aの持分の取得の裁判についてBにおい
て異議がある旨の届出をしたときに，裁判所は，持分の取得の裁判をすること
ができない（同条2項）。

　これらのルールは，地上権など不動産の使用収益をする権利が準共有の場合
について準用される（同条5項）。

31　所在等不明共有者の持分の譲渡

　上述 **30** の仕組みは，A・BがCの持分を取得し，そのままA・Bが土地を使用してもよいし，また，A・Bが共有者でないDに売る，といった爾後の法律関係の展開を想定する。もし既にDの買受けの意向がわかっているならば，いったんA・BがCの持分を取得するという面倒な手順を経る必要はない。そこで，不動産が数人の共有に属する場合において，所在等不明共有者があるときに，裁判所は，共有者の請求により，その共有者に対し，その所在等不明共有者を除く共有者の全員が特定の者に対し持分の全部を譲渡することを停止条件として，所在等不明共有者の持分を当該特定の者に譲渡する権限を付与する旨の裁判をすることができる（民法262条の3第1項）。設例に即して描くと，裁判所は，Aの請求により，A・BがDに対しA・Bの持分を譲渡することを停止条件として，Cの持分をDに譲渡する権限をAに対し付与する旨の裁判をすることができる。そのほかの点は，上述 **30** と同様の仕組みとなる。

32　供託する金額

　所在等不明共有者の持分の取得の制度においては，持分を取得しようとする者が，取得する持分の時価相当額を供託する。供託すべき金銭の額は，裁判所が定める（非訟事件手続法87条5項）。所在等不明共有者の頭数と持分割合が明らかである場合は，その計算は容易である。頭数がわかっているが，持分の割合を確かめる証拠資料を欠く場合は，特段の事情がない限り，民法250条に照らし，すべての共有者の持分が均等である前提で計算する。困る事態は頭数もわからない場合である。知れている共有者が一人である場合において，残る共有者は99人であるかもしれないし，999人であるかもしれないし，9999人であるかもしれない。結局，数学の極限の考え方でいくと，不動産の価額の全額を供託すれば，所在等不明共有者の権利保障に欠けるところはない。いつもこう考えなければならないというものでもないが，裁判所が慎重を期して全額を供託せよ，と決める事案もありうるということは，覚悟しておくほうがよい。

　この点は，所在等不明共有者の持分の譲渡の制度においても，異ならない（非訟事件手続法88条2項）。

33 cash-out の語義

　株式会社の支配株主が少数株主の有する株式の売渡しを請求してその株式を取得する制度を定める会社法 179 条の売渡請求の制度は，cash-out を定めるものである。政府の法令外国語訳データベースの英訳も，この語を同条に与える。cash out ないし cash-out の言葉は，文脈に応じ，いくつかの異なる意味をもつが，ここの cash-out は，squeeze out と類義であり，締め出す，という意味である。まさに民法 262 条の 2 が定める所在等不明共有者の持分の取得の制度は，所在等不明共有者に対し，共有の法律関係からの退場を迫る。類似の構造をもつ制度には，建物の区分所有等に関する法律 63 条がある。反対向きの権利行使は買取請求であり，同法 61 条 7 項・14 項に例が見出される。売渡請求と買取請求の法律構造の対比に注意しなければならない。法律家の間の会話においてすら，売渡請求の意味で"買取りを求める"という誤用の光景を眼にする。

	共有の性質	所在等不明共有者の持分の取得・譲渡。262 条の 2・262 条の 3。	分割の基準となる持分	分割の対象とする財産の範囲
親が死亡し，土地を姉と弟が相続した場合	**遺産共有** 遺産の分割は，家庭裁判所が管轄する。	適用されない。262 条の 2 第 3 項・262 条の 3 第 2 項。	具体的相続分。900 条から 904 条の 2 まで。	遺産の全部または一部。907 条 1 項。
親が死亡し，土地を姉と弟が相続した場合において，親の死亡から 10 年を経た場合	**遺産共有** 管轄について同上	適用される。	原則として，法定相続分または指定相続分。904 条の 3。	同上
一人の個人と一つの法人とが土地を共有する場合	**通常共有** 共有物分割の訴えは，地方裁判所が管轄する。	適用される。	共有持分の割合。なお 250 条。	当該共有物

　＊　法文の引用は民法の規定である。

第4章　不動産登記制度の改革

第1節　不動産登記制度を知る
● 民主政の教材としての相続登記

> **いくつかの場面を考える**　　親がなくなり，土地を相続した。相続の登記をしないといけないか。登記をしない不利益は何か。処罰されるのか。
>
> また，土地を買ったり贈られたりした場合も，登記の義務があるか。
>
> 建物を新築した場合は，どうか。

41　登記の義務化で思考停止をしない

相続の登記は，今，任意である。

よく講演会などで，この質問が出る。

質問の手が挙がり，任意になっているから所有者不明土地問題が深刻になる，と問う人がある。そのときの会場を落ち着いて見渡さなければならない。そうだ，政府は何をしているのかっ，と叫ぶ人たちばかりであるならば，私たちの国の民主政は危うい。わかりやすい問いに軽薄に飛びつき，情緒の赴くまま政府を罵る快感に浸る。よく考えれば，政府とは私たちが作るものである。

おもしろいことに，登記が任意であることがケシカランと激高して質問に立つ人が必ずいる半面，会場全体が付和雷同して叫び声に包まれることは，あまりない。多くの人が，沈思する表情で，冷静に考え込む。

だから著者は，<u>日本の民主政</u>に将来があると信ずるし，そう信じたい。そう思いながら質問者に2つを問う。「まず，登記を強制せよ，という御提案ですが，では，登記をしなければ，どうなりますか？　人を殺せば場合によっては死刑になるし，多くの場合において，執行猶予が附せられるかどうかはともかく懲役に処せられます。強制とは，つまり国家の強制力の発動であり，どのよ

77

うな制裁が従わない者に対し課せられるか，あわせて考えなければいけません。これは，法律学の初歩です。どうでしょうか，登記をしない者を刑務所に入れますか？」。もう，このあたりで，質問者は，顔を真っ赤にして怒っていますが，その人は措くとして，肝心なことは，その際の聴衆のいろいろな表情。「そうか」，「うん，でも」，「なるほど」，「では，どうすれば」……と皆がますます真剣になってくる。ここが，いいですね。民主政とは永久革命であると政治学者は述べますが，言い換えると，民主政とは過程である。聴衆が真剣な表情を増してくる，この瞬間が市民の皆さんに向けて講演のスピーカーを務める際の醍醐味です。そして，２つめの問いを質問者に投げる。

　「登記を強制する，と仰せになるが，あなた，その立場に自分がなったとき，手続がおできになりますか。お母さんが土地をもっていて，なくなったから私の名前で登記をしてください，と一遍，法務局の窓口でおっしゃったらいい。役所のほうは，あなたの持分はどのようになりますか，と必ず尋ねます。お父さんは既に鬼籍にあり，子は姉がいるだけだから，そう，２分の１，なんて答えたってダメです。お母さんは，生涯に何度の結婚をしたか，それぞれの婚姻で何人の子をもうけたか，さらにお母さんに愛人ができて子をもうけた，という出来事がなかったか，そういうことを全部，自信をもって述べることができますか。いやあ，母はその手の話とは縁がなかったと思いますから，そういう出来事はないでしょうね，たぶん結婚も一回だと思いますよ，とか口でペラペラ言ってもダメです。お母さんの出生から死亡までの戸籍の資料をすべて調え，文書で証明しなければなりません。自分が簡単にはできそうもない手続を強制せよ，なんて軽々しく仰せにならないことをお勧めします」――なんて，ここまで追い詰めるのは，さすがにやりすぎですね。質問をした人は，プイと怒って出て行ってしまいました。去る者は追わないことにしましょう。大切であることは，残った会場の人たちとの対話。そうした論議の積み重ねとして得られた成果を本章において紹介する。

42　不動産登記の仕組み

　話の主題は，**不動産登記制度**である。この制度のあらましは，法務省のウェブサイトでかいつまんだところを知ることができる。ざっと述べると，一つず

つの不動産に一つの電子データのファイルが用意される。土地は「筆」で数え、建物は「個」で数える（「棟」でないことに注意）から、一筆の土地ごとに、また、一個の建物ごとにファイルが用意される。そのファイルを**登記記録**とよぶ。登記記録にデータを書き込むことを**記録する**という。どのような事項が記録されるか。大きく分けると2つ

の種類の事項を書き込む。ひとつは**表示に関する登記**であり、その不動産がどこにあり、どのような不動産か、その現況を描く。もうひとつは、所有権や抵当権、あるいは賃借権などの権利の様子を公示する役割の**権利に関する登記**がされる。権利を有する者として登記されている人を登記名義人という。所有権の登記名義人が死亡し、その土地が相続人に移転する場合は、所有権の移転の登記をする。これをすると、相続により土地を承継した者が登記名義人となる。所有権の移転の登記には、なぜ所有権の移転が起きたか、も記録される。この場合は、「相続」と記録される。この登記をしてください、と役所に求める手続が**申請**である。申請を受け、登記を実行する権限をもつ公務員が**登記官**であり、法務局に所属する。

　所有権の移転の登記は、この人からこの人へ、何年何月何日に相続により移転した、というふうに行なわれる。だから、従前に登記名義人であった者が誰であるかもわかる。過去のデータを消してしまうようなことはしない。

　所有権の登記名義人がなくなったにもかかわらず、相続人が迅速に所有権の移転の登記をしてくれないと、実体は所有権が相続人に移っているのに登記名義人は古いままとなる。所有者不明土地が発生する原因の多くが、これである。

43　土地基本法が定める登記の責務

　土地基本法によれば、土地の所有者は、**所有する土地に関する登記手続その他の権利関係の明確化のための措置**を講ずる責務を負う。親が他界し、その所有していた土地がある場合において、相続の放棄をしない限り、その土地を相

続により受け継ぐ。土地の権利が自分のところに来る。この出来事は，親が死ぬと，そのように直ちになる。しかし，そのことは，そのままでは外部から認識されない。そこで，土地の権利関係を明確にする措置を講ずることが要請される。これが，**土地所有者の責務**の一つとされる。親がなくなった場合のみならず，配偶者に先立たれた場合も，残されるほうが相続人となるから，やはり**相続登記の義務づけ**を受ける。政府の文書においては，"相続登記の義務付け"と表記されるが，本書は，ゴチックで示した表記を用いる。相続登記の義務化とよぶこともあるが，全部，同じ意味である。

44　責務と義務は異なるか

　土地基本法が定める登記による権利関係の明確化の責務を具体化する施策の一つが，不動産登記制度における相続登記の義務づけである。土地基本法が定めるものは，責務であり，それは，基本的な施策の根拠である。基本的な施策は，大切であるが，それ自体としては，どのような個別の局面において，どのような手続を義務づけるか，を特定の姿で要求するものでない。基本的な施策としての土地所有者の権利関係の明確化は，個別法において具体的な施策を定め，登記の義務づけなどをする具体の要件と，義務が履践されない場合の罰則などの効果を定める。

　土地基本法が定める責務は，権利関係の明確化のための措置として適切なものを実行せよ，という土地所有者に対する要請であり，明確化の措置は，いつも登記であるとは限らない。農地を取得した者は，届出をしなければならず，届け出られたところに基づき農地台帳に所有者の氏名または名称などが記録される。森林についても，林地台帳という似た仕組みが用意される。これらと共に，不動産登記制度においても，定められた場面において登記が義務づけられる。とりわけ不動産登記制度は，土地の種類を問わないで実施される制度であるから，そこで登記を義務づけるならば，大きな政策効果が期待される。

45　義務づけられる登記は相続登記に限られるか

　土地の所有者が登記をする場面は，相続に限られない。売買契約により購入したり，他人から贈与を受け無償で取得したりもする。土地基本法が定める土

地の権利関係の明確化の要請は，抽象的，理念的には，これらの場面にも及ぶ。しかし，登記をしないことに対し罰則が用意される仕方で，登記を"しなければならない"というものではない。"登記をすることができる"という扱いを受ける。登記ができるのにもかかわらず，登記をしないでいると，土地の所有者が不利益を受ける。例を一つ挙げると，迅速に登記をしないでいる土地の売主にお金を貸していた者が，お金を返してもらえないとし，土地を差し押さえ，差押えの登記がされると，土地を買った者が負けることになり，差押えの手続を阻むことができない。

　相続登記は，そのようなことはなく，しないままでいても，権利を主張することができなくなったりはしない。そのために登記をしないで放置される多くの例が生ずるが，それでは権利関係の明確化が妨げられる。所有者不明土地が生ずる原因のかなりのものは，相続登記がされないためであるから，そこに焦点を置き，土地所有者の責務の具体的な履践が義務として要請される。

46　相続登記の促進をめぐる課題

　相続登記を促進し，所有者不明土地の発生を防ぐという政策課題をめぐるいろいろな論点を整理しよう。登場する人たちを簡略にA，B，C……という符号で示して話を進める。Aという人が土地を持っている。だから，普通は，その土地は登記されており，しかも，Aを登記名義人とする所有権の登記がされている。もし土地が全く登記されておらず，そもそも登記記録が設けられていないというならば，登記をしてもらわなければ困る。その土地の表示に関する登記を申請することは義務であり，それを怠る者に対し10万円以下の過料の罰則が用意される。ここは，Aを所有権の登記名義人とする登記がされていると仮定しよう。

　そのAがなくなったとする。子としてB・C・Dがあり，しかもこの3人のみが相続人である，と神様は知っているとしよう。そうすると，土地は，B・C・Dが3分の1ずつの持分で相続する。

　相続登記は，まず，この3分の1ずつの持分の登記をすると義務を果たしたことになる（**相続登記の義務づけ**，→ **第2節**）。神様が知っているだけでなく，B・C・Dにおいて証明ができるものであるならば，その登記の申請は容易であり，

申請をすれば義務は尽くされる。

　もし3人のほかには相続人がいない事実の証明が煩わしい場合において，Bは，すくなくともBが相続人であることを登記官に申し出てくれれば，Bは義務を果たしたものとして扱われる（**"あること証明"の登記**，→第3節）。C・Dは義務を果たしていないが，C・Dもそれぞれ，すくなくともCが，また，すくなくともDが相続人であるという申出をしてくれれば，いずれも申出をした者は義務を免れる。

　そのあと，B・C・Dが相談し，土地をBのものにする話が決まったとしよう（そのかわりにBはC・Dにお金を払ったりするのでしょうね）。そうしたら，土地がBひとりのものになったという登記をしてもらわないと困る。いったんB・C・Dの3人の登記にしてあるならば，それをBのみを所有権の登記名義人とするように書き換える。その手続は，簡便でなければならない（**登記手続の簡略化**，→第4節）。なるべく早くB・C・Dの登記をせよ，と義務づけをしておきながら，その後の始末に際し，手続が煩わしかったり高い税をとられたりする仕組みであってはならない。

　広い意味における所有者不明土地問題には，じつはあとひとつの論点がある。土地の所有者がわかっていればそれでよいというものではない。その所有者のほかに権利を主張しようとする者がいないであろう，という確信が得られて初めてその土地を買う人が現われる。土地の登記簿を見たら，抵当権の登記があり，その土地が抵当に入っているらしい，ということでは困る。抵当権とは借金の担保であるから，お金を返しさえすれば，抵当権の登記は消してもらえる。抹消の申請という手続をすればよい。それを申請しないでいると抹消がされない。お金を貸して抵当権の登記名義人となっている者が個人である場合において，その個人がなくなるとか，登記名義人が法人である場合にその法人がずいぶん前に解散して代表者がいなくなっているとかすると，厄介である。こういう登記を簡便に消す，という方策も求められる（**登記の抹消の簡略化**，→第5節）。

34 不動産登記制度の公示機能の拡充——責務と義務の関係

不動産登記法が権利に関する登記について義務づける登記は，相続に関する登記である（同法76条の2第1項前段）。相続人に対する遺贈もその登記が義務づけられるけれども，そこにとどまる（同項後段）。

(1) **相続登記の不動産登記法による義務づけ** 相続による所有権の移転が登記を義務づけられることの背景としては，3つの観点への留意を要する。第一に，相続による登記は，それをしないと死亡した者を登記名義人とするままの登記の状態が続くことになる。これは，不動産登記による権利の公示の機能を大きく損なうものであり，原理的に許されない事態である（不動産登記令20条2号，不動産登記法71条）。第二に，実態上も，相続による登記がされないことが，所有者不明土地の発生の主要な要因であるとみられる。第三に，相続による権利の承継のうち，法定相続分を超えない部分は，登記をしなくても第三者に対抗することができるから，登記をしようとする動機づけが弱い。これらの事情の全部または一部の事情が顕著に認められる場面において，不動産登記法が登記の手続を義務づける。

(2) **相続でない原因による所有権の取得を登記する責務** 売買により所有権を取得した場合に登記をする不動産登記法上の義務はない。死因贈与を含む贈与により所有権を取得した場合も異ならない。しかし，そこでも，土地基本法6条2項が土地所有者の責務として定める権利関係の明確化のための措置の要請は働く。もちろん罪刑は法律で明確に定められなければならず，また，行政は法律に基づいてされなければならないから，責務があるというのみで登記をしない者に罰則や行政上の不利益を課することはできない。

気づかれてよいこととして，責務という抽象的な要請の具体の実現は，罰則などの不利益を課すことのみが手段ではない。利益を恵み政策的に誘導する発想もあってよい。そのような制度が現在はないが，たとえば適時に登記をした者に対し税制上の優遇をする措置が法制上講じられる際，そのような政策の基本施策上の淵源は，土地所有者の責務に求められる。

さらに，この責務は，登記の励行を勧める国や地方公共団体の施策の思想的

な根拠を提供する。民間においても，登記をすることを皆さんに勧めよう，という啓発の活動に際し，参考として土地基本法6条2項の規定の存在を指摘することが考えられる。「民間会社でずっと仕事をしておりまして，そのとき……新築マンションを販売する仕事に携わったことがありました。……そんなことを言う人もいるんやなと思ったんですけれども，買われたお客さんが，不動産登記しないと言われたんですよ。登記は，権利の方ですけれども，第三者に対抗するためにやるもので，しなくたっていいんだということで，結果的には，説得をしてしていただきました」という話（門博文議員，衆議院国土交通委員会，2018年5月22日）は，土地基本法が登記の責務を謳う改正を受ける前の話であるが，まさに説得がされてしかるべき話であった。

（3）**表示に関する登記の義務と責務**　　　表題登記や地目の変更の登記など，表示に関する登記の多くは，登記の手続が義務づけられる（不動産登記法36条・37条1項）。ここでも，正当な理由のない懈怠には，10万円以下の罰則が用意される（同法164条1項）。これらの登記の手続は，不動産登記法に基づく義務であると共に，土地基本法6条2項が土地所有者の責務として定める権利関係の明確化のための措置としても理解される。また，表題登記に際し地積を精確に登記すること（不動産登記法34条1項4号）は，土地基本法6条2項が並べて定める境界の明確化の措置の責務と密接に関連する。

（4）**登記でない土地台帳と土地基本法に基づく責務**　　　土地基本法6条2項が土地所有者の責務として定める権利関係の明確化のための措置は，登記に限られない。登記は，代表的な権利関係の明確化のための措置であるが，それに限られない。田または畑である土地についての農業委員会への届出に伴う農地台帳における記載（農地法3条の3・52条の2）や，民有林である土地についての市町村長への届出に伴う林地台帳における記載（森林法10条の7の2・191条の4）も，土地基本法6条2項が要請する権利関係の明確化の措置に当たる。

35　登記の責務と不動産登記制度の目的との関係

たしかに，登記は，取引をしたことを関係者に認めてもらいたければする，言い換えると，したくなければしなくてよい，という考え方で明治からやってきた——という感覚で不動産登記制度を眺める人はいる。とくに大学で法律を

学んだ人や，法律家の間に根強くある見方であるかもしれない。これでいくと，山奥で雑草が生えているような土地は，親が死んでも放っておいて何ら不便はない。明治に仕組みを作る際，およそ登記をしないと取引そのものが当事者の間ですらないものとする，という考え方を斥けた。取引は当事者の間では登記をしなくても成立するが，同じ土地を狙っているライバルなどに勝ちたければ登記をしよう，というフランスの制度が導入された。けれど，フランスのものは，その考え方と並び，不動産登記が民事警察 police civile の側面をもつことが強調され，その方面の備えもある。ここに警察とは，犯罪摘発という狭い意味ではなく，ひろく人々に安全，安定をもたらす政府活動の全般をいう（明治8年の行政警察規則1条が行政警察の役割として「人民ノ凶害ヲ予防シ安寧ヲ保全スル」とする思想にこの警察の観念が表現される）。とはいえ，明治の時は，そちらをあまり重視しないままフランスの不動産法制を持ち込んだ。民事と警察の双面性をもつ仕組みの日本の経験には，自動車の登録がある。所有者を明らかにする民事の役割と共に，保安基準の充足を確かめる検査の仕組みを伴う（道路運送車両法1条は，この双面性を謳うものである）。

　不動産登記も，もともと国民の大切な財貨である土地など不動産に関する情報提供基盤の一角をなす，という側面があった。相続登記の義務づけを盛り込む法律案が審議された際の政府の答弁が，「不動産登記は，権利を取得した者がその権利を保全する対抗要件としての機能を有するものでございますが，対抗要件制度のためのみに存在するものでもございません。特に，近時におきましては，国土の管理や有効活用という側面から，土地の所有者情報を始めとして，土地の基本的な情報を公示する台帳としての役割を有する点が指摘されております」と力説するところ（法務省の小出邦夫民事局長，衆議院法務委員会，2021年3月24日）も，見方は本質的に異ならない。

　不動産登記制度の目的に「国民の権利の保全」（不動産登記法1条）がある意義は，それを単に個別の取引における当事者の権利確保という狭い視点で見ると，不動産登記法が民法の附属法でしかないように映る。これまでは，この見方が一般的であったかもしれない。これからは，その克服が望まれる。国民の権利の基盤整備としての不動産登記制度の役割を見落とさないようにするならば，同制度は，不動産に関する情報提供基盤の一翼という意義を与えられ，土

地法の体系のなかに位置づけを獲得する。

　2021年の土地制度改革の際，相続登記の義務づけのような大きな改革を伴うにもかかわらず，不動産登記法1条の目的規定は改正されていない。改正する必要がなかった。改めなければならないとすると，どのように不動産登記制度の体系的位置を描くか，という学問の側の整理の態度である。

36 　所有権の登記名義人を特定する事項──個人

　所有権の登記名義人が登記上適切に特定されてこそ，登記簿は，不動産の基本的な情報提供基盤たりうる。登記名義人が個人である場合は，氏名および住所を登記する（不動産登記法59条4号）。

　いったん登記された登記名義人の氏名および住所について，その後の変更を不動産登記に反映させるための方策を採る前提として，住民基本台帳ネットワークシステムから変更情報を登記官が取得するための仕組みが調えられていこうとしている。すなわち，登記名義人は，登記官に対し，自らが所有権の登記名義人として記録されている不動産について，氏名および住所の情報に加え，生年月日などの情報を検索用情報として提供することが求められる。この検索用情報は登記記録上に公示せず，登記所内部において保有するデータとして扱われる。登記官は，氏名，住所および検索用情報を検索キーとして，住民基本台帳ネットワークシステムに定期的に照会をするなどして登記名義人の死亡の事実や氏名および住所の変更の事実を把握する。

　そして，登記官は，所有権の登記名義人の氏名または住所について変更があったと認めるべき場合として法務省令で定める場合において，その登記名義人の申出があるときに，職権で，法務省令で定めるところに従い，氏名または住所についての変更の登記をすることができる（同法76条の6）。

　また，登記官は，住民基本台帳ネットワークシステムへの照会により所有権の登記名義人であって法務省令で定めるものが死亡したと認めるべき場合として法務省令で定める場合において，職権で，法務省令で定めるところに従い，その登記名義人について，その旨を示す符号を表示することができる（同法76条の4）。

37　所有権の登記名義人を特定する事項──法人

　所有権の登記名義人が法人である場合は，法人の名称および住所（不動産登記法59条4号）のほか，会社法人等番号を登記する（同法73条の2第1項1号）。法人の住所は，主たる事務所の所在地である（たとえば一般社団法人及び一般財団法人に関する法律4条）。会社の場合は，本店所在地が住所になる（会社法4条）。会社法人等番号は，商業登記法7条が定めるものである。認可地縁団体など会社法人等番号を有しない法人は，法人を識別するために必要な事項として法務省令で定めるものが登記事項とされる。

　登記官は，会社法人等番号を手がかりとするなどして商業・法人登記システムから定期的に法人の名称や住所の変更の事実を把握する。そして，変更があったと認めるべき場合として法務省令で定める場合において，職権で，法務省令で定めるところに従い，名称または住所についての変更の登記をすることができる（不動産登記法76条の6）。また，登記官は，所有権の登記名義人が解散して清算をするなどして権利能力を失ったと認めるべき場合として法務省令で定める場合において，職権で，法務省令で定めるところに従い，その登記名義人について，その旨を示す符号を表示することができる（同法76条の4）。

38　国際化と不動産登記制度

　明治に不動産登記制度が始まったころ，登記名義人は，ほとんどが日本の国籍を有する個人であり，また，日本で設立された法人であったことであろう。また，登記名義人である個人が外国に住所がある，という事象も稀であったにちがいない。今日は，状況が大きく異なる。

　今日，外国に住所を有する登記名義人は，日本人であることもあれば外国人であることもある。所有権の登記名義人が国内に住所を有しない場合において，その者の国内における連絡先となる者の氏名または名称および住所など国内における連絡先に関する事項として法務省令で定めるものが，登記事項とされる（不動産登記法73条の2第1項2号）。国内の連絡先は，必要的な登記事項である。とくに連絡先を設けない登記名義人は，国内の連絡先がない旨の登記をする。この登記の制度は，つぎのように運用される見通しである。すなわち，連絡先として第三者の氏名または名称および住所を登記する場合において，その第三

者は国内に住所を有することを要し，また，その者の承諾があることを要する。連絡先となる者の氏名または名称および住所などの登記事項に変更があったときには，所有権の登記名義人は，単独で，国内の連絡先の変更の登記を申請することができる。また，連絡先として第三者が登記されている場合において，その第三者も，単独で変更の登記の申請をすることができる。

　たとえ外国人であっても，国内に住所を有する場合において，ことさら連絡先の登記をする必要はなく，端的に住所を登記すればよい。その住所は，通常，外国人住民票において明らかとなる。

　外国人であって，外国に住所を有する場合は，日本政府が公務員職務上作成情報として住所証明情報を保有し，また作成することは想像しにくい。そこで，外国政府等の発行した住所証明情報または住所を証明する公証人の作成に係る書面で外国政府等の発行した本人確認書類の写しが添付されたものの提供を求め，これにより住所を登記する。これらの扱いが運用として予定される。運用であるから，この方針をとりたてて不動産登記法で明らかにする規定はない。

第2節　相続登記の義務づけ
● 登記をしないとどうなるか考える

　"義務づけ"の議論で必ず問わなければならないこと　　法学部の授業で念入りに教え込まなければならない事項の一つに，義務というものを考える際の心構えがある。心構えは，ヒトコトで述べると，効果を考えなければならない，という表現になる。そこで，よくトレーニングされた学生は，ある人に何々の義務がある，という議論が始まると，必ず，その義務の効果は何か，を論じ始める。

　効果とは，簡単に説けば，義務を果たさなかったらどうなるか，である。

　お金を借りた人は返さなければならない義務を負う。では，返さなかったならば，どうなるか。返済が遅れていることにより日に何パーセントというペナルティのお金が課せられる，というものが効果の一つになる。公務員は賄賂を受け取ってはならない。もし受け取ったならば，収賄罪が成立する。これが効果である。

　では，義務となった相続登記をしないと，どうなるか。

47　知った時から 3 年以内

　相続をした人は，自分が土地を相続した事実を知ってから 3 年以内に登記を
してください，という義務の規定が法律に盛り込まれた。一郎，二郎，三郎の
3 人の兄弟がいるとしよう。母が土地を持っている。母の夫で，3 人の兄弟の
父である人は 2 年前になくなっている。母がなくなった時の相続登記のことを
考えよう。現在，母が所有権の登記名義人になっている。**相続登記**は，母から
兄弟 3 人へ所有権が移転し，3 人の 3 分の 1 ずつの共有になったことを示す登
記である。「相続」を登記原因とし，母がなくなった日に所有権の移転があっ
たことを記す。

　義務づける規定が盛り込まれるまで，相続登記は，してもよいし，しなくて
もよいものであった。

　こんどは 3 年以内にしなければならない。いつから 3 年を計算するか。2 つ
の事実の両方を知った時から計算する。第一は，母がなくなって相続が開始し
た事実である。しかし，これを知ったのみではまだ足りない。母は預金や株式
は持っていたかもしれないが，土地は持っていなかったのではないか，あの母
が住んでいた土地は他人から借りていたと聞く，という場合は，まだ 3 年が始
まらない。すなわち第二の事実として，母がいた場所は実は母が所有していた
とわかった，ということになると，2 つの事実が揃い，あとのほうの事実を知
った日の翌日を第一日として計算を始め，3 年が経過する日までの間に相続登
記を申請しなければならない。

48　兄弟の話し合いが終わった場合の登記の義務

　兄弟が話し合って遺産の分割をし，土地を一郎のものにする，という相談に
なった場合は，その相談が調った日の翌日から計算を始め，その旨の登記を 3
年以内にしなければならない。

　既に兄弟 3 人の共有にする登記をしていた場合は，それを一郎ひとりのもの
にする登記に更正する。この更正の登記が 3 年以内にされなければならない。
したがって，3 年以内という登記の義務づけを二段にわたって受ける。一度め
は母がなくなってから 3 年以内の相続登記であり，二度めは遺産の分割から 3
年以内の登記である。

兄弟3人の共有の登記を経ないで，いきなり一郎の登記にすることもできる。この場合の登記原因も「相続」となる。遺産の分割が決まった時点で二郎と三郎は義務を解かれる。一郎は，遺産の分割から3年以内の登記の義務を課せられる。

49　遺言があった場合の登記の義務づけ

なくなった母が遺言をしていた場合は，どうなるか。母が土地を一郎に相続させる，というふうに遺産の分割の方法を定めておくこともできる。この遺言は，**特定財産承継遺言**とよばれる。自分のために特定財産承継遺言があった事実を知り，かつ遺言をした母がなくなった事実を知った一郎は，3年以内にその登記をしなければならない。母→一郎，の所有権の移転の登記がされ，その登記原因は「相続」となる。この場合において，二郎と三郎は土地の権利を取得しないから登記の義務を課されない。

遺言で**遺贈**というものをすることができる（→**8**(1)）。一郎のような相続人の一人にあげる，という遺贈ができるが，遺贈は，あげる相手が相続人である必要がない。母が晩年に世話になった介護施設を経営する法人に遺贈してもよい。介護施設の場合は，遺贈により所有権を取得したことを登記することができるが，その義務はない。相続人にあげる場合はその相続人が遺贈の遺言により所有権を取得した事実を知ってから3年以内に登記をしなければならない。介護施設の場合も一郎の場合も，登記原因は「遺贈」となる。なお，実務上，ふつう相続人が相手になる場合は，遺贈でなく，特定財産承継遺言にする。いずれにせよ相続人であれば登記が義務づけられる。話と無関係な二郎，三郎が登記の義務を課せられないことは，ここでも当然である。

50　代々の相続があったのに放置されていた場合

土地を持っている者が母でなく，母の父，つまり，一郎たち兄弟から見て祖父であるという場合もある。所有権の登記名義人になっている祖父がなくなると母が相続人になる。母のほかに相続人となる者がある場合もあるし，母一人が相続人であることもある。どちらの場合も母が相続登記を義務づけられるけれども，それをしないうちに母がなくなると，これらの相続により所有権を取

得した事実を知った時から3年以内に相続登記をしなければならない。もし母のほかに祖父の相続人がなく，また，兄弟3人の話し合いで一郎が土地を取得すると決まった場合は，祖父から一郎への一発の登記で済ましてよい。仮に母の名が「佐藤花子」であれば，「佐藤花子相続，相続」が登記原因となる。

　代々の相続が続く場合において，その相続を**数次相続**とよぶ。数次相続が多くの代にわたり発生し，それにもかかわらず登記がそのままの状態になっていると，相続登記の申請にあたり用意する書類が膨大になる。関係者も増え，連絡がつかない人も出てくる。だからこそ，自分の子孫に迷惑をかけないよう，一代一代，登記をしておかなければならない。

51　過料の罰則

　3年以内に義務づけられる登記をしないと，正当な理由がない限り10万円以下の過料に処せられることがある。過料は，**刑事罰**ではない。刑法などの刑事罰を定める法令に従い罰則が科せられる場合として，殺人をすると死刑や懲役に処せられたりするのとは異なる。過料は，**行政罰**であり，行政上の施策を実施するための法律上の義務を尽くさない場合において，地方裁判所へ通知され，地方裁判所が過料の裁判をして処せられる。10万円の過料に処せられる，ということの意味は，10万円を国庫に納めなければならないということであり，すすんで納めなければ強制的に取り立てられる。お金をとられる点で過料は罰金や科料と似るが，あとの2つは刑事罰である。

　相続登記の義務に反して過料に処せられる場合は，**正当な理由**がない場合に限られる。どのような場合において正当な理由があるとされるかは，これからの運用によるけれども，例を示すと，数次相続で関係者が多く3年以内という期間を守ることができないような場合は，正当な理由を認めてあげたい。一郎に与えるという遺言が見つかったが，これに二郎が異を唱え，母が遺言を作成した当時は認知症になっていて適切な判断ができなかったと主張しているような場合は，その諍いが解決するまで待ってから登記をするというのも，おかしな話ではないであろう。同じ場合で一郎が重篤な病にあり，とても登記の手続などできないという場合も，過料に処するのは乱暴である。

52　住所の変更の登記の義務づけ

　所有権の登記名義人は，個人であれば氏名が，法人であれば名称が登記されるほか，住所も登記される。個人は生活の本拠を住所とし，法人は本店など主たる事務所の所在地が住所となる。住所が変わった場合は，**住所の変更の登記**をする。これをしないで放っておくことも，所有者不明土地の発生の原因となる。そこで法律は，２年以内の登記を義務づけ，正当な理由がないのにしないと５万円以下の過料に処するとする。２年という３年より短い期間であるのは，人が死ぬということと生きている人の住所が変わるというのとはリズムが異なるからである。５万円以下という金額は，引っ越した際に転入届を役場にしないと処せられる過料と同じ金額にしてある。

　このように，当事者となる国民に義務を課するほかに，政府のほうも，できることをしようとする仕組みの準備が進められている。すこし先の運用開始になるが，登記官が**住民票のデータ**にアクセスし，登記名義人が死亡しているという情報や，死んではいないが住所が変わっているという情報を取得するようにする方向である。死亡情報を取得した登記官は，登記において，その死亡した登記名義人の記録に対し，それとわかる印をつけるようにする。また，住所が変わっている場合においては，本人から申出があるときには，登記官が職権で住所の変更の登記をすればよい。すっかり書類を準備して本人から申請をしてくるということでなくても，登記官がすすんで登記をしてくれる流れになる。

------------------------------ 解　説 ------------------------------

39　相続登記の義務づけ

　不動産の所有権の登記名義人について相続の開始があった場合において，その相続により所有権を取得した者は，自分のために相続の開始があったことを知り，かつ，その所有権を取得したことを知った日から３年以内に，相続による所有権の移転の登記を申請しなければならない（不動産登記法76条の２第１項前段）。

　Ａの相続人がＢ・Ｃ・Ｄである場合において，Ａが死亡したときに，Ｂ・Ｃ・Ｄは，Ｂ・Ｃ・Ｄのために相続の開始があったことを知り，かつ所有権を

取得したことを知った日から 3 年以内に，相続による A→B・C・D の所有権の移転の登記をしなければならない。

B が，B は A の子である事実を知っていたけれども，A が不動産を有しておらず，預金や動産類のみを所有していると信じていた場合において，A の死亡を知ったのみでは 3 年の期間が進行しない。遺産を調査して不動産の所有を知った時から起算される。

知った時から 3 年という起算点の「知った時」の意義は，過失により知らなかった場合は含まない。気づかなかったことについて相続人に落度があっても，3 年は進行しない。

窪田充見「遺産分割と相続登記に関する法改正」法律時報 93 巻 8 号（2021年）が，相続登記を義務づける 2021 年の不動産登記法の改正の評価を示す。

40　相続登記の実現による義務の消滅

B は，単独で，相続による A→B・C・D の所有権の移転の登記を申請することができる。この申請が受理されて登記がされた場合において，もはや C・D は，この登記の申請を義務づけられない。この登記が，B の債権者が代位して申請し実行された場合においても，もはや B は，この登記の申請を義務づけられない（不動産登記法 76 条の 2 第 3 項）。

41　数次相続の場合における相続登記の義務づけ

B への登記がされないまま B が死亡し，B の相続人が E・F である場合において，E・F は，E・F のために相続の開始があったことを知り，かつ所有権を取得したことを知った日から 3 年以内に，相続による A→B・C・D の所有権の移転の登記をし，ついで B の持分について相続による B→E・F の全部移転の登記をしなければならない。

相続登記が義務づけられる「当該相続により所有権を取得した者」（不動産登記法 76 条の 2 第 1 項）とは，A の相続により直ちに当該不動産の所有権を取得した者に限る趣旨ではない。E・F は，A の相続人の一人が B であり，かつ，B の相続人が E・F である事実を知り，かつ，不動産を所有する A および B が死亡した事実を知った時から 3 年以内の相続登記が義務づけられる。

　B・C・DがAの子であり，また，EがBの子である場合において，BがA
より先に死亡していたときに，EがEはAの相続人にならないと理解してい
たならば，どうか。法の不知をどう考えるか，という，おもしろい問題になる
（民法887条2項参照）。いずれにしても，Eを過料に処する解決は，ゆきすぎで
ある。理論構成として，登記をしなければならない自分の立場を理解していな
かったから，そもそも3年の期間が進行しない，とする意見と，Aの死亡と
Aによる不動産の所有を知ったからには相続登記の義務を負うが，登記をし
なかったことについてEに正当な理由があるとする意見とが想定される。

42　特定財産承継遺言による権利変動の登記の義務

　Aの相続人がB・C・Dである場合において，遺産分割の方法の指定として
土地をBに相続させる旨の特定財産承継遺言をしてAが死亡したときに，B
は，Bのために相続の開始があったことを知り，かつ所有権を取得したことを
知った日から3年以内に，相続によるA→Bの所有権の移転の登記をしなけれ
ばならない（不動産登記法76条の2第1項前段）。

　もっとも，相続を原因として，法定相続分に応じた持分をもってする相続人
の共有とする登記（後述 **45** において，法定相続分による登記とよぶ）がされた後で，
Bが土地をBに相続させる旨の特定財産承継遺言の存在を認識した場合にお
いて，Bは，これに伴う権利変動の登記をしない正当な理由があるものとして，
相続によるA→Bの所有権の移転の登記に更正する登記を申請する具体的な義
務を負わない。

43　相続人に対する遺贈に伴う権利変動の登記の義務

　相続人を受遺者とする遺贈も，これに伴う権利変動を公示する登記は，相続
登記と同様の義務づけを受ける（不動産登記法76条の2第1項後段）。

　Aの相続人がB・C・Dである場合において，土地をBに遺贈する旨の遺言
をしてAが死亡したときに，Bは，その遺言があった事実を知って土地の所
有権を取得したことを知った日から3年以内に，遺贈によるA→Bの所有権の
移転の登記をしなければならない。この登記は，Bが単独で申請することがで
きる（同法63条3項）。

44　受遺者が相続人でない遺贈に伴う権利変動の登記の義務づけの除外

　Aの相続人がB・C・Dである場合において，土地をGに遺贈する旨の遺言をしてAが死亡したときに，Gは，Aについて相続の開始があったことを知り，かつ遺贈により所有権を取得することを知ったとしても，遺贈によるA→Gの所有権の移転の登記を義務づけられない。Gが人格のない社団であって，その代表者がBである場合において，遺贈によるA→Bの所有権の移転の登記についても，同じである。これらの場合において，受遺者が相続人でない事実は，登記原因証明情報において明らかになる。

45　遺産分割による権利変動を公示する登記の義務づけ

　法定相続分による登記がされた後に遺産の分割があったときは，その遺産の分割によって法定相続分を超えて所有権を取得した者は，その遺産の分割の日から3年以内に，所有権の取得の登記を申請しなければならない（不動産登記法76条の2第2項）。

　Aの相続人がB・C・Dである場合において，Aが死亡して相続によるA→B・C・Dの所有権の移転の登記がされた後，B・C・Dが不動産をBが取得する旨の遺産分割の協議をしたときに，Bは，この協議をした時から3年以内に，Bを所有権の登記名義人とするために，つぎの更正の登記を申請しなければならない。すなわち，相続によるA→B・C・Dの所有権の移転の登記を，相続によるA→Bの所有権の移転の登記と改める更正の登記をすることが相当であり，この更正の登記は，Bが単独で申請することができる。

　同じ場合において，土地をB・Cの共有とする旨の遺産分割の協議をしたときには，やはり3年以内に，相続によるA→B・Cの所有権の移転の登記と改める更正の登記をすべきであり，この更正の登記は，BまたはCが単独で申請することができる。

46　祭祀承継に伴う権利変動の登記の義務

　Aの相続人がB・C・Dである場合において，祭祀承継に伴い土地をBが取得するときに，Bは，Bのために相続の開始があったことを知り，かつ所有権を取得したことを知った日から3年以内に，A→Bの所有権の移転の登記をし

なければならない。

　相続登記の義務づけに即応してされる登記は，ふつう，登記原因を「相続」とするものである。特定財産承継遺言の場合も，従来どおり「相続」とする。特殊な例外として，登記原因を「民法第 897 条による承継」とすることが相当である事例がある。そうなる，というだけの話であり，それをめぐる実務の手順は従来と異ならず，新法の相続登記の規律に服する。

　まれにせよ相続人でない H が祭祀承継者であると考えられる場合がある。「民法第 897 条による承継」による A→H の登記が義務づけられるか。理論的には，897 条による承継とは相続による権利変動として理解されるか，という問題になる。

47　遺産分割の方法の指定と異なる遺産分割の協議が調う場合に登記が義務づけられる者の範囲

　遺産分割の方法を指定する遺言の趣旨と異なる遺産分割の協議は適法であると考えられる。A の相続人が B・C・D であり，A が不動産を B に相続させる旨の遺言をしていた場合において，B・C・D が協議をしてその不動産を C が取得すると定めるときの B は，遺言の存在を認識してから 3 年以内に相続による A→B の所有権の移転の登記をすべきであったところ，この義務は不能に帰し，義務づけを解かれる。C は，遺産分割の協議から 3 年以内に相続による A→C の所有権の移転の登記をしなければならない。

48　相続の放棄と相続登記の義務づけ

　B・C・D が等しい法定相続分で相続人となる場合において，相続開始と同時に相続開始を知った B が，相続開始から 1 月後に C が相続放棄をした事実を知りながら，相続開始の 2 月後に B・C・D の持分を各 3 分の 1 とする相続による所有権の移転の登記をしたときであっても，B は，相続登記の義務を履践したことにより正当な理由があると認められ，これを超えて相続登記に係る公法上の具体的な義務づけを受けるものではない。

　B が，相続開始から 1 月後に C が相続放棄をした事実を知ったことから，相続開始の 2 月後に B・D の持分を各 2 分の 1 とする相続による所有権の移転

の登記をした場合において，さらに相続開始の3月後にDが相続放棄をし，これをBが知ったとしても，Bは，すでに相続登記の義務を履践していたものとして，これを超えて相続登記に係る公法上の義務づけを受けるものはない。

49　相続登記をしない者に過料を科するかどうかの判断──正当な理由の考え方

過料は，金銭罰であり，その点では罰金や科料と似る。しかし，罰金や科料は，刑事罰であり，これらに処する裁判は，刑事訴訟法に従い行なわれる。過料は，刑事罰とは異なり（最大決昭和41年12月27日民集20巻10号2279頁，須藤陽子『過料と不文の原則』〔2018年〕153頁参照），それに処せられる場面はさまざまなものがあり，趣旨や手続を一概に描くことができない。過料のかなりのものは，秩序罰であり，非訟事件手続法120条に基づき，地方裁判所が過料に処する旨の裁判をする。

秩序罰であるということの意義は，行政施策の達成が妨げられ，しかも，違反行為を罰しないことにより，その施策の遂行に係る規律が実質的に損なわれることにある。相続登記の義務づけも，不動産登記行政を的確に執行し，登記簿に適時，的確に権利関係が公示される成果の確保に趣旨が見出される。不動産登記法164条1項は，正当な理由がある場合において過料を科さないとしており，そこにいう正当な理由も，それがあるときに控えられる過料の秩序罰としての性格を踏まえ，その存否が見定められる。

どのような場合において正当な理由が認められるか，については，3つの観点に注目していくことになる。

まず，相続登記が義務づけられたところに従い履践されていない事案を認知した登記官は，申請の義務を負う者に対し，法務省令において手順の規律が整備されるところに従い，相続人など義務を負う者に対し，相続登記の申請の履践を促す。この促す過程を省いて短兵急に過料の制裁を要請することは，適正な手続と見ることはできない。登記所から法令に従った促しを受けなかったことは，相続登記の申請をしない正当な理由に当たる。

また，登記簿における相続人らの権利の公示という行政施策上の成果がある程度において達せられている場合においては，正当な理由があるとみるべきで

ある。**48** において紹介した相続放棄があった場面の例は，これに当たる。この場面に当たるものとして，相続登記を申請しないことについて正当な理由がある場合は，たとえ抽象的な相続登記の義務づけを受けているとしても過料に処することは正当でない。この種類の場面は，本章の記述において，（抽象的な相続登記の義務を負うとしても）正当な理由があり，登記申請の具体的な義務は存しない，という表現で整理することにする。

　さらに，相続登記の申請をしないことについて，申請人となるべき者において，やむをえないと認められる事情がある場合は，正当な理由があるものとして，過料に処さないとされるべきである。すなわち，数次相続であるために資料の収集や連絡調整に多大な労力を要すると認められる場合，相続人の間において争いがあり，短時日で打開される見込みがない場合，そして申請人が重篤な疾病に悩まされている場合などにおいて，やむをえない事由があるものとして，過料に処さない解決が望まれる。申請人の疾病が治癒した後に登記申請を促す手順も，法務省令で規定整備が予定される手順に従って適切にされなければならない。病が癒えたのならば，さあ，手っ取り早く申請を実行せよ，と，せっつくような運用は困る。事情を聴き，どうしても申請をしてくれないことについて人々を納得させる事情がないと認められる際，残念だけれど裁判所に対し過料を命ずる手続を求めることになる。

50　住所の変更の登記の義務づけ

　所有権の登記名義人の氏名もしくは名称または住所の変更があった場合において，登記名義人は，その変更があった日から 2 年以内に，変更の登記を申請しなければならない（不動産登記法 76 条の 5）。正当な理由がないにもかかわらず，この登記の申請を怠った場合において，申請の義務を負う者は，5 万円以下の過料に処せられる可能性がある（同法 164 条 2 項）。この過料の趣旨性質は，上述 **49** において紹介したところと異ならない。

第3節 "あること証明" の簡易な登記

● **750円は高い！**

> **相続登記をするために用意しなければならない証明**　親が死に，相続の登記が義務づけられる。
>
> 　法務局に赴き，申請をしなければならない。
>
> 　その折，持参する書類を考えよう。親が死亡した事実は，死亡届を出したから，それを反映する戸籍の証明書で明らかにする。自分が相続人である事実は，自分の戸籍に親の氏名があるから，それで証明する。
>
> 　と，ここで安心してはいけない。
>
> 　相続人は，複数である事例が珍しくない。そして，複数の相続人が権利者になる登記をしようとすると，その複数の人たちの持分を分数で示さなければならない。ここに難問がある。

53 "ないこと証明" の登記の煩わしさ

　ここに姉と弟がいるとしよう。土地を所有する母がなくなった。登記官のもとに赴き，姉と弟の2人の土地になった，という登記をしようとする。これが，なかなか面倒である。姉と弟が半分ずつの持分とする登記を望むとしよう。母は晩年に夫がいなかったから，とくに支障はなさそうである。しかし，母に，ほかに子がいないか。それを明らかにするためには，母が生まれた時から死亡するまでの戸籍が要る。

　たいてい，改製原戸籍の謄本，抄本や除籍の謄抄本という古い文書を請求することになる。多くの市区町村では，一通の請求に750円の手数料を払う。それに，自分が住む市区町村の役場で用が足りる，とならない事例は多い。郵送で請求することになる。郵送には，750円分の定額小為替，返信用封筒，母がなくなったことを示す戸籍の証明，自分が母の子であることを示す証明，自分が自分であることを示す証明（パスポートや個人番号カードの写しが考えられる）を添えて請求する。

　この手続が一つの役場で済むとは限らない。ときに役場ごとに異なる扱いもみられる。本人証明の書類など，別の役場ではこれでよかった，と押し問答に

なるが，認められることはまずない。

　こんなのやってられませんよ。こんなことで国民に相続登記を義務づけよう
としても，無理ですね。

54 "あること証明" の登記でよいとするならば

　そこで，相続登記を促進するようにするためには，別な方策も考えなければ
ならない。もちろん，親の出生から死亡までの戸籍を苦労なく集められる人は，
本来の相続登記をしてもらえばよい。それが理想である。いわばメイン・ロー
ドであると考えればよい。

　それと共に，サブ・ロードも用意したい。つまり，相続人の全体の顔ぶれは
把握していない場合において，すくなくとも自分が相続人であることを簡単に
登記に付記して欲しい。それを親の死亡で土地を取得した事実を知った時から
3年以内にすると，相続登記の義務を尽くしたものとして扱う。これならば，
負担は少ないにちがいない。法務局に赴く際，親が死亡した事実は，死亡届を
出したから，それを反映する戸籍の証明書で明らかにする。自分が相続人であ
る事実は，自分の戸籍に親の氏名があるから，それで証明する。

　こうすれば，簡単であろう。ただし，相続人の全体の顔ぶれが未だわからな
いから，持分は登記しない。持分は，すべての相続人がわかって，それらの
人々について割合が明らかになって初めて決まる。

　この簡便な登記は，<u>相続人申告登記</u>とよぶ。

　これを用いれば，数代にわたり相続登記がされなくて関係者が多数になって
いるとみられる場合も，とりあえずは相続人全員との連絡に成功しなくたって，
ともかくも自分が相続人であること
を申告して，その旨を登記に付記し
てもらい，相続登記の義務が尽くさ
れる。

相続登記の義務づけ
・本来の相続登記の3年以内の義務づけ
・相続人の顔ぶれを示し，ほかに相続人が"ないこと"の証明をする。

相続人申告登記
・相続人申告登記を3年以内にすると義務を履行した扱いになる。
・自分が相続人で"あること"の証明でよい。

55 相続人申告登記をした後の話の進め方

　相続人申告登記は，ひとまずして

おくものであるから，それにより相続登記の義務に対する違反という事態を免れるとしても，それで話は終わらない。まず，そのままの状態で土地を売ったり担保に入れたりすることはできない。取引の相手方としては，申告相続人になっている人が相続人の一人にすぎず，その者と折衝したのみで取引を完結させるわけにはいかない。取引は，本来の相続登記をし，そのうえで進捗させるほかない。

　また，相続人の顔ぶれがそろい，遺産の分割の話し合いをした場合は，その成果を登記しなければならない義務を課せられる。この義務づけをしないと，相続人申告登記をしたのみで放置される土地が出てきて，かえって始末が悪い。そこで，遺産の分割がされた時から計算して，やはり3年以内に遺産の分割に従った登記を申請する義務が課せられる。

- - - - - - - - - - 　**解　　説**　- - - - - - - - - -

51　相続人申告登記の手続

　相続による所有権の移転の登記を申請する義務を負う者は，登記官に対し，所有権の登記名義人について相続が開始した旨および自らが当該所有権の登記名義人の相続人である旨を申し出ることができる（不動産登記法76条の3第1項）。登記官は，この申出があったときは，職権で，その旨ならびに当該申出をした者の氏名および住所などを所有権の登記に付記することができる（同条3項）。

　Aの相続人がB・C・Dである場合において，Aが死亡したときに，Bは，Bが相続人である旨を申告する相続人申告登記の申出をすることができる。この申出を受けた登記官が職権で同法76条の3第3項に基づく登記をすることになり，Bは，義務づけられている相続の登記の義務を履践したものとみなされる（同条2項）。

　この申出の添付情報は，Bが相続人で"ある"ことを示す情報でよい。他に相続人が"ない"ことを示す情報は要らない。普通は，Bの戸籍に関する証明書を提出することで足りる。Aの出生からの戸籍の証明書を用意する必要はない。なお，A・B・Cが同じ戸籍に記載されている場合において，登記官は，Cが共同相続人であることを窺知することになるが，Cの相続人申告登記はし

ない。

　記録例は，相続人申告登記の制度が施行されるまでに，主管当局から示される。おそらく，Bが相続人であることを示す相続人申告登記は，権利部甲区において，Aを登記名義人とする所有権の登記の付記登記としてされる。相続人申告登記において，Bの持分は登記されない（だって，持分を登記事項とすることは，相続人申告登記が "ない" こと証明の登記でないことの宿命として，不可能である）。

　相続人申告登記は，一旦されると申告相続人の住所が後に変わってもそのままになる，という限界を伴う。相続人申告登記という制度の欠陥であるというよりも，だからこそ，専門家が一件ずつ当事者と向き合い，本来されるべき登記がされるよう促す，そこを努めよう，という要請が，この課題に向き合って用意される。参議院法務委員会の2021年4月15日の会議の議事を参照。

52　相続人申告登記の効果

　Bが相続人であることを示す相続人申告登記がされても，所有権の登記名義人は，依然としてAである。誰が何と言ってもAである。このままの状態でBがBの持分全部移転の登記を申請すると，登記義務者と登記名義人が齟齬するとして，申請が却下される（不動産登記法25条7号）。

　Bの債権者は，この不動産に対する差押えを円滑に進めることができない。振替株式の場合とは異なる（最決平成31年1月23日民集73巻1号65頁参照）。

　また，相続人申告登記がされる登記は，所有権に関する登記に限られる。抵当権の登記名義人の一般承継人は，抵当権の実行を円滑に進めるためには，従前のとおり，一般承継を証明する文書を提出することが勧められる（民事執行法181条3項参照）。所有権と抵当権で結局はどこが異なるか，と問うならば，登記名義人である個人について戸籍謄本を用意するところまでは，実際上異ならない。所有権に関する登記は，戸籍謄本を提出して少なくとも相続人申告登記を達しなければならない。それがされないまま放置されると，所有者不明土地になるおそれがある。これに対し，抵当権は，わざわざ抵当権の移転の登記までしなくても，ほどなく抵当権の登記が抹消される（同法82条1項2号・188条参照）。抵当権の移転の登記をせよ，と強いることは，登記名義人の一般承継人を無用な煩瑣と税負担で苦しめるばかりである。

53 数次相続の場合の相続人申告登記

Bが相続人である旨の相続人申告登記がされた場合において，A→B・C・D
の相続による所有権の移転の登記など相続の登記がされないままBが死亡し，
その相続人がE・Fであるときに，Eは，Bが相続人であることを示す相続人
申告登記を前提として，EがBの相続人であることを示す相続人申告登記の
申出をすることができる。

54 数次相続の場合の中間省略登記

Bが相続人である旨の相続人申告登記がされ，または同登記がされない場合
において，A→B・C・Dの相続による所有権の移転の登記など相続の登記が
されないままBが死亡し，その相続人であるE・FとC・Dとの間においてE
を所有者と定める遺産分割の協議が調うときに，Eは，「B相続，相続」を登
記原因とするA→Eの所有権の移転の登記を申請することができる（民事局民
事第二課長通知平成30年3月16日民二137号・登記研究848号159頁，民刑局長回答明治
32年3月7日・登記関係先例集上25頁）。

55 遺産の分割の協議と相続人申告登記

相続人申告登記に係る申出をした者は，遺産の分割によって所有権を取得し
たときは，当該遺産の分割の日から3年以内に，所有権の移転の登記を申請し
なければならないものとする（不動産登記法76条の3第4項）。Aの相続人である
B・C・Dが土地をBが取得する旨の遺産分割の協議をした場合において，相
続開始から3年以内にB・C・Dが相続人である旨の相続人申告登記がされた
ときであっても，Bは，遺産の分割をした時から3年以内に，相続による
A→Bの所有権の移転の登記を申請しなければならない。

56 特定財産承継遺言と相続人申告登記

Aが遺産分割の方法としてBに相続させる旨の遺言をしていた場合におい
ては，3年以内にBが相続人である旨の相続人申告登記に係る申出をすれば足
りる。申出をしたことにより正当な理由があるものと考えられ，その後に相続
によるA→Bの所有権の移転の登記を申請する具体的な義務を負わない。Bへ

の遺贈の場合も，同様である。

57　氏名・名称および住所の変更の登記の申請の義務づけ

　所有権の登記名義人の氏名もしくは名称または住所について変更があったときは，その所有権の登記名義人は，その変更があった日から 2 年以内に，氏名もしくは名称または住所についての変更の登記を申請しなければならない（不動産登記法 76 条の 5）。申請をすべき義務がある者が正当な理由がないのにその申請を怠ったときは，5 万円以下の過料に処せられることがある（同法 164 条 2 項）。

第 4 節　煩わしい登記の手続を改善する

● 法律改正でなく運用の変更

　共同申請による移転の登記という難題　　一郎，二郎，三郎の 3 人が相続人となる相続を考える。3 年以内という義務づけの期間内にまずは 3 人の共有とする登記をする。その後で，その土地を三郎のものとする相談が 3 人の間でまとまる。

　それを表わす登記は，どのようにするか。

　こんなだったら困る，という物語を紹介しよう。一郎の持分を三郎に移す登記をする。この登記の申請は，書面でする場合を述べると，一郎が実印を押した書面を提出してする。その際，法律の規定により土地の価格の 1000 分の 4 の税を納める。同じように二郎の持分も，二郎の実印を用い，1000 分の 4 の税を納めてする。

　この物語では，したくないなあ，と誰でも思うであろう。手数がかかり，税のお金も要る。

　人々がこちらでいこう，という物語を皆さんと一緒に考えましょう。

56　更生でも変更でもなく更正

　被相続人を所有権の登記名義人とする土地を相続した一郎，二郎，三郎の 3 人が，ひとまず 3 年以内という義務づけの期間内にまずは 3 人の共有とする登記をした後で，その土地を三郎のものとする相談が 3 人の間でまとまったならば，3 人の共有である登記は，それを正し，初めからなかったものにすればよ

い。被相続人から直ちに三郎への相続による所有権の移転の登記をしたものと，書き換えることになる。この手続は，**更正の登記**である。漢字に御注意ください。更生は，少年の更生などという話題の際に用いる。ここでは，用いない。また，更正の登記と似たものに，変更の登記がある。ここは，変更の登記ではない。変更の登記は，後から事情が変わったという理由でする。相続の開始により，初めから三郎へ直接に土地の所有権が移ったという話にしようではないか，というふうに，時間を巻き戻して考えることにした話し合いが，3人の兄弟がした遺産の分割である。法律家は，このことを**遺産の分割の効果が相続の開始に遡る**と表現する。

　遺産の分割の話し合いをする際，3人は遺産分割協議書を作る。それには3人が実印を押す。三郎は，一郎および二郎と一緒にしなくても，単独で，上に述べた更正の登記を申請することができる。その際，登記官に対し，遺産分割協議書と，それに押印した3人の印鑑登録証明書を添付する。

　この更正の登記をする際，登録免許税を納める。一件について1000円でよい。

57　運用変更という表現の意味

　法定相続分でした3人の共有とする登記の後，遺産の分割の成果を反映する登記に改める更正の登記の単独申請により手続を考えることにする，という扱いは，法制審議会の答申が，いわば政府に勧告しているものである。ふつう，法制審議会の答申は，法律の改廃を提案し，それに即した法律案を作成して国会に提出して欲しい，と政府に求める。ところが，更正の登記の話は，法律改正でなく，政府による行政の実施において実現して欲しい，と答申で述べられている。**不動産登記制度の運用変更**により更正の登記による手続にすることを要請するスタイルが採られる。かつて皆無であったものではないし，もちろん許されている方法であるが，法制審議会の答申における物言いとしては，すこし珍しい。

　考えてみると，答申がなくても，更正の登記で処する扱いが禁じられていたものではない。むしろ，更正の登記による考え方のほうが，もともと遺産の分割の効果が相続の開始に遡るという原理に忠実である。そこで，法律の改正は，

要らない。

　また，単独で申請するとしてよい点も，もともと相続による登記は，単独で申請してよいものであり，関係者の権利利益が害されず，登記が本当の権利関係を表わす成果が確保されるならば，単独申請を妨げる理由はない。

58　更正の登記による解決が親しむ場合のいろいろ

　遺産の分割に限らず，相続をめぐる法律関係は，相続開始後の時間の経過のなかで，いろいろな事情で見直される。

　一郎，二郎，三郎の3人の共有とする登記がされた後で，一郎が相続の放棄をすれば，初めから二郎と三郎の共有になる。それを示す登記に書き換える手続も，更正の登記になる。

　二郎に相続させる旨の遺言が発見されるならば，初めから二郎ひとりのものであったとみることになるから，やはり更正の登記である。

　これらの扱いも，いずれも法律の改正でなく，不動産登記制度を運用する当局が出す通達において明らかにする運びが予想される。

———————————　解　説　———————————

58　遺産分割の協議がされた場合の登記手続の運用の変更

　法定相続分による相続登記がされている場合において，遺産の分割の協議または審判もしくは調停による所有権の取得に関する登記をするときは，更正の登記によるものとし，かつ，この更正の登記は，登記権利者が単独で申請することができるものとする。単独申請の根拠は，不動産登記法63条2項である（59・60・62も同じ）。

　Aの相続人がB・C・Dである場合において，Aが死亡して相続によるA→B・C・Dの所有権の移転の登記がされた後，B・C・Dが土地をBが取得する旨の遺産分割の協議をしたときに，Bは，相続によるA→B・C・Dの所有権の移転の登記を，相続によるA→Bの所有権の移転の登記と改める更正の登記をすることができ，かつ，この更正の登記は，Bが単独で申請することができる。

この場合の登記原因を「錯誤」とするかどうかが，今後，検討されるであろう。

登記の目的である土地が田または畑である場合において，農地法許可証明情報を添付情報とすることを要しないと解される。

59　相続の放棄に伴う更正の登記

相続による A→B・C・D の所有権の移転の登記がされた後，C・D が相続放棄をした場合において，B は，相続による A→B・C・D の所有権の移転の登記を，相続による A→B の所有権の移転の登記と改める更正の登記をすることができ，かつ，この更正の登記は，B が単独で申請することができる。このように従来の運用もされてきたとみられる（質疑応答・登記研究 272 号〔1970 年〕）が，必ずしも徹底していない実状もある。このたび，この点が，明瞭にされようとしている。

60　特定財産承継遺言に伴う権利変動に係る更正の登記

特定財産承継遺言の場合の運用も変更される。遺産分割の方法として土地を B に相続させる旨の遺言をした A が死亡して相続による A→B・C・D の所有権の移転の登記がされた場合において，B は，相続による A→B・C・D の所有権の移転の登記を，相続による A→B の所有権の移転の登記と改める更正の登記をすることができ，かつ，この更正の登記は，B が単独で申請することができる。

61　相続人に対する遺贈に伴う権利変動に係る更正の登記

相続人に対する遺贈の場合の運用も変更される。土地を B に遺贈する旨の遺言をした A が死亡して相続による A→B・C・D の所有権の移転の登記がされた場合において，B は，相続による A→B・C・D の所有権の移転の登記を，遺贈による A→B の所有権の移転の登記と改める更正の登記をすることができ，かつ，この更正の登記は，B が単独で申請することができる（→**63**）。

62　相続欠格や相続人廃除に伴う更正の登記

　法定相続分に従い相続による A→B・C・D の所有権の移転の登記がされた場合において，C に相続欠格があり，また，D が推定相続人廃除を受けたときにも，相続による A→B の所有権の移転の登記にする登記は，更正の登記でしてよいと考えられる。この点は，これまで必ずしも明瞭に論議されていないけれども，**61** までの話と構図は異ならないと考えられる。

　刑事被告事件の判決の中味をみて登記官が一義的に殺人や殺人未遂の処断であると明瞭に判断される事例（民法 891 条 1 号）は，単独申請でよい。相続人廃除の場合も，確定した審判の謄本をつければよい。相続の放棄の場合において相続放棄受理審判の証明書を添付するのと同じである。しかし，遺言書の隠匿や詐欺・強迫による遺言の妨害とかとなると実質判断を要し，単独申請に親しまないと考えられる（同条 3 号以下）。

63　相続人に対する遺贈の場合の単独申請

　58 から **62** までで話題としたものと異なり，運用の変更ということでなく，はっきりと法律の改正により法文に根拠が設けられるルールもある。相続人に対する遺贈による所有権の移転の登記は，不動産登記法 60 条の規定にかかわらず，登記権利者が〈単独で〉申請することができるものとする。このことが同法の 63 条 3 項において謳われる。

　A の相続人が B・C・D である場合において，土地を B に遺贈する旨の遺言をして A が死亡したときに，B は，遺贈による A→B の所有権の移転の登記を単独で申請することができる。この場合においては，遺言書を登記原因証明情報としなければならない。

　遺贈による所有権の移転の登記の単独申請は，許容されるものであって，強制されるものではない。遺言書が滅失し，検認調書を提出することもできない場合において，遺言の内容を要約して記す報告形式の登記原因証明情報を提供して，C・D を登記義務者とし，B を登記権利者とする共同申請で A→B の所有権の移転の登記を申請することは妨げられない，という運用も検討課題となる。

64　単独申請ということの2つの意義

　Aの相続人がB・C・Dである場合において，土地をB・Cに遺贈する旨の遺言をするときに，Aの遺志は，土地をB・Cの共有にすることである。Aが死亡したときに，Bは，遺贈によるA→B・Cの所有権の移転の登記を単独で申請することができる。ここで「単独で」は，登記義務者のDの関与が要らないという意味と，共に登記権利者であるCの協力を要しないとする意味の双方を含む。

65　相続人でない者に対する遺贈の場合の共同申請

　Gが人格のない社団であって，その代表者がBである場合において，Gへの遺贈がされたことに伴うA→Bの所有権の移転の登記は，Bが単独で申請することは許されない。相続人であるBが受遺者でない事実は，登記原因証明情報において明らかになる。

第5節　登記簿をクリーンにする

● 権利部乙区という問題

　まだ残っている昭和，大正の登記　　登記簿の権利に関する登記は，権利部甲区と権利部乙区とに分かれる。相続による所有権の移転の登記は，権利部甲区にする。これをしてもらわなければ困る，という課題が相続登記の義務づけである。
　権利部乙区のほうに課題がないか。そうでもない。昭和，大正という時代に融資をしてくれた法人が土地を担保にし，権利部乙区に抵当権の設定の登記を受けている。その法人は，平成，令和と進むうちに解散してなくなっているが，抵当権の登記が残る。こちらは，残してもらっていては困る，という話になる。

59　法人の解散や再編と不動産の登記

　権利に関する登記は，通常，共同で申請される。だれとだれの共同か，を考える際，2つの概念を知っていただきたい。<u>登記権利者</u>は，その登記をすることにより利益を受ける者をいう。利益を受けるから，登記の実現に関心や熱意

を抱く。**登記義務者**は，登記をすることにより不利益を受ける登記名義人である。不動産の売買取引でいうと，いままで登記名義人であった売主が登記義務者である。登記権利者である買主は，代金を支払ったならば，売主から買主への所有権の移転の登記に強い関心を抱く。登記権利者である買主と，登記義務者である売主 (それまでの登記名義人) とが共同して申請して，この登記が実現する。

　住宅ローンの場面は，どうか。家を買うための資金を銀行から借り入れる際，その家に抵当権を設定し，抵当権の設定の登記がされる。めでたく住宅ローンが完済され，抵当権の登記を抹消する際，共同申請は，どのように理解されるか。いままで抵当権の登記名義人であった銀行が登記義務者になる。登記権利者となる所有者は，抹消の実現を切望する。ローンを組んだ際の銀行が株式会社東西銀行であったが，その後に銀行の再編があり，ローンを完済した時には合併により株式会社東西南北銀行になっている，という出来事があっても，心配は要らない。東西銀行の義務は，東西南北銀行に承継されるから，同銀行と共同申請して抵当権の登記を抹消する。

　東西銀行が合併でなく廃業する場合は，裁判所が選任する清算人との間で，同じように登記の抹消の手続を進める。

　UR の略称ないし愛称でよばれる都市再生機構は，独立行政法人である。昭和の時代，初めは日本住宅公団とよばれていた。その後，解散して別の法人に移行することが幾度か繰り返され，現在の都市再生機構に至る。抵当権の登記名義人が日本住宅公団になっていても，心配は要らない。それぞれの時に従前の法人を解散して新しい法人を設立する根拠の法律において，前身の法人の権利義務を引き継ぐと書いてある。

　登記簿に抵当権が残っている土地は，買い手がつかない。地主が，いくら借金を返した，たとえ返していないとしても既に時効になっている，とか叫んでもダメ。借金を返した証拠がありますか，もしかしたら時効を妨げる出来事がありませんでしたか，とにかく抵当権の登記が残っているような土地を購入したら株主総会で追及されます (地方公共団体であれば，議会の理解が得られない) という話になってしまう。そこで，権利義務を承継している現在の法人を探し，その法人と共同して抵当権登記を消す。

　ところが，これがうまくいかない場合がある。明治，大正，昭和の抵当権登

記が残っていて，用地取得が妨げられる。所有者はわかっているから所有者不明土地問題ではないけれども，それに隣接する問題である。現に2011年の東日本大震災の復興を妨げた。

60　被災地復興に立ちはだかる権利部乙区

「朕ハ，帝国政府ヲシテ，米英支蘇四国ニ対シ，其ノ共同宣言ヲ受諾スル旨通告セシメタリ」（読点は引用者）と，1945年8月15日，昭和天皇が放送で読み上げた詔勅は，全体として読み返すと，なかなかの名文であると著者はかねがね感じていた。国の内外の切迫した情勢のなか，よくもあれだけ思想が整理された文章が書かれたと感じてきたけれども，あまり指摘されることなく，歴史学の素人の気のせいかもしれないとも思いましたが，必ずしもそうでもないらしい。歴史の専門家の考察においても，終戦の詔勅が周到な準備を経たものである経緯が注目されています（「加藤陽子の近代史の扉／無し，許されぬ『五輪プランB』，内外への深い洞察，根底に」毎日新聞2021年2月20日づけ朝刊）。はっきりしていることとして，この日から市民生活が大きく変わり，そして法制も深刻な断絶を経験する。近代日本にとって危機的ともいえる断絶がここにある。

　今日，農村にある農業者の組織である農業協同組合は，いつからある制度であろうか。じつは，この詔勅の後にできた。戦前，似た組織は，時期により産業組合，ないし農業会とよばれた。今日の農協と同じように農家に融資をし，その担保として田畑を抵当に取った。その登記が稀に土地の登記簿に残っている。残っていても今日の農協に権利義務が承継される規定が法律にあれば，都市再生機構と同じように処すればよい。その承継の規定が法律にない事情を読者にお伝えすることがかなわない理由は，いくつかある。第一に，推測であるが，終戦直後の混乱期であり，法制上の措置を逸した，ということが考えられる。第二に，これも推測であるが，むしろ意図的に，戦前に"銃後"の一翼を担った嫌いのある農業会と，戦後の農村民主化を象徴する農協との断絶を明瞭にしようとして，たとえばその趣旨の占領軍最高司令部からの示唆があったかもしれない。第三は，著者の単なる不勉強であり，結局，調べたけれど，理由がわからない。

　とはいえ，居直って申せば，理由の詮索は，どうでもよいのである。それは

歴史学者に任せ，土地政策としては，迅速に抵当権の登記が消せればよい。この問題意識に支えられ，不動産登記法には，特例が設けられる。すなわち，登記権利者は，共同して登記の抹消の申請をすべき法人が解散し，法令が定める調査を行なってもなお，その法人の清算人の所在が判明しないため，その法人と共同して抵当権の登記の抹消を申請することができない場合において，被担保債権の弁済期から30年を経過し，かつ，その法人の解散の日から30年を経過したときは，単独で当該登記の抹消を申請することができるものとされる。

　大きな意義を有する特例である。惜しむらくは，遅かった。2011年の東日本大震災の際，この特例は存在しない。特例が導入された時期は，2021年の土地制度改革である。次の大規模災害に際しては，権利部乙区の状態が復興を妨げることのないよう，決意を新しくしようではないか。

61　登記上の存続期間を過ぎた借地権の"ないこと証明"

　お寺や神社を粗末にしてはならない感覚は，今日，何となく私たちの意識のなかにある。けれど，社寺が（法制上，「社」を先に記す慣行です。他意はありません。あしからず）権力と財産を有していた時代があると聞いたならば，意外に感ずる人もいるかもしれない。たしかに，織田信長が石山本願寺と比叡山延暦寺を武力鎮圧し，徳川幕府が寺院法度で政治的にも抑え込んでから，権力を揮うことはみられない。しかし，幕政期を経て今もなお広大な境内地などの土地を保有する社寺は，ときにある。境内地の周辺の土地などが借地に出されてきた事例は，めずらしくない。もちろん，社寺の土地ばかりではない。登記簿を見ると，存続期間が50年とされる地上権の登記がある。地上権は，ときによっては，建物を所有する目的で他人の土地を使用するためにも用いられる土地の権原，つまり借地権の一つの形態である。50年の地上権の登記が昭和の時代にされて残っているとして，そのままでは，その土地の処分を妨げるから，さて，どうすべきか。用地として取得したい側からすれば，消したい。けれど，計算上50年を経ているから大丈夫でしょう，と断定してよいか。よいならば，簡単である。期間の計算は機械的にされ，デスク・ワークで済む。

　だが，しかし，そうはいかないのである。その地上権は，"生きている"可能性がある。境内地周辺の土地を例に取ると，廃社や廃寺になって（お寺の後

継者の確保は深刻な問題になっています）周辺の土地利用も一変していて借地が終了している事実が明らかである事例もないではない。半面，今なお隆盛し境内地の管理運営が引き継がれている事例もある。未だ昭和は，定期借地の制度を知らないから，存続期間が満了しても借り手が更新請求をして，これを拒む正当な理由がなければ，借地の権利は今日まで伸びていよう。さまざまな事例の識別は，フィールド・ワークをして調べてみなければわからない。そしてまた，その調べる程度に際限のない努力を要求するならば，借地権の消長は，ずっと確信を抱くことができないままになるであろう。

　ここに，"ないこと証明"の時代を生きる私たちの苦しさがある。いいかげんな調査をしてもいけないし，際限のない調査で人々を苦しめてもいけない。法律は，必要で十分な調査の方法を標準的に定める仕事を法務大臣に委ねる。相当な調査がされたと認められるものとして法務大臣が制定する法務省令で定める方法により調査をしてもなお，共同して登記の抹消の申請をすべき者の所在が判明しない場合において，その者の所在が知れないものとみなし，裁判所の除権決定という裁判を得て，登記権利者が単独で登記の抹消を請求することができるという仕組みが用意される。これも，2021年の土地制度改革の成果である。

-------------------- 解　説 --------------------

66　不動産登記法70条の改正

　地上権，永小作権，質権，賃借権または採石権に関する登記であり，かつ，登記された存続期間が満了している場合において，相当の調査が行なわれたと認められるものとして法務省令で定める方法により調査を行なってもなお共同して登記の抹消の申請をすべき者の所在が判明しないときは，その者の所在が知れないものとみなして，不動産登記法70条1項の規定を適用し，裁判所の除権決定を得て，登記権利者が単独で登記の抹消を請求することができる（同条2項・3項）。買戻しの特約に関する登記であり，かつ，登記された買戻しの期間が満了しているものも，同様である。

　買戻しの登記については，さらに，異なる特例が用意される。同法70条の

問題ではないが，ここでまとめて紹介する。もともと買戻しは，期間の定めが10年を超えることができない（民法580条1項）。期間を伸長することができないから，10年を経た買戻しの登記は，意義を有しない。そこで，売買契約の日から10年を経過した買戻しの登記は，登記権利者において単独で抹消を申請することができる（不動産登記法69条の2）。売買契約の日は，買戻しの登記と「同時に」される所有権移転登記（民法581条1項）の登記原因日付から登記上明らかとなる。

　存続期間の満了により登記の抹消の単独の申請が許容される権利に配偶者居住権（民法1028条，不動産登記法3条9号）は，含まれない。登記名義人である配偶者が死亡すれば配偶者居住権は消滅し，その消滅を公示するため登記を抹消するには，不動産登記法70条のような特例を待つまでもなく，登記権利者による単独の申請が許される（同法69条）。

67　解散した法人の担保権に関する登記の抹消手続の簡略化

　登記権利者が，共同して登記の抹消の申請をすべき法人が解散し，不動産登記法70条2項に規定する方法により調査を行なってもなお，その法人の清算人の所在が判明しないため，その法人と共同して先取特権，質権または抵当権に関する登記の抹消を申請することができない場合において，被担保債権の弁済期から30年を経過し，かつ，その法人の解散の日から30年を経過したときは，単独で当該登記の抹消を申請することができる（同法70条の2）。この手続は，解散して長期間が経過し，形骸化して実態を欠くと認められる法人との共同申請が困難であるために，その法人を登記名義人とする担保権の登記が抹消されないままになる不正常な状態を簡便な手続で解消しようとする趣旨である。その法人の所在がわからないことについて同法70条1項・3項の要件を充たすならば，同条に従い担保権の登記を抹消することもできよう。しかし，そのためには裁判所の除権決定を経なければならない。また，法人が解散しても，閉鎖された法人の登記記録がある場合は，必ずしも法人の所在が不明であるとみることができず，そうすると，あらためて清算人を選任しなければならないということにもなりかねない。同法70条の2の手続は，これらの負担ないし障害を除いて登記の抹消の単独申請を可能とする。

第5章　土地の保有

● 親から受け継いだ土地をその後どうするか

> **土地を売ろうとする人たちへのガイド**　　親から受け継いだ土地を売却したいと
> 考えている。不動産屋の世話になると思うが，そもそも不動産屋とは何か。いくら
> で売る，という肝心の問題について，不動産屋のアドバイスのほかに参考になるも
> のはないか。売りに出す土地は，住宅を建ててよい土地であるか，どのような規制
> があるか。売りに出すからには，それらを知らないといけないのではないか。
> 　お金を儲けるために土地の取引をしてはいけないか。
> 　土地の値段の評価は，路線価，地価公示，都道府県地価調査など，いろいろあっ
> て，よくわからない。
> 　一足先に隣の土地も売られることになり，こちらとの境界を確認したいと言われ
> た。境界の確認に立ち会わないといけないか。
> 　面している道路に下水管を敷設する話が持ち上がり，その工事費用の一部を出せ，
> と役所から求められたが，これは強制か。

62　土地の保有や売却に際し考えなければならない事項

　相続した親の土地を売却する際，初めに確実にしなければならない事項は，
売りに出す土地は自分の土地でなければならない，という当然の前提である。
親から相続した，というけれど，相続した者は，あなただけであるか。その土
地を現に使用しており，固定資産税を納めているのも私である，ということは
決定的な事情ではない。他にも相続の権利をもつ者がある場合において，権利
関係を整理し，あなたのものであることを確実にする。そのためには**遺産の分
割**をしなければならない（→ 第3章第2節）。

　自分が（自分ひとりが）土地を所有しているという状態を確保したならば，そ
の土地を保有し続け，自分で使用したり他人に貸し付けたりすることとするか，

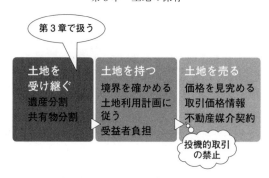

それとも売却処分することとするか，検討する。これは，急いで結論を出さなくてよい。土地を保有し続けると，固定資産税を納める義務を負う。場合によっては，面している道路に下水管を敷設する話が持ち上がり，その工事費用の一部を出せ，と求められたりもする（→**第1節**）。

　保有するにせよ売却するにせよ，その土地がどのような土地であるかを知っておくことは，重要である。その土地は，どこまでの範囲の土地であるかを精密に確かめるため，隣との**土地の境界**をきちんと確かめる（→**第2節**）。ただの原っぱにしておくことは，自分が保有するとすると，もったいない。アパートを建てて賃貸をしようか，それとも商業施設が入るビルディングを作ろうか。しかし，気をつけなければならない点として，それらは自由でない。所有者だからといって随意に決めてよい，ということではない。住宅を建てれば，単に住宅ができた，ということでなく，そこに人が住むから，上下水道を引いて来なければならない。たくさんの人がその地域に移り住んでくると，そのお子さんたちが通う学校も整備しなければならない。どのように土地が使用されるかは，私事でなく，公共が関心をもつ事項であり，**都市計画**のコントロールを受ける（→**第3節**）。

　都市計画の上でどのような位置づけを受ける土地であるかは，自分で保有し続ける際のみならず，売りに出す場合にも知っておくほうがよい。

　これらを知ったうえで，売りに出す場合は，ふつう，不動産屋に頼む。必ず不動産屋を通さないと土地の取引ができないということにはなっていないけれども，自分で買い手を見出すことは，実際上，現実的でない。たいていは不動産屋に頼む。この頼む際の法律関係も理解しておきたい（→**第4節**）。

こうして，いよいよ土地を売りに出すことになると，大事な問題として，いくらぐらいで売れるか，いくらの値をつけて売りに出したらよいか，考え込む。もちろん不動産屋が相談の相手になってくれるであろうが，もう少し自分なりに納得して話を進めたい，という気持ちもわかる。近隣の土地がいくらぐらいで取引されているか。それは，**不動産取引価格情報提供制度**を用いて知る。**地価公示**などで示される土地の値段の考え方も理解しておきたい（→第5節）。

第1節　土地保有に伴う負担

● 公共による補償，公共のための負担

　土地政策として考えなければならない場面の抽出　土地基本法は，土地に関わる費用などお金の問題や税について，どのような考え方を示しているか。つぎの各場面について検討し，土地政策が引き受ける問題かどうか，識別してみたい。

　(1)　隣の土地の人がゴミ屋敷の状態にしたまま行方がわからなくなってしまった。やがて建物が危険な状態になってきたため，市が除去してくれた。でも，除去の費用は，われわれが納める市民税から負担するとしたら，何かヘンではないか？

　(2)　隣の土地の人から，道路にある送電線から電気の供給を受けるため，どうしても当方の土地に電線を通させて欲しい，と求められた。応じなければならないか？　ただで応じなければならないか？　電気でなく下水道の導管であったならば，どうか。

　(3)　自分が住むあたりの一帯に市が下水道を整備するという話があり，良い話であるが，その費用の一部は，このあたりに住む人たちにも負担が求められる，と告げられた。応じなければならないか？

　(4)　水道は，使用した水の量が多くなると，支払わなければならない料金が高くなる。これは，仕方がないと感ずる。

　(5)　自動車を高速道路に入れ通行すると，その都度，料金がかかる。これも，やむをえないであろう。

　(6)　新しく高速道路を設けるに際し，まっすぐに道路を通すため，当方の土地を提供して欲しい，と求められた。応じなければならないか？　補償はないか？

　(7)　市の都市計画では，自分の土地が第一種低層住居専用地域に定められており，商売をするための建築物を設けることが許されない。不満である。補償はしてもら

117

えないか？

(8)　当社では，大きな団地を作り，この街に移り住むファミリー世代の人たちに住宅を提供する事業を進めている。市からは，小学校や中学校を新設しなければならないなど公共の負担が生ずるから，開発を認める条件としてお金を負担せよ，と求められた。そんな義務が憲法に書いてあるか？

(9)　土地とその上に建物を所有しており，納期には固定資産税を納めなければならない。この税金は，なぜ納めなければならないか？

(10)　土地の値段が高騰するような場合に特別の税金を地主に課する話をどう考えるか？　土地を所有する機会などない自分としては，いい思いをしている地主たちからは，ドンドン税金を取って欲しい。でも，地主からは，反発があるかもしれない。

63　負担金という不思議な概念

　都市計画法は，都市計画事業によって著しく利益を受ける人たちに受益者負担金を納めてもらうことができるとする。納める先は，国，都道府県，市町村のいずれかである。納める先のことを考えると税金に似る。しかし，**受益者負担金**は，税金とは異なる。わかりやすい例を掲げると，警察と下水道を比べるとよい。警察という機構を維持し，たくさんのおまわりさんに給料を払うためにはお金が要る。警察は，税金で維持される。けれども，税金を納める際，いちいち税によって治安が確保され，どろぼうを捕まえてもらうから，という意識はない。税金は，行政の一般の経費に充てられる。たくさんの歳出の事項があるなか，都道府県の予算の一部が警察に充てられる。

　街に下水道を整備する事業が実施されると，下水道が整備された区域にある土地の福利が増進される。増進される度合いは，下水道が整備されていない場所に比べ著しく大きい。こういうとき，下水道の事業に税金が投じられると共に，受益する関係にある土地の所有者にも費用の一部の負担を求める。これが，受益者負担金である。単に負担金ともよばれる。

　ただし，受益者負担金は，料金とも異なる。高速道路を走行する自動車を運行する者は，料金を払う。高速道路の使用という具体的な利益の現実の享受に伴い料金が発生する。水道料金も同じであり，現に消費した水の多寡を考慮し

て料金が決まる。下水道の整備は，整備された土地の一帯の価値を高める関係が認められるが，その帰結との関係は抽象的である。下水道があることにより土地の価値が高まる程度を具体的に積算し，それと下水道整備に伴う個別の土地の経済的な価値の増加をいちいち関連づけて定めるものではない。

　税金と似ているようでもあるが少し異なり，また，料金と共通する点がみられるが異なる側面もみられる。負担金とは不思議な概念である。

64　土地所有者の「適切な負担」──社会資本の整備に伴う利益

　負担金は，土地政策において，その理念を背景として用いられる仕組みである。

　土地基本法は，その5条2項において，地域住民など土地所有者などでない人々によるまちづくりの推進や，地域における公共の利益の増進を図る活動により土地の価値が維持され，または増加する場合において，土地所有者に対し，その価値の維持または増加に要する費用に応じて適切な負担が求められる，とする。これを受ける基本的な施策として，国および地方公共団体は，同法15条に定めるとおり，社会資本の整備に関連して土地所有者が著しく利益を受けることとなる場合において，地域の特性などを勘案して適切であると認めるときに，その利益に応じ，その社会資本の整備についての適切な負担を課するための措置を講ずる。

　ここにいう適切な負担を課するための措置の一つが，都市計画法が定める**受益者負担金**である。これは，地方公共団体が制定する条例などを根拠とする。著しく利益を受ける土地所有者に課せられるのであり，これにより利益を享受しない人々との間の公平が図られる。

　法律が定める仕組みではなく，寄付の要請という形式によるものもみられる。各地の**宅地開発指導要綱**に基づき，マンションなど大きな施設を設ける者に対し寄付が要請される。行政指導に基づく性質のものであると性格づけられ，法令に根拠がないこともある。宅地開発指導要綱という名称も，こまかくみると各地で全く同じでない。大きなマンションを建てるなどしてファミリー世代の大勢の人たちがたくさん転入して来たりすると，小学校や中学校を新設しなければならないなど公共の負担が生ずる。そのための寄付を求めるという話であ

る。

65　土地所有者の「適切な負担」——価値の増加に応じた利益

　土地基本法は，また，その 5 条 1 項において，土地の所在する地域の社会的，経済的な条件の変化により価値が増加する場合において，土地所有者に対し，その価値の増加に伴う利益に応じて適切な負担を求めるとする。経済的な条件の変化とは，市場の動向ということを考えるとわかりやすい。そのような変化は，なにか人の具体的な動きと直接の原因，結果の関係をもたないまま生ずることもある。まして，所有者本人が何もしなくても土地の値段が上がる。この利益を所有者がすべて手にするということになると，土地を "おいしいもの" と人々は感じ始めるにちがいない。それは，土地の投機的取引（→**77**）を誘発し，土地の適正な利用や管理への関心が殺がれる。資産の格差が生じ，地価の適正な形成が妨げられ，土地の正常な需給が失われる。

　高度な経済成長が終わり，バブル経済が終焉した今日，あまりここで心配するような事態は起こらないかもしれない。しかし，将来とも生じないとは限らない。また，一部の地域において危惧される状況となる事態はありうる。

　きちんと要件を定め，適切に発動される税制上の措置は，こうした局面において講じられなければならない。バブル経済の時の地価高騰への対処として**地価税**が創設された。地価高騰が終わった今日，地価税の課税が停止されている。今後とも，この種類の税制出動を考えなければならない事態が存在しないか，社会経済の観察を続けなければならない。

　なお，固定資産税も土地に着眼して課せられるが，地価税とは性格や趣旨が異なる。固定資産税が課せられる対象は土地に限られない。また，趣旨も異なり，固定資産を保有することに着眼して担税力を見出す資産課税である。やや固定資産税と似ていて，市街化区域の土地を中心に課せられる**都市計画税**は，税収を都市計画に用いることがはっきりしている目的税であるから，こちらは土地政策との関連が趣旨に含まれる。

66　負担金とは区別されるお金のいろいろ

隣の土地の人がゴミ屋敷の状態にしたまま行方がわからなくなってしまい，

やがて建物が危険な状態になって
きたため，市が除去してくれたと
いう場合において，除去の費用は，
われわれが納める市民税から負担
するとしたら，それは，おかしい。
さしあたり市が支弁するとしても，
所有者やその相続人がわかったな
らば，その人たちに請求するべき
である。しかし，この費用負担を
負担金とはよばない。土地を適正
に管理することは，あたりまえの
土地所有者の責務であり（→**21**），
その責務を尽くすための費用は，
当然，所有者が負担する。この費

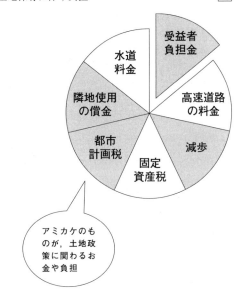

用負担は，土地保有に伴う負担金などの可能性を明らかにする土地基本法5条
2項でなく，土地所有者の責務を定める同法6条1項からの帰結である。

　つぎに，隣の土地の人から，道路にある送電線から電気の供給を受けるため，
どうしても当方の土地に電線を通させて欲しい，と求められた。これには，応
じなければならない。ただし，電線を通すために用いる他人の土地については，
その土地の所有者に**償金**を支払わなければならないことが民法で定められてい
る。下水道のように，下水道法という個別法で定められる例もみられる。これ
らは，いわば民民の問題であり，そこにいう償金は負担金ではない。

　これに対し，新しく高速道路を設けるに際し，まっすぐに道路を通すため，
当方の土地を提供して欲しい，と求められた場合は，単なる民民の話でなく，
公共のための土地の収用という問題に発展する可能性を含む。話し合いで売買
の取引を成立させてもよいが，それが達せられないと**土地収用**という段階に進
み，憲法の規定により補償をしなければならない。

　これとは異なり，都市計画で自分の土地が第一種低層住居専用地域に定めら
れたため，商売をするのに建築物を設けることが許されないから不満であり，
補償をしてもらえないか，という話は承りかねる。土地基本法3条3項は，も

ともと土地が計画に従って利用されるという基本理念を提示し，同法6条1項により所有者は基本理念に従い土地を利用しなければならない。当然の制約を受けるにあたり補償を請求することはできない。これに対し，土地が道路用地として収用される事態をもともと覚悟しておきなさい，ということはできないから，それとは話が異なる。

―――――――――― **解　説** ――――――――――

68　負担金の概念

「国又は公共団体の特定の事業の経費に充てるためその事業と特別の関係ある者に対して課せられる金銭給付義務」が**負担金**である。柳瀬良幹『公用負担法』（新版，1971年）63頁。国または地方公共団体に納めるものであるが，租税ではない。租税のうち普通税は，行政の一般の経費の財源であって，特別の事業に限りその経費に充てるものではない。租税のうち目的税は，やや負担金と似る。目的税は，特定の事業の遂行という特別の用途で用いられる。しかし，目的税も税であり，その特定の事業の受益者など当該事業の関係者にのみ課せられるものではない。**都市計画税**は，都市計画事業などの経費に充てられるものであるが，基本的に市街化区域内に土地を有する者に対し，当該の都市計画事業に係る具体の利益に恵まれるかどうかにかかわらず課せられる（地方税法702条）。

69　受益者負担金

都市計画法75条は，都市計画事業によって著しく利益を受ける者があるときは，国・都道府県・市町村が，その利益を受ける限度において，その事業に要する費用の一部を受益者に負担させることができるとする。これが**受益者負担金**である。実際の例で想起されるものには，公共下水道事業の受益者負担金がある。公共下水道が整備される区域において土地の利便性が高まることが，これを課する実質的な根拠である。道路とは異なり，利益を受ける人々が限定され，範囲が比較的はっきりする関係にある特徴も考慮されてよい。公共下水道事業の受益者負担金とは，市町村が条例で定める地域（地方自治法224条参照）

に存する土地の下水を公共下水道に流入させる施設の整備に係る負担金である。この負担金は，事業により築造される公共下水道の排水区域に存する土地の所有者や，あるいはその土地が地上権や賃借権の目的となっている場合において土地の使用収益の権原を有する者に課せられる。

70　減　　歩

　まとまりのある一帯の土地がさまざまに不定形になっているなどして良好な街区の形成を妨げる局面において，土地の区画形質を変更し，従前の土地を交換する**換地**などをして土地を整序する仕組みが**土地区画整理事業**である（土地区画整理法86条以下参照）。結果として換地は，面積などにおいて従前の土地より狭いものになりうる。従後に与えられる換地が従前の土地よりも狭くなり，これを**減歩**とよぶ。減歩について，補償はされない。裁判例は，「土地の減歩は健全な市街地造成のために土地所有者等が受忍すべき財産権に対する社会的制約であり，また，土地区画整理事業によって宅地の利用価値の増加が見込まれるのであるから，地積が減縮しても宅地の利用価値の増加により直ちにその交換価値に損失を与えることにはならないと考えられる」（最判昭和56年3月19日訟務月報27巻6号1105頁が結論を是認した福岡高判昭和55年6月17日訟務月報26巻9号1592頁）と説く。もっともなことであり，土地基本法5条2項・15条に基づく施策にほかならない。また，藤田宙靖『西ドイツの土地法と日本の土地法』（1988年）234頁参照。

71　宅地開発指導要綱

　判例は，**宅地開発指導要綱**による負担金などの納付の要請は，行政指導にとどまるから，寄附の要請という性格をもつ範囲では許容されてよいが，強制にわたるようなものは是認されないとする（最判平成5年2月18日民集47巻2号574頁）。法による行政の原理の適用として示されるこの考え方は，行政法総論の次元で見るならば，まっとうな事理を説くものである。けれども，土地法の観点から観察すると，その規範として指示するところは，ものたりない。どこまで強く迫ると違法とされるか，これではよくわからない。たしかに，事案が水道供給の拒否という，どぎついものであるため，上述のような判示になった側

面があるであろう。納付を要請する手順や，納付がされない場合に適切とされる措置の範囲などについて考察を深めなければならない（安本典夫『都市法概説』〔第 3 版，2017 年〕326 頁以下参照）。

　宅地開発指導要綱という言葉は，普通名詞である。この概念に実質的に当たるドキュメントは，各地で種々の名称が用いられ，必ずしも同じではない。1990 年当時の東京都中央区の「市街地開発事業指導要綱」は，「事業者に開発協力金の提出を求め，それを原資として従前借家人に対する家賃補助を行うというもの」であった（竹沢えり子『銀座にはなぜ超高層ビルがないのか／まちがつくった地域のルール』〔平凡社新書，2013 年〕42 頁）。

72　地 価 税

　地価税は，1991 年，地価税法により創設された国税である。土地の保有に対し課せられる。地価高騰が止み，1998 年，租税特別措置法 71 条により課税を停止され，今日に至る。ばっさりと廃止してもよさそうであるが，廃止されない事情の一つとして，この税の理念的な背景に土地基本法がある。同法のどの規定が根拠であるか明らかでないという疑問が出されている（佐藤和男『土地と課税／歴史的変遷からみた今日的課題』〔2005 年〕289 頁）が，この税こそ，まさに地価の上昇という「社会的経済的条件の変化」に伴い「土地所有者等に対し，その価値の増加に伴う利益に応じて適切な負担」を求める税制上の措置であり（同法 5 条 1 項・16 条），「適正な地価の形成に資する」ための施策にほかならない（同法 14 条 2 項）。特集「土地政策と土地税制」法律時報 63 巻 2 号（1991 年）。

73　都市計画制限と補償の要否

　都市計画により市街化調整区域に定められたために自由な建築ができない制約について補償を要するか，という論点は，民法の相隣関係との類比を手がかりとして補償を要らないとする説明が，わりとよくなされる。この説明は，なにかヘンである。お互い様というべき内在的制限であるから補償は要らないということであろうが，特定の相隣関係規定（たとえば民法 234 条）のみを頼りとして説明を組み立てている疑いがある。すくなくない相隣関係規定は，他人の土地に対する権利行使について償金を支払わなければならないとする（同法

209条4項・212条・213条の2第5項・6項）。

　端的に，計画に従う土地利用という基本理念に則る土地利用が土地所有者の責務であり（土地基本法3条3項・6条1項），その責務の遂行に補償は要らない，と説明されるべきである。

　土地基本法の体系的な規定を知らなかった時代の学説形成において，なんとか補償を否定する論理を発見しようとして踏ん張った成果にいつまでも依存する必要はない。

　ただし，都市計画の変更という時間的推移の観点が加わる場面は，単純に計画的土地利用という静態的な思考整理では済まない側面があり，ひきつづき補償の要否を考究していくべきであろう。藤田・前掲書（**70**所引）271-272頁参照。

第2節　　土地の境界を見定める方法

● 筆界，なんと読むか？

　土地の境界には2つの種類がある　　土地の境界に関心を抱く者は，まず当然のことながら，土地の所有者である。だから，隣り合う土地の境界がどこであるかは，両方の土地の所有者が話し合って定めればよい。

　もっとも，国土を構成する土地が，どのような境界で区切られているか，公共も関心をもつ。境界は，所有者のためのみではない。

　所有者が話し合って決める境界と，公が定める境界。2つの種類の境界があるという話を進める。

　もっとも，必要を超えて話を大袈裟にする必要はない。

　たいていの場合は，公が関心をもち，したがって公が定める境界で区切られる「筆」を単位として土地の所有権の取引がされる。だから，たいていの事例において，2つの境界は一致する。

67　境界の明確化の責務

　土地基本法は，その6条2項において，土地の所有者がその<u>土地の所有権の境界の明確化のための措置</u>を適切に講ずるように努めなければならない，とい

う責務を定める。土地の境界がはっきりしていなければ，国土の管理ができず，都市計画を定めて街づくりを進めることも，うまく運ばない。

　ここで期待される土地所有者の措置は，かなりの部分が，国や地方公共団体が地図を作る作業への協力になる。たとえば，国や地方公共団体が，同法 18条 2 項に基づいて**地籍**に関し，調査を実施し，資料を収集するなどの措置をする際，現地で立ち会うなどして，調査や資料収集に協力することが望まれる。地籍とは，土地の位置および区画を明らかにし，また，その土地の所有者を明らかにし，これらにより総体をなす土地の情報をいう。地籍は，最終的には，国が責任をもって管理しなければならない。

68　所有権の境界と筆界

　むろん，土地所有者が自らして欲しいこともある。隣地との境界が明らかでなかったり，争いがあったりする場合は，隣地の所有者と話し合うなど，解決に努めて欲しい。

　ただし，そこで隣地の所有者との折衝により定まる境界は，**所有権の境界**である。土地基本法 6 条 2 項が所有者に対し明確化の措置を責務として求める境界も，所有者が差配する境界であるから，所有権の境界にほかならない。

　所有権の境界とは別に，国土を管理し，登記をする単位としての土地の範囲を定める境界がある。不動産登記制度における土地の単位は，**筆**で認識され，筆ごとに番号が与えられ，それを**地番**という。その筆の区画を**筆界**とよぶ。ひっかい，または，ひつかい，と読む。どちらでもよい。土地家屋調査士の仕事の現場では，ふでかい，ともよぶが，これは，耳から入る際の通りの良さを狙う現場用語である。

　このように所有権の境界と筆界は，理論上，概念を別にする。とはいえ，それは，理論上そうであるというにとどまり，ふつう，筆界と所有権の境界とは一致する。これらが異なる場面がたびたびあるということでは，2 つの異なる境界とつきあわなければならず，実生活に甚だしい不便を来たす。2 つの境界が乖離する場合は，次述 **69** の 2 つが考えられる。これらに当たらなければ筆界が所有権の境界であると考えてよいから，土地の所有者が筆界を明らかにするための国や地方公共団体の調査に協力することは，所有権の境界を確かめる

のにも役立つ。政府が地籍を調べる仕事として筆界を明らかにし，これに土地の所有者が協力をして所有権の境界を見定め，官民が力を合わせ境界の明確化が果たされるとよい。

69　筆界の公的な性格

　筆界は，登記官が定める。隣り合う土地の所有者の間において，筆界がはっきりせず，または争いがある場合において，土地の所有者が申請し，またはすくなくとも一方の土地の所有者の諒解を得て市町村が筆界を定めるよう登記官に求めると，不動産登記法が定める**筆界特定**という手続が始まり，登記官が関係者の言い分をよく調べ，筆界を見定める。このように，登記官という公務員が筆界を定める権限を行使する仕組みは，土地の境界が所有者のみの関心事項ではないという思想に由来する。

　もっとも，土地は普通，地番を示して取引がされる。「16番の土地をあなたに売りましょう」というふうに。地番は筆に与えられる番号であり，このようにして取引がされ，筆の範囲に及ぶ所有権を買主が取得する。だから，筆界と所有権の境界は，通常，一致する。

　まれには一致せず，2つの場面において，所有権の境界と筆界とは異なる。第一は，隣の筆の一部において長期間にわたり他人が占有し，その部分の所有権を時効取得する場面である。時効取得が起こる部分を隣地から分筆する手続を経て，分筆した部分をこちらの土地に合筆をすると，ようやく所有権の境界と筆界とが一致する。第二に，相隣地の所有者が話し合い，筆界とは異なる線を所有権の境界と定める場面が考えられる。筆界が同時に市町村の境である場合において，その境を越えて当事者が所有権の境界を引く合意をしても，筆界は動かない。動くということになったら，所有者らの勝手で市町村の範囲が変わり，これはおかしい。したがって，この場面は，新しく隣の筆の一部を自分のものにする変更を明瞭に示す分筆をするにとどまる。市町村を跨ぐ合筆はできないから，分筆した部分をこちらの土地に合筆することはできない。この例は，筆界というものが公的性格をもち，当事者の処分を許さないことを教える。

70　固有名詞としての「地図」

　筆界は，登記官が見定める。見定めた成果は，図面で提示される。図面は，地図とよばれる。ここにいう地図は，普通名詞ではない。不動産登記法の規定が特別の意味を与える概念としての地図である。同法の14条1項において定められているところから，現場では"14条1項地図"とか"14条地図"ともよぶ。日常の言葉で用いる地図と区別するため登記所備付地図とよぶこともある。これらは，すべて意味が異ならない。

　地図を作成するのには，おおがかりな作業が要る。たくさんのスタッフを集めてチームを作り，調査，測量をする。どこの予算で，どの機関がそれをするか。もちろん登記所の事務であるから法務局も自らその作業をする。法務省の予算で実施される作業であり，登記所備付地図作成作業という。

　けれども，パーセンテージでみると，地図にする図面の最も大きな給原は，国土交通省の予算で実施される地籍調査である。

71　地籍調査

　地籍調査は，国土調査法が定める国土調査のなかの一つである。国土調査の概念を確かめておくと，イコール地籍調査（国土調査法2条5項）ではない。ひとしく国土調査の一角を構成する基本調査，土地分類調査および水調査も，大事である（同条の2項から4項まで）。そのことを確かめたうえで，ここでは，地籍調査に話を絞る。

　地籍調査は，その原則的な態様として，市町村が実施する。ただし，市町村に任せきりというものではない。国が財政の手当てをし，技術的な支援もする。全国で見る際，どのようなリズムで進めるかも，国が法律に基づいてコントロールする。国土調査促進特別措置法は，10年ごとに政府として計画を定め，達成目標を明確にするいう手順を定める。

　簡単によぶと土地基本法の令和の改正，精密に述べると令和2年法律第12号の「土地基本法等の一部を改正する法律」は，法律の名称にこそ登場しないものの，あと一つの柱が国土調査法の改正である。それは，ただ無造作に土地基本法の改正と抱き合わせにされたものではない。新しい土地基本法のなかに土地所有者などの責務が盛り込まれ，そこでは土地の境界の明確化に係る責務

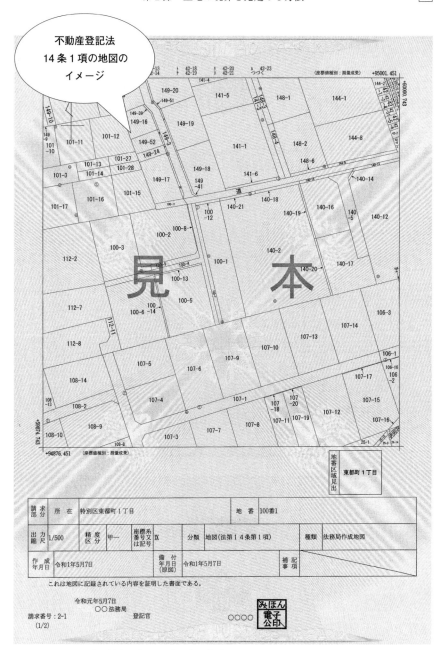

不動産登記法
14 条 1 項の地図の
イメージ

＊ この図面は見本であり，法務省が作成したものである。

が含まれる（土地基本法6条2項）。これを受ける基本施策として，土地基本法に初めて**地籍**の調査の概念が現われる（同じく18条1項，また21条2項4号）。昭和26年法律第180号として制定され，ながく地籍調査を支えてきた国土調査法は，ここに土地政策の法体系上，明瞭な位置を与えられた。

この国土調査法の改正により，地籍調査の手順に見直しがされる。所有者などに対する報告徴収権限が調査実施主体に付与され（同法への23条の5の追加），また，所有者探索のために固定資産税台帳などの利用に途が開かれる（同じく31条の2）。

同じ立法の機会において，不動産登記法も改正された。それにより，地方公共団体が筆界特定を申請することができるものとされる（不動産登記法131条2項参照）。こうして，筆界特定の制度がもつ公的な性格が，かなり明瞭になる。

これらが，地籍との関連における令和の土地基本法改正の成果である。これに伴い，地籍調査の実施要領を定める国土交通省令が改正され，所有者不明の場合において，筆界案の公告により筆界を見定めることができるものとされた。すなわち，地籍調査作業規程準則は，その30条などを中心として，この考え方を明瞭に読み取ることができるものとする方向で装いを一新している。

くわえて，地域ごとの特性に応じた効率的な調査手法を導入することも重要である。都市部においては官民境界を先行して調査し認証を得て公表する施策を講ずると共に，山村部については，リモートセンシング・データを活用する調査手法を導入して，現地立会いのルールを見直すなどすることが適切である。これらの点は，同じ時期に作られた新しい国土調査事業十箇年計画にも盛り込まれている。

------------------　解　説　------------------

74　土地基本法6条2項の読み方

土地基本法6条2項は，土地の所有者が，「土地の所有権の境界の明確化のための措置を適切に講ずるように努めなければならない」と定める。**所有権の境界**であり，**筆界**ではない。筆界は，公共の利益を担う政府が定める。手順としては，登記官が見定める。土地の所有者が筆界に関知するものではない。だ

から土地所有者の責務として同人に課せられるものは，筆界でなく，所有権の境界の保全，維持である。ここまで理論である。

　理論はそうであるが，ふつう，筆界と所有権の境界とは一致する。齟齬する場面がたびたびあるということでは，2つの異なる境界とつきあわなければならず，実生活が不便である。2つの境界が齟齬する場合は，2つ考えられる。ひとつは，筆界とは異なる所有権の境界を相隣地の所有者らが合意して定める場合である。もうひとつは，筆界と異なる現地での土地の占有が長く続く場合であり，民法162条の要件を充たすならば，その部分を所有者でない者が時効取得する。

　所有権の境界を「明確化するための措置」として，土地の所有者は，現地において境界標を保全し，維持し，管理する。また，登記上の手続として，所有権の境界が筆界と一致する場合において，その筆の面積（地積）が誤っているときに，地積の更正の登記をする（不動産登記法37条）。面積が誤っているかどうかを知るには，隣接する筆との筆界を確かめなければならない。筆の区画が明らかに定まると，ふつう，所有権の境界の明確化にも資する関係となる。

75　土地基本法18条1項にみえる「地籍」の概念

　土地基本法18条1項は，国および地方公共団体が「地籍」に関し，調査を実施したり資料を収集したりするものとする（また同条2項も参照）。地籍は，土地の位置を見定め，その所有者を明らかにし，また，その土地の区画を明確に定めて形状を知ることにより得られる情報の総体である。ここにいう土地の区画とは，すなわち，土地の境界を通じて認識される土地の〈形〉である。国土調査法に基づく地籍調査などにより地籍を調査し，その成果である図面は，不動産登記法14条1項にいう「地図」として登記所に備え付けられる。

76　境界の概念

　境界標は，境界を明らかにするものであるが，その境界とは，何であるか。これについては，境界の概念像そのものの問題と，境界の具体の機能の面から，それぞれ論ずることがある。まず，境界は，地表の点およびその点の間を地表に即して結ぶことにより得られる図形である。点は，境界が筆界である場合は，

筆界点とよばれるが，それのみが境界ではない。点を結ぶ線も境界を構成するし，その線は直線であることが普通であろうが，論理上は，直線であるに限らない（寳金敏明『境界の理論と実務』〔改訂版，2018年〕20頁）。

77　筆界は座標値と現地のいずれで表現されるか

登記所に備え付けられる地図においては，土地の位置を表わすため，座標値が示される。新しく申請しようとする表示に関する登記にも，添付する地積測量図という図面において座標値を示すことが求められる。2つの座標値の情報は，辻褄が合うようになっていなければならない。半面，現地において既に境界標が設けられている場合には，その境界標の位置と座標値が齟齬することもあってはならない。これらの全部が符合するとき，これ以上，論ずべきことはないし，わずかに符合しないとしても許容される誤差の範囲内であれば問題がないことは同じである。

では，誤差の限度を超えて齟齬するとき，どうするか。

現地の境界標を動かし，座標値に符合するようにするならば，登記申請は円滑に進む。しかし，なにかヘンではないか。いったい土地の本当の境界は，座標値（観念）により示されるか，それとも境界標など現地の表示（具象）により定まるか。山野目章夫「土地境界概念における対物性と観念性の相克」登記情報51巻1号（通号590号，2011年）。

対物性とは，物そのものである，ということである。リアルであること，という外来語に助けを求めて表現するならば，さらにわかりやすいかもしれない。土地の境界について言うならば，「現地における」土地の境界（不動産登記法123条2号）が，対物性を具える境界である。これに対し観念性とは，人間の思考のなかで，という意味であり，土地の境界の観念による表現は，図面の上のそれである。

ここでしようとする考察は，したがって，土地の境界に関し現地と図面との関係を考える，というものにほかならない。

ならば，そう言えばよいではないか。なぜ小難しい論点にするか。という声が聞こえてこないでもない。が，そうはゆかないのである。

一つ一つの土地を特定するため土地の区画を明らかにする作業の成果として

土地の境界標の役割を担う標識は，現実の物理的存在として，さまざまな形状の
ものがあり，用いられる材質もいろいろあります。境界標は，長さも広さもない
〈点〉を示すものです。実際の標識は，物理的に広さをもちます。広がりのある
標識の面のなかの，どこが境界を示す点でしょうか。写真の標識は，誤解が生じ
ないように，その面に矢印を描き，その矢印の先端が境界の点であると示します。

の地籍は，地図という観念で表現される。これに対し，扱っている題材は現地
という具象である。ここには，この組合せから来る観念と具象との対峙という
宿命的な問題があり，地図という机上のものに表示された点や線との対応を現
地で的確に明らかにすることが求められる。不動産という名辞に偽りあり，で
あり，土地は動く。地殻の変動が一定の程度を超えるとき，いったい土地の本
当の境界は，座標値（観念）により示されるか，それとも境界標など現地の表
示（具象）により定まるか。土地の境界に関し現地と図面との関係を考える，
ということが，ただ考えるのではなく，このような意味をもつものである，と
いうことは，まず確かめておかなければならない。

78　動くからこそ変わらない筆界——阪神・淡路大震災の教訓

　ひょっこりひょうたん島は，はずみで世界じゅうの大洋を回遊して移動する
こととなった島，ないしそこで起こる物語を描いた人形劇。かつて NHK で放
送されて人気を博したが，そのモデルとなった島は，作者の一人である井上ひ
さし氏が一時期を過ごした場所に近い岩手県大槌町にあると聞く（朝日新聞
2011 年 10 月 1 日づけ夕刊）。ひょうたん島に不動産登記制度があるかどうかは知
らないが，あるとして，あれだけ島が動くから，島にある各筆の境界は，島の
回遊に応じ変わるか。いや，そのようなことは，考えにくい。どんなに長距離

の回遊をしても，筆界は現地において変わらないはずである。もちろん，人工衛星を用いて筆界を示す場所を特定すること（地理空間情報活用推進基本法 2 条 4 項にいう衛星測位）で得られる座標値は変わる。それにもかかわらず筆界が現地で変わらない，ということは，表現を変えるならば，筆界は，島の移動と共に動く，と言わなければならない。

　地殻変動があった場合において境界は地殻変動と共に移動することを原則とし，ただし，崖崩れなど地表面の変動に際しては移動しないという考え方（民事局長回答平成 7 年 3 月 29 日民三 2589 号・登記関係先例集追加編 Ⅷ 668 頁）であり（1995 年 1 月の阪神・淡路大震災の復興を円滑に進めるという実際の要請に即して明らかにされた考え方である），これは，現地における生活感覚との乖離を回避し，復興，復旧を適切に進める観点から正当なものであると評価する。

　そうであるとするならば，土地の境界を確かめるためには，測地系により得られる座標値と共に，現地における境界標識が大切である。それでこそ，国土を構成する地片の区画とその所有関係，つまり地籍を明らかにすることができ，それなくして復興まちづくりなどの事業を行なうことは難しい。

79　現地における境界──東日本大震災の教訓

　法務省は，東日本大震災以降，地震が起きた月のうちに，現地で境界を示す境界標を亡失させることのないよう留意を求めるよびかけをし，境界標識の保全に注意を喚起した（法務省ウェブサイト「災害復旧における境界標識の保存について」2011 年 3 月 24 日など）。そこで啓発されていることは，重要なことであり，それ自体として，もちろん誤っていない。しかし，現代の街区において，しばしば境界標識は，建物の基礎素材の一部に組み込まれていたり，建物の周囲や道路の舗装の一部に埋め込まれていたりして存在する。境界杭がポツンと地中に直接に埋め込まれているという素朴な風景を標準として考えることはできない。そして，その境界標識が埋め込まれている建物や舗装は，ひろく一帯をなして津波に襲われるなどして瓦礫と化すなど荒廃している。そこを整地するに際し，境界標識のみを取り出して残すように工事をすることは著しく困難であり，しいてそれをしようとするならば，工事は大きく渋滞することになりかねない。そこで，現地における境界の認識が大切であると共に，それに意味を与えるた

めには座標値というデータによる支援が欠かせない。

80　座標値で示される境界

　現地の境界標は，それを疎かにしてならないことが啓発されるべきであると共に，それのみに依存して地籍を復元し保全することが困難であることが認識されなければならない。そこでこそ，あらためて機能が見直されるべきであるものは，測地系を用いてされた測量の成果としての座標値である。そのような測量成果は，かなりの割合において，国土調査の一環として実施される地籍調査の成果として得られる。その成果は，登記所に送付され，不動産登記法14条1項の地図として備え付けられる。東日本大震災に際しては，地殻が最大で約5メートル動いたことにより，座標値の補正が必要になったが，その補正それ自体は，数学的な処理によりすることができる。このように見るならば，地籍調査を了している地域において，地籍の復元・保全は，ひとまず深刻な問題がないようにもみえる。これは，まさに，平時における備えがあってこそのことであると評価してよい。しかも東日本大震災で浸水した場所は，おおよそ9割が震災前に地籍調査を了しており，そこについては，基本的に，まずもって，上記の補正などの手順による作業が進められた。

81　2010年の国土調査事業十箇年計画

　地籍調査を了した場所は復興のための地籍の復元も大きな困難はない，と，いちおうはみえる。しかし，いくつかの問題は残されており，それらには，じつは震災により顕在化したにすぎず，平時から伏在していた問題もみられる。まず，地籍調査が実施された地域のなかには，それが実施された時期がかなり古く，測量の技術・精度や依拠する測地系の差異などから，今日にあって成果を用いようとすると，支障がみられる局面もみられる。ときに土地家屋調査士は，その測量実務において，皮肉なことに，地籍調査の成果に基づく地図に依拠するからこそ，現地において土地の区画の離齬に困惑することを経験する。しかし，いったん地籍調査の成果に基づいて不動産登記法14条1項の地図として備え付けられたものは，同条4項の図面とは全く異なる権威をもち，それを尊重せざるをえない。

　ここに時間の経過により測量成果が現実とのあいだに齟齬を生ずる，という
とき，その要因としては，分け入って考えるならば，いろいろなことが考えら
れる。大きく分けて，一方においては，後発的な要因とでもいうべきものがあ
り，土地利用の用途実態が測量の際と異なることとなったため，測量の際の精
度区分では許容されていた誤差が今日の土地利用に即して求められる精度区分
においては許容されない，といった問題がある。また他方においては，原始的
な要因として，もともと不適正な測量成果であったという事例が，もちろん人
間のする作業であるからには，まったくなくなるということは考えにくい。こ
うしたいずれの要因であれ，現在の時点で考えて対処を講じなければならない
ことは明らかであり，地図とは本来，このような見直しの繰り返しを要請する
ものではないか。ここには，時間の経過ということに向き合ったとき，地図を
メインテナンスしてゆく，という課題がある。

　地籍調査は，ながく，その進捗の遅れが指摘され，そのため実施率という量
の結果を改善することに注目が向けられてきた。2010 年の国土調査促進特別
措置法の改正とそれを受けて策定された国土調査事業十箇年計画において，結
果としての量に加え，量を達成するための過程に着目する方向へと政策は厚み
を加えた（清水英範「地籍調査の課題」人と国土 21 第 36 巻 2 号〔2010 年〕が諸課題を整
理する。また，山野目章夫「地籍学のデッサン／国土調査促進特別措置法と国土調査法の改
正に寄せて」登記情報 50 巻 5 号〔通号 582 号，2010 年〕）。これから取り組まれるべき
ことは，地籍調査の量と共に質ではないか。かつて行なわれた地籍調査の成果
の質の点検や，それを踏まえての不動産登記制度上の対応の在り方について，
制度的な検討が続けられてよい。

82　2020 年の国土調査事業十箇年計画

　令和 2 年法律第 12 号による土地基本法の改正の際，国土調査促進特別措置
法も改正され，これに伴い 2020 年度からの国土調査事業十箇年計画が定めら
れた。

　この計画の期首にあって，地籍調査は，全国における進捗率が，おおよそ
52 パーセントである。地籍調査の沿革を知る人々の眼からすれば，見慣れた
数字に映る。ずっとこのあたりで停滞してきた状況を打開するためには，現地

調査の手順を見直すことが望まれると共に，計画の立て方において，単に全国，一元の統計である 52 という数字ばかり考えていることでよいであろうか。2020 年 5 月 26 日，政府は，新しい国土調査事業十箇年計画を決定した。それによると，まず，従前の計画と同様，地籍調査の対象地域全体での進捗率の目標が示され，これを全国で 52 パーセント（2019 年度末時点）から 57 パーセント（2029 年度末時点）とすることがめざされる。

　くわえて，「優先実施地域」の概念が用意される。優先実施地域は，土地区画整理事業などの実施により地籍が一定程度明らかになっている地域および大規模な国有地や公有地の土地取引が行なわれる可能性が低い地域を地籍調査対象地域から除いた地域（ただし，防災対策，社会資本整備等のために調査の優先度が高い地域は含む）と，定義される。これについて目標が掲げられ，優先実施地域での進捗率を全国で 79 パーセントから 87 パーセントとすることがめざされる。この優先実施地域の概念とそれに係る目標の提示が，今般の計画の読みどころにほかならない。計画の中間年に予定される検証においては，これまでと同じく全国の目標達成状況を確かめることに加え，優先実施地域の成果が明らかになるであろう。

83　土地家屋調査士の制度

　土地の境界を見定めるためには，土地の調査をし，測量をしなければならない。それらには専門的な技能を要する。必ず専門家に頼まなければならないという規制はないけれども，実際上，一般の人が自ら遂げることは難しい。専門家に頼まなければならないという規制がないとしても，もし専門家に頼むとすると，どのような専門家でなければならないかは国の制度として定められている。その制度が土地家屋調査士の制度である。不動産登記制度に基づく登記の申請のためにする調査測量は，土地家屋調査士や土地家屋調査士法人など，法律に定められた者でなければすることができない。また，土地家屋調査士や土地家屋調査士法人は，登記申請に直ちに用いられるものでない調査測量の成果として境界を明らかにする業務をすることができる。

84　地籍調査の方法の見直し

　令和の土地基本法の誕生と共に，土地政策のなかに明瞭に位置づけられる地籍および地籍調査が，新しい時代を迎える。

　(1)　調査測量の対象——場所　まず，従来の一筆地調査に加え，街区境界調査の概念が用意される。一筆地調査は，従来どおり，「毎筆の土地についてのその所有者，地番，地目及び境界の調査」である（地籍調査作業規程準則3条1項1号・3項）。街区境界調査は，「一の街区……について，その所有者及び地番の調査並びに当該一筆又は二筆以上の土地と街区外土地との境界に関する測量のみを先行して」行なう調査である（同準則3条2項，国土調査法21条の2第1項）。

　(2)　調査測量の資料——現地か図面か　調査測量に用いる資料の観点から，土地の所有者が現地に赴くことを想定する現地調査に加え，それを想定しない図面等調査の概念が用意される。現地調査は，従来どおり，「現地において行う一筆地調査」であり（地籍調査作業規程準則20条1項），土地の所有者が現地に赴くことを想定する。図面等調査は，「土地の所有者等が，遠隔の地に居住していることその他の事情により，現地以外の場所において現地に関する図面，写真その他資料……を用いて行う一筆地調査」である（同条2項）。

　(3)　調査測量の関係者——筆界の案の確認を求める相手方　筆界の案は，従来どおり土地の所有者の確認を得てする。しかし，所有者の所在がわからない場合において，この手順には困難が伴う。所有者の一部の所在が明らかでない場合において，知れている所有者の確認を得て作成した筆界案を公告し，意見の申出がないときに，確知所有者でない者らの確認を得ないで筆界の調査をすることができる（地籍調査作業規程準則30条3項）。

　土地の所有者などの利害関係人やこれらの者の代理人の所在がいずれも明らかでない場合において，地積測量図など，筆界を明らかにするための客観的な資料を用いて関係行政機関と協議して筆界案を作成した旨を公告し，意見の申出がないときは，所有者らの確認を得ないで筆界の調査をすることができる（同条4項）。

85　筆 界 特 定

法務局に置かれる筆界特定登記官に対し申請をして筆界を見定めてもらう手

続が筆界特定である。不動産登記法123条以下が定める。著者は，2005年の
制度の創設このかた，筆界特定の申請を専ら私人に委ね（そしてまた手続の費用
を専ら私人に負わせ）る法制に不満を表明してきた（山野目章夫『不動産登記法』〔第
2版，2020年〕283頁）。累次の復興法制における特例的規律の積み重ねを経て，
土地基本法の改正と同じ機会において，2020年，公的な主導による筆界特定
の開始の一般的な制度が実現した。不動産登記法131条2項に基づき，同項の
定める要件に従い，地方公共団体が申請をする手続が設けられた。永年の念願
がなかなか実現しなかったのには，理由がある。筆界は公的なものであるとい
う理解は，それまで必ずしも広く受け容れられ，かつ公的に認められた観念で
はなかった。このたび，それは，土地基本法が土地の境界の明確化を謳うこと
により初めて，社会的な説得力と法制的な有理性を獲得するに至ったのである。

第3節　計画に従った土地の利用と管理

● 都市も自由，都市でなくても自由

> **アヴィニョンの城門で思うこと**　　バスが城門から街に入るまで畑が見える風景
> が続き，街に入ると石畳の道が伸びる。中世からヨーロッパ精神文化の一つの支柱
> となってきたキリスト教，とりわけカトリックの総帥である法王が座す建物が歴史
> の一時期，この街，アヴィニョンに置かれた。歴史的記念物として遺されるその建
> 物までの街路を歩き，土産物店を眺め，レストランで食事をし，やがて法王庁の見
> 物を終えると，その傍らの公園の淵には河があり，その対岸に田園を望む。
> 　街と畑とは，くっきりと分かれる。
> 　アヴィニョンに限った話ではない。ごくありふれたヨーロッパの景色である。
> 　街のなかに畑はなく，畑のなかに建物は築かれない。

72　都市の空気は自由にする

　中世の昔，畑を耕す農民たちは，その土地の領主の権力に服した。なんらか
の事情から土地を離れ，城門を通ることを許され，定められた手続を経ると，
封建領主の支配を離れ，自由な身分を得る。<u>都市の空気は自由にする</u>のである。
自由になる理由は，その人本人が強いからではない。都市を支配する政治権力

が強力であるからである。その政治権力は，皇帝であったり人々の自治政府で
あったりするが，封建領主を斥け，その人を庇護する。庇護するばかりではな
く，その都市を強烈に支配する。勝手に建築物を扱うことを許さない。この強
い権力という伝統を理解しなければ，ヨーロッパの都市，建築，所有権を理解
することはできない。

　そんなことを考えながらアヴィニョンの街路を歩くと，工事現場には「建築
許可」を得た旨の大きな立札がある。なるほど，勝手に建築はできないか。で
も，日本だって，建築基準法6条に基づく**建築確認**を得た旨の掲示はよくみか
ける。ただし，ときどきそれがないのに建築工事をしている姿も見かける。建
築確認を得ないでした建築物は，行政庁において除却を命ずる建前が同法9条
で定められているが，除却が命じられる例は珍しい。日本は，権力が弱い。

　それから，アヴィニョンの街を歩いて驚くべきことは，「建物を壊す許可」
を得た，という立札を置く工事現場もあることである。築くだけでなく，壊す
こともコントロールしようとするほど，権力は強い。

　こうして美しい田園と街路が作られる欧米の土地政策，都市政策を研究する
学者はしばしば，日本もヨーロッパのような街づくりをするべきである，日本
は土地の所有権が強すぎ，人々が勝手に土地を用いている，と嘆く。

　この議論には，いくつか問題がありそうである。ひとつは，ヨーロッパの風
景が美しいとしても，日本とは歴史も文化も異なる。そして，これはもしかす
ると著者の邪推かもしれないが，強すぎる所有権に固執しつづける日本の人々
は民度が低く都市計画の思想を理解する頭がない，と，なんとなく叱られてい
るような気分にもなる。大衆を見下すエリートの驕りを感ずるのは，ひがみで
あろうか。ひがみでないと信ずる理由は，学者が長く土地所有権の抑制と都市
計画の考え方を説いてきても，はかばかしく政治過程が進展しない現実にある。
学者に本当に求められる仕事は，現実の政治過程に働きかける手順を考え，そ
の提言を辛抱強くしていくことではないか。

73 都市の空気 "も" 自由にする

　日本は，ある町から隣の街にドライブや電車で移動する際，どこでこちらの
街を出て，いつ隣の街に入ったか，わからない場合が多い。車窓から見える水

田の間にところどころ民家がみえ，また，街に入っても畑がある。日本は，"マチ"（市街）と"ノラ"（田畑）が截然とは分かれていない。でも，小学生の通学路の脇で微笑む案山子がいて，そんなにいけないでしょうか。**都市農業**に価値があるとも信ずる。なだらかに都市と農地が交じり合う日本でこそ，賢く土地政策を進めるならば，むしろ都市の人のみならず都市でない場所に住む人々も皆，自由に生きる幸せを手にすることができるかもしれない。

　そのためには，まず，無秩序な市街の形成は困る。建築物の用途が混在している日本の都市の現状は，やはり問題視しなければならない。用途が混在する大きな要因に，現在の**都市計画**の仕組みがある。**第一種低層住居専用地域**に定められれば，住宅やこれに性質が近い建物でなければ築くことができないけれども，このような**積極規制**は例外にとどまる。たいていの場合は，これこれの建物は築いていけない，つまり裏からみると，そのほかの建築は放任という**消極規制**にすぎない。工場を建ててはいけない，と決まっているだけであるとすると，住宅のみならず百貨店だって居酒屋だって劇場だって建ててよいとなり，自ずと用途は混在する。

　それではいけないから，なるべく積極規制を拡げていき，**建築制御の原則**が確立されるべきである，という理想は，誤っていない。けれど，それを人々に受け容れてもらうのには，手順が要る。あなたの土地の一帯は住宅を建てることのみに用いることができる，と告げられたならば，何を考えるであろうか。それは得な話であるか，それとも損な話か，まずこれでしょうね。そして，ふと，気になることが別に一つ。それは，だれが決めたか。

(1)　時代を見る——高度成長から安定成長へ　　めいっぱい土地を使い，いろいろな産業活動に役立てればドンドン儲かる，という時に住宅しか建てられない，商業施設や工場はダメとされると，所有者は不機嫌になるにちがいない。そういう時勢にあって，都市計画により建築制御の原則を貫こうとすれば，人々の抵抗は強い。昭和の高度経済成長の時代は，そうであったであろう。今はどうか。脱工業化の時代を迎え，むしろ子育てや介護のための社会の活動を進めなければならない情勢になった現実を人々は理解し始めている。さらに理解が浸透する様子を見ていかなければならない。隣の土地もまた住宅を建てる場所としてのみ用いられるから，そうすると，このあたりは閑静な居住の街と

いう価値を取得し，そのようなものとして高い経済的価値を帯びる，ということに気づくならば，都市計画の規制は，厄介な規制ではなく，土地の価値を守ってくれる仕組みになる。

(2) **民主的な地方政府の要請**　だからこそ，都市計画は正しく定めて欲しい。自分の土地は住宅しか建てることができないのに，どうしたわけか，道路を挟んだ向かいの土地は商店街にしてよい，という計画であるらしい，というならば，しっかりした説明が欲しい。向かいの土地の所有者が市長と懇意の地元の有力者であり，噂では，どうも先月あたり市長とその有力者が駅前の居酒屋の2階で一献を共にした際，だいたいの都市計画の原案をまとめたらしい。なんかそこで良くない金品の授受もあったらしい。と，こういうことでは，だれも都市計画というものを信頼しないであろう。もちろんすべてとは言わないが，地方政界というのは，案外，ダーティである。国政であれば特捜検察が動くこともおおいにありうるとして，地元の県警が果敢に地方政界と対峙してくれるかも，よくわからない。

　ここまで考えてきて，(1)・(2)の話をまとめると，都市計画による建築の制御が人々に福祉と利便をもたらす関係が人々において理解され，そうした街の人々の発意により，民主的な権力が都市計画を決定して実行する時，建築制御の原則が新しい地平を開くにちがいない。

74 「土地の利用及び管理に関する計画」とは何か

　都市計画は，最終的には個別の場所ごとに土地の所有権などの権利の行使を現実に制約する権力として働かなければならない。住宅でなければ建ててはならない，というならば，そのほかの建築は違法とされ，阻止される。これが権力の行使ということの意味にほかならない。

　ただし，そのような詳細性をもつ都市計画がいきなり出現して人々の納得を得ることは難しい。その土地にのみならず，その土地のあたり一帯，そして，その土地を含む街，街を含む地域，その地域が属する都道府県という，もっと大きなデザインの計画から視線を下ろしてきて初めて個別の土地について働く建築の制御が説得力を獲得する。

　そうすると，都市計画という言葉が狭すぎると気づかざるをえない。

　土地基本法3条1項は，土地が，「所在する地域の自然的，社会的，経済的及び文化的諸条件に応じて適正に利用し，又は管理される」とし，そのために同条3項において，**土地の利用及び管理に関する計画**に従う土地の利用と管理を基本理念とする。土地の利用及び管理に関する計画は，都市計画よりも広い。もっと述べると，個別の制度に出てくる計画を指す概念ではなく，土地の利用に関わる計画の体系の全般を意味する。

　国土利用計画法という法律のなかには，**土地利用基本計画**というものが定められており，土地基本法の「土地の利用及び管理に関する計画」と似るから，紛らわしい。2つは，異なる概念である。前者は後者の一つの態様であるにとどまる。国土利用計画法の土地利用基本計画は，個別の土地について所有者などが行使する権利を直接には制約せず，都道府県または場合によっては市町村が，それらの区域の土地利用の全体を俯瞰するデッサンを示すために定める。直接の規制的効果をもたないとしても，だから意義がないというものでもない。土地利用基本計画は，**個別法**による拘束的な規制に対し，広域的な観点から説得力を恵む役割を担う。**都市計画法**は，個別法の代表例である。

75　膨らむ都市のコントロール──昭和という時代の課題

　経済の規模が大きくなりつづけた高度経済成長期は，都市が膨らみ続ける圧力の時代でもある。膨らむ，という事象そのものが良くない，という結論にはならないけれども，膨らむに任せるならば，都市は無秩序に形成される。それは困るから，**都市計画**においては，**都市計画法**に従い，適正な市街化を促す**市街化区域**と，市街化を抑制する**市街化調整区域**とを分ける。市街化区域においては，どのような建築を許容するか，場所ごとに定める**用途地域**の規制などをする。市街化調整区域は，たいていの場合において，市街化区域の外郭の区域に定められ，許可がない限り**開発行為**をさせないというコントロールが厳しく行なわれる。

　この仕組みは，昭和の時代から，それなりの役割を果たしてきた。東京都の区部のなかには，区の全域が市街化区域になっている区があり，都市の周辺部への市街化の無秩序な浸潤を防ぐ市街化調整区域の役割は，時代と共に小さくなりつつある。半面，都市の周辺に散った機能をあらためて集約していかなけ

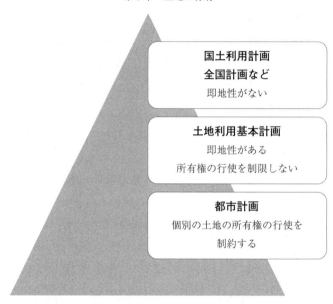

ればならない時代が到来する。

76　コンパクトな都市の形成——平成・令和の課題

　時代が進み，安定成長を迎えると，都市の膨張という圧力が減る。それはよいとして，中途半端な膨張の途上で発展を停めた都市は，中心部の機能が衰え，スポンジのようになったままである半面，郊外に点々と機能が散っている状態で停滞する。

　現に勤労に従事する世代の人たちが，安心して子育てをし，また，高齢者の世代を適切に支えることが適う都市を築く。これが現代日本の一つの課題である。そのためには，都市を変えなければならない。**都市の再生**を図るという課題である。この課題に即して土地基本法3条の基本理念，そして同法12条の基本施策を実現しようとする法律が，**都市再生特別措置法**である。とりわけ地方の都市を念頭に置いて，地域の活力を回復するためには，まず，医療や福祉，また商業などの生活機能を再編し，地域の公共交通と上手に連携するよう誘導して，**コンパクトなまちづくり**を進めなければならない。そのうえで，機能がコンパクトにまとめられ，交通ネットワークでつながる場所に居住地が集約さ

れるとよい。そこで，誘導ということが，都市の再生のキーワードになる。

　誘導を的確に進めるには，マスター・プランが要る。それが，**立地適正化計画**であり，市町村において定める。立地適正化計画の特徴は，都市のプランを静態的に捉えず，「将来の見通し」を踏まえ（土地基本法12条1項），「適正な転換」（同条2項）を図ろうとするところに見出される。

---------------- 解　説 ----------------

86　土地基本法3条の読み方

　土地基本法3条1項は，土地が「その所在する地域の自然的，社会的，経済的及び文化的諸条件に応じて適正に利用し，又は管理される」という要請を掲げ，これを実現するために，同条3項が，**土地の利用及び管理に関する計画**に従う土地の利用と管理を基本理念とする。ここにいう「土地の利用及び管理に関する計画」は，広く，かつ抽象的な概念である。個別法にみえる特定の計画の制度を指すものではない。総合的かつ計画的な国土の利用，良好な生活環境の形成，産業の振興，自然環境の保全，公害の防止などの政策目的を実現するため，国土利用計画や土地利用基本計画という国土利用計画法が定めるもの，都市計画法や建築基準法が舞台を提供する都市計画，農業振興地域の整備に関する法律が用意する概念としての農業振興地域整備計画など，すべてを含む。森林計画や自然環境保全地域の保全計画なども当然のことながら含まれる。単に計画を定めるのみならず，計画の種類によっては個別の土地の権利行使を制約する具体の拘束的な規制をする。さらに，市街地再開発事業や土地区画整理事業など土地利用計画に係る事業の実施も，これらの計画に基づく社会資本の整備の施策として展開される。およそ**土地の利用と管理に関わる施策事象の全部の総攬**を担い，それらを統べ，率いる概念が土地基本法3条・12条の「土地の利用及び管理に関する計画」にほかならない。

　土地の利用及び管理に関する計画は，国および地方公共団体において，適正かつ合理的な土地の利用および管理を図るため，人口および産業の将来の見通し，土地の利用および管理の動向などの自然的・社会的・経済的・文化的な諸条件を勘案して，策定する（同法12条1項）。

87　「土地の利用及び管理に関する計画」に属せしめられる施策事象の分類

　「土地の利用及び管理に関する計画」の策定は，土地基本法 12 条 1 項の定めるところに従い，「国及び地方公共団体は，適正かつ合理的な土地の利用及び管理を図るため，人口及び産業の将来の見通し，土地の利用及び管理の動向その他の自然的，社会的，経済的及び文化的諸条件を勘案し，必要な土地の利用及び管理に関する計画を策定する」とされる。

　これを受ける同条 2 項から計画のさまざまな姿態を観察すると，同項は，まず「詳細に策定する」ものとし，したがって個別の土地について拘束的な規制の効果をもつ計画が存在することを示唆する。都市計画法が定める都市計画は，これに当たる。同項はまた，「広域的な展開を考慮して」策定する計画がありうるとし，それは，必ずしも個別の土地について拘束的な規制までをせず，広域にわたる土地利用のデッサンを示すにとどまるかもしれない。国土利用計画法が定める土地利用基本計画は，これに当たる。さらにまた同項は，「適正な転換を図る」という動態的な時間の観念を強調した計画がありうることも示唆する。都市再生特別措置法の立地適正化計画は，誘導という，まさに時間軸を意識するマスター・プランである。

88　土地利用基本計画——国土利用計画法の体系

　国土の利用の在り方を定めるために，国土利用計画法は，2 つの異なる体系を用意する。

　第一は，国土利用計画であり，政府が定める全国計画，都道府県が定める都道府県計画，そして市町村が定める市町村計画がある。3 つの国土利用計画は，階層をなしており，都道府県計画は，全国計画を基本とするものでなければならず，市町村計画は，全国計画と，さらに定められている都道府県計画を基本とするものでなければならない（国土利用計画法 4 条から 8 条）。これらには，国土利用の基本構想やそれに関わる数値目標を盛り込む。一つずつの土地について何かを指示するものではなく，したがって「即地的な計画ではない」（生田長人『都市法入門講義』〔2010 年〕12 頁）。

　第二は，土地利用基本計画であり，各都道府県の区域を対象として，「具体的な場所ごとに，土地利用の基本的な方向を示す即地的な計画」（生田・同所）

であり，国土を 5 つの地域に区分する。5 つとは，都市地域，農業地域，森林地域，自然公園地域，そして自然保全地域である（同法 9 条）。個別法による土地利用の規制などに関する措置は，土地利用基本計画に**即して**定められ，都市計画法などの個別法に基づいて講じられる（国土利用計画法 10 条）。土地利用基本計画の全般を通じ，それは，第一の体系で用意される全国計画やさらに都道府県計画を**基本とする**ものとして定められる。国土交通省土地・水資源局『土地利用基本計画を使おう／活用の手引き／土地利用基本計画の活用に関する研究会報告』（2009 年 3 月）。

　これら 2 つの体系の計画は，いずれも，個別の土地に対する拘束的な規制を伴うものではない。土地利用基本計画が即地性をもつとしても，それは土地利用の方針を訓示して示すにとどまり，土地の所有者などの権利行使に対し拘束的な制約を課する性質を有しない。拘束的な規制は，個別法に委ねられる。都市計画法に基づいて開発許可や用途地域における用途制限が用意され，農地法が転用許可の仕組みを設け，そして，森林法が保安林の転用規制の制度を置く，というふうに，である。

89　個別法が定める「土地の利用及び管理に関する計画」の例——都市計画法

　土地利用基本計画の都市地域（国土利用計画法 9 条 2 項 1 号）は，おおむね都市計画法の**都市計画区域**に対応する。都市計画法は，都市計画区域について都市計画においてさまざまな定めをすることを予定しており，いずれも個別の土地についての拘束的な規制に結びつく場面を伴う。

　これらの規律を設ける**都市計画**は，都道府県または市町村が定める。都道府県は，都市計画を決定する場合において，関係市町村の意見を聴き，都道府県都市計画審議会の議を経て，また，国の利害に重大な関係がある都市計画は国土交通大臣に協議し，その同意を得なければならない（同法 18 条）。市町村が都市計画を決定する場合において，市町村は，あらかじめ都道府県知事に協議し，その同意を得，市町村都市計画審議会（それが設置されていないときは都道府県都市計画審議会）の議を経なければならない（同法 19 条）。どのような都市計画の決定手続がよいかは，なお考究が進められるべきである。内海麻利『決定の

正当化技術／日仏都市計画における参加形態と基底価値』(2021年)は，即地的詳細計画の性格をもつ地区計画(同法12条の5)を都市計画において定めるにあたっての多様な関係者の参画の在り方を考究する。

　都市計画に基づく拘束的な規制に即し，土地に関する権利を有する者のその権利行使は制約される。ここでは，さまざまな都市計画法によるコントロールのなかで，開発行為の規制および用途地域による規制を観察する。

　開発行為は，「主として建築物の建築又は特定工作物の建設の用に供する目的で行なう土地の区画形質の変更」である(同法4条12項。特定工作物の定義は同条11項)。市街化区域において，法律が定める規模を超える開発行為をするには，許可を要する(同法29条)。**市街化区域**とは，「すでに市街地を形成している区域」および「おおむね10年以内に優先的かつ計画的に市街化を図るべき区域」として都市計画において定められる(同法7条2項)。市街化区域においては，良好な開発と認めるものを許容し，優先的かつ計画的に良好な市街地化が進められる。これに対し**市街化調整区域**は，「市街化を抑制すべき区域」であり，ほとんどの開発行為について許可を要する(同条3項)。

　用途地域は，都市計画法8条1項1号が定める13個の種類がある。そのうち，第一種低層住居専用地域，第二種低層住居専用地域，第一種中高層住居専用地域，そして田園住居地域の4つは，法令が掲げる建築物以外の建築物は，建築してはならない，という積極規制を受ける。例を挙げると，**第一種低層住居専用地域**は，住宅のほか法令が掲げる「建築物以外の建築物は，建築してはならない」(建築基準法48条1項)。これに対し，残る9個のもの，つまり，第二種中高層住居専用地域，第一種住居地域，第二種住居地域，準住居地域，近隣商業地域，商業地域，準工業地域，工業地域，そして工業専用地域は，法令が定める建築物は建築してはならない，裏返して述べると，それ以外の建築物は何を建築してもよい，という消極規制がされる。例を挙げると，工業地域においては，病院や旅館を建築することができない。

90 言葉の失敗——"建築不自由"という言葉の困惑

　中世ヨーロッパにおいて，「都市の前身である商人定住区は，常になんらかの防護施設を施した場所——広義の『城(Burg, ブルク)』に依拠して形成さ

れた」し，「国王が都市君主（Stadtherr）としてこれを支配していた」（世良晃志郎『封建制社会の法的構造』〔1977 年〕90-91 頁）。そして，都市の空気は自由にする。裏から述べると，都市でない「荘園の空気は非自由にする」（ミッタイス＝リーベリッヒ〔世良晃志郎訳〕『ドイツ法制史概説』〔改訂版，1971 年〕319 頁）。

　都市計画，土地，所有権などを論ずる人々の間では昔から，日本の都市計画では消極規制ばかりがめだち，その結果として "建築自由の原則" になってしまっていて，土地の所有権は地権者が何でも気ままにしてよい絶対的土地所有権になっている，これは嘆かわしいから，積極規制を拡げ "建築不自由の原則" に移行し，ヨーロッパのように相対的土地所有権が採用されなければならない，と叫ばれてきた。著者自身も，そのように講演や著書で述べたことがある。令和に土地基本法が改正され，土地の利用及び管理に関する計画が一層大切になってきましたから，この際，一挙に相対的土地所有権にまで進むとよいですね，と告げにきた人もいる。

　でも，そう言われてもねえ，という気がする。

　あらためて反省すると，"建築不自由の原則" が国民に受け容れられないのは，広報宣伝のミスではないか。"不自由" になりましょう，と勧められ，はい，不自由はいいですね，と言う人がいるであろうか。"不" という後ろ向きの不吉な言葉でプロパガンダを試みたところに，まず一つの失敗があった。

91　言葉の失敗は思想の失敗

　が，それは，単に宣伝のミスではないとも感ずる。表わそうとする思想そのものが，練られていなかったものではないか。よく内容を練り，そこへ赴く手順を示すということをしないまま，ヨーロッパが理想であり，そうなっていない日本が遅れていると嘆くのは，エリートの悪い癖である。

　良好な居住環境に誘導する局面を例にすると，住宅しか作ることができない "不自由" をめざすのではない。うちもお隣も住宅やそれに類するもののみが許されるように建築を制御する仕組みを皆で作り，そこを良好な居住の街にして，しあわせに暮らす（生田・前掲書〔**88** 所引〕60 頁参照）。そこで初めて，自由にのびのびと生きる。"不自由" をめざすのではなく，建築制御の原則を確立して，自由な生活空間を得る――こうでなければならない。

92 都市の再生という課題──都市再生特別措置法の体系

現に勤労に従事する世代の人たちが，安心して子育てをし，また，高齢者の世代を適切に支えることが適う都市に従来の都市が変わるよう「都市機能の高度化及び都市の居住環境の向上」を図る方向（都市再生特別措置法1条）へ**誘導**しなければならない。これが**都市の再生**である。なぜか。現在の都市が必ずしもそのようになっていないから。

誘導の思想が全体を貫く都市再生特別措置法は，都市の再生のためのマスター・プランの仕組みを用意し，そのうえで，都市計画のさまざまな特例を設ける可能性を開く。

まず，**立地適正化計画**が，いうところのマスター・プランに当たる。都市計画区域内の区域について，住宅のほか，都市の機能を増進する施設，すなわち，医療施設，福祉施設，商業施設など，都市の居住者の共同の福利のため必要な施設であって，都市機能の増進に著しく寄与するものの立地の適正化を図るための計画が，立地適正化計画であり，市町村が作成する（同法81条1項）。

つぎに，都市再生特別措置法が定める都市計画の特例の制度の代表例は，**都市再生特別地区**である。都市再生特別地区は，都市の再生に貢献し，土地の合理的かつ健全な高度利用を図る特別の用途，容積，高さ，配列などの建築物の建築を誘導する必要があると認められる区域として，都市計画において定める（同法36条1項，建築基準法60条の2）。このほか，都市の居住者の居住を誘導すべき区域として**居住誘導区域**を定め，また，立地適正化計画に記載された都市の機能を増進させる施設を有する建築物の建築を誘導する必要があると認められる区域として**特定用途誘導地区**を定めることができる（都市再生特別措置法81条2項2号・109条1項，建築基準法60条の3）。

都市再生特別措置法が定めるさまざまな仕組みを活かし，「様々な人が集まり，交流が生まれることで情報の交換が促され，互いに刺激を与えあうことが可能となる地域」という都市の魅力と，「都市における負の集積効果である混雑費用」などとの両面を睨み，「エビデンスに基づく『場所に根差した政策（Place-Based Policy)』の形成」を追求しなければならない。武藤祥郎「人口の『集積』のあり方とその効果に関するレビュー」RETIO 120号（2021年冬号，不動産適正取引推進機構）15頁注2・注3，19頁。

93　被災地の復興と都市計画

　神戸で震災が起きた日が，1995年1月17日。あの折，著者が同地に入った日が同年3月14日であり，この日，神戸市役所の周辺は騒然としていた。3月17日に控えた都市計画の変更決定をめぐる賛否の意見が激しく闘わされていたのである。1月17日から3月17日という時間が何を意味するか，と問うならば，それは，建築基準法84条の1項と2項の各1月を合算して得られる日数にほかならない。3月17日を境として，被災地神戸における建築行為の制限は，同条によるものから変更後の都市計画に基盤を置くものに移行していく。これとは別に，この震災の際，被災市街地復興特別措置法が制定されたが，同法に出番はなかった。

　土地の適正な利用が図られるべきであること（土地基本法12条）が，平時のみならず復興においても重要であることは，論を俟たない。適正な土地利用を確保するためには，その前提として建築を制限しなければならない。建築基準法84条は，この自由を制限しており，しかも被災現地からの要請により，東日本大震災に関連して制限可能期間が伸長された（東日本大震災により甚大な被害を受けた市街地における建築制限の特例に関する法律1条）。そのような立法をしなくても最長2年まで建築を規制することができるとする被災市街地復興特別措置法5条・7条は，東日本大震災においても活用されなかった。同法を使い勝手の良い制度にする見直しは，つぎなる都市災害を睨み，一つの課題である。

　阪神・淡路大震災の際は，土地区画整理事業を含む都市計画が早期に策定されたところから同法による事前の建築制限が必要でなかったのに対し，東日本大震災は，反対に，建築制限の前提である緊急復興方針を定めることができないため，建築制限をすることができない状況にあり，いわば同法は，この不要と不能の隙間にあって機能する場が見出されないままきた。これらの体験を踏まえ，災害の態様や災害発生後の時間的推移などに柔軟に対応することができるよう同法の見直しがされるべきであろう。もちろん，建築行為を制限するためには，なぜ制限するか，ということについて，公共性に裏づけられた復興方針の提示と，それに即して計画が作成され，実施されることについての一定程度の見通しが要る。また，そのような局面においては，あわせて地方公共団体による土地の取得なども考えなければならない。迅速に建築制限を課する時宜

において，あわせて建築制限を基礎づける公共性の説明がされるようリズムが工夫されるとよい。細かいことを言うならば，同法が定める事業のための土地の取得（同法8条参照）についても，所有権を取得することのみならず，定期借地権を取得したり信託を受けたりする可能性も認めるなどメニューの多様化が講じられるべきである。

　東日本大震災の経験で一つヒントになるものは，「津波被災地における民間復興活動の円滑な誘導・促進のための土地利用調整のガイドライン」である。政府は，2011年7月，これを作成した。これによるならば，被災市町村が復興方針を定めるに際しては，民間の復興活動の円滑な誘導および促進のため，先行的に開発を誘導し促進するエリアを設定することが望ましいものとされる。この誘導促進エリアにおいては，都市計画などが復興方針に即して変更される可能性が高いことを見据えつつ，当面，現行の制度のもとにおいても，弾力的な土地利用調整がされることが，ガイドラインにおいて，許容され，さらに推奨される。

第4節　土地の取引

● 取引と売買，どこが異なるか？

　土地の取引という問題のとらえかた　　取引と売買。同じである。同じであると考えてよい。

　きまじめな学者であると，このあたりをうるさく論じ始める。売買により所有権が移転するのも取引であるが，土地を貸すことにして借地権を設定することも取引であり，また，土地を信託することも取引の範疇で理解され，さらに……とかいうふうに，である。

　幸か不幸か，あまり著者はまじめな人間ではなく，このあたり，どうでもよいと考えている。

　大切なことは，そんな，概念を詮索する話ではなく，土地は円滑，かつ適正に取引をして欲しい，と土地基本法が求めている，この一点である。

　どうして，適正に取引をして欲しいか。土地基本法は，何よりも土地が適正に利用され，管理される姿を実現するための法律である。そのためには，適正に用いて

> くれる人の手に土地が委ねられなければならない。適任でない人が所有者になる事
> 態が起こる原因は，土地の取引がうまくいっていないからである。

77　バブルに向き合った土地基本法

　超低金利政策のもと市場に流れた資金が過剰になり，土地の値段が実体から離れて高騰した時代を<u>バブル経済</u>とよぶ。バブルとは泡であり，実体の裏付けを欠く様子を象徴して表現する。おおむね 1987 年から 1990 年あたりまでの時代である。この時期にあって，土地政策の焦眉の課題は，荒れ狂う地価の統御にほかならない。<u>国土利用計画法</u>は，<u>監視区域</u>の制度を設け，区域に所在する土地の取引を届け出るよう義務づけ，届け出られた取引が土地利用基本計画などに照らし適切でない場合において，都道府県知事が取引の中止を勧告するとした。このような施策の思想的な根拠を提供する土地政策の基本理念こそ，**投機的取引の禁止**である。土地基本法 4 条 2 項は，土地が投機的取引の対象とされてはならないと謳う。投機的取引とは，専ら売買差益の獲得をねらいとしてされる取引である。

　このように述べると，たちまちいろいろな反論や批判，疑問が出されそうである。一つずつお答えしよう。

　第一に，儲けるために取引をするのは当然であり，損をするために取引をする人はいない，利潤を得るという契機を否定したら，市場というものは成りたたない，という批判。ごもっとも。儲けていけない，とは述べていない。"専ら" 差益の獲得のみを考えてもらっては困る，という話に尽きる。土地は，用いるために取得するものである。そうは考えない人もいるかもしれないし，そう考えないことは思想の自由であるが，ひとまず私たちの社会の運営は，用いるために土地を買う，という諒解で政策を進めさせてもらう，と国民の代表者が定めた法律が土地基本法である。土地を買っても使わないで遊休にしておき，機をねらって転売して利益を受ける。このような土地の商いは，やめてもらう。

　第二に，1 円でも差益が生ずる結果になったら叱られるか。これも，そのようには述べていない。結果として生ずる利益を咎めはしない。差益の獲得を "ねらって" する取引がいけない，という話である。

　第三に，しかし，このように案内すると，"ねらって"するかどうかは内心の問題であり，外部から決めつけることはできないから，そんなあやふやな条文で国民を罰することはおかしい。これも，そのようなことは述べていない。罰するなどという話になるはずがないことは，もともと土地基本法が基本理念と基本的施策を提示する役割の法律である性格を想い起こすならば，当然である。土地基本法が示す基本理念に立脚し，国土利用計画法は，届出をさせた取引の個別の事情を聴き，調べ，適当でないと認める場合にのみ取引中止を勧告する。バブル経済が終わった今日，全国的な規模で投機的取引が拡がる事態は，すくなくとも当面は想像し難い。しかし，局部的には生じうる。大規模災害に際し，復興のために公共が利用を予定すると予想される土地をねらって買い漁る行動は，復興の妨げであり，慎んでもらいたい。今後に予想される大規模な災害においては，国土利用計画法の運用のなかで所要の措置が講じられるべきであり，その際，東日本大震災の時の経験が役立つと思われる。

78　現在のキーワード──マッチング

　たしかに，土地が大きな儲け話のネタになるような感覚が失せて久しい。むしろ今日は，所有者が利用や管理に熱意を失い，またはその方策が見出せず困っている場合において，より適切な利用，管理の担い手に買ってもらう，という需要が大きい。令和に改正された土地基本法において，土地所有者による適正な利用，管理を促進する観点から，土地が円滑に取引されるべきであるとする理念を謳う4条1項の規定を設けた所以である。適正な土地の利用，管理を実現して地域を活性化するためには，低未利用土地や所有者不明土地を含む土地について，それらを手放したい需要と，利用を望む需要とを上手にマッチングするとよい。このマッチングを担う仕組みとして，不動産の取引を仲介する**不動産媒介契約**の制度が意義をもつ。

79　不動産媒介契約制度

　不動産と私たちが関わることになる場面で登場してくる契約は，何よりも「買う」ということを内容とする契約であるにちがいない。ここに，土地の**売買契約**の概念が登場する。親から贈与を受けたり相続で受け継いだりしてマイ

契約締結により売買契約が成立

売主となる者 ————————————————— 買主となる者

宅地建物取引業者　　　　　　　　　　宅地建物取引業者

（元付業者）　　　　　　　　　　（買主の側は客付業者とよぶ）

＊　斜めの線は，不動産媒介契約の関係を示す。

ホームを手にすることがあるかもしれないが，それと同等に，不動産を買うことがマイホームを入手する手立てである。また，いちど買った家も，狭くなってくるならば，それを手放すために「売る」という契約をする。

　土地や建物の売買は，現実には多くの場合において，宅地建物取引業者の仲介により行なわれる。不動産仲介は，売主となる者または買主となる者と宅地建物取引業者との間で成立する**不動産媒介契約**を法律上の根拠とする。不動産媒介契約の法律的な性質は，本来的には，民法が定める委任契約という契約の類型に当たり，民事仲立である。実際上，その法律的規制の細部は行政取締法規である**宅地建物取引業法**に委ねられている。

　宅地建物取引業者が媒介契約に基づいて提供する役務の内容を分析するにあたっては，媒介業務の時間的な経過に即して次のような整理の枠組みを用いることが有益である。売主となるべき当事者から物件売却の委託を受ける業者，つまり**元付業者**の業務を例に取って眺めてゆくと，まず，物件保有者から売却の委託を受けたことに基づいて売却の相手方を探索し，そして発見する，という段階がある。これが第一の段階であり，ひとくちにいえば相手方の探索と発見の段階である。相手方を発見したならば，その相手方との間で売買契約を取り結ぶことになるが，その際には，宅地建物取引業者が様々の専門的な助力を与える。これが第二の段階であり，成約の補佐とよぶべき段階である。古典的な定義における媒介とは，当事者間における契約の成立に尽力することであり，したがって法律上の媒介業務は，この第二段階までであるが，実際には，これに続いて，買主が代金を支払い，売主が登記の手続と物件の引渡しをするに際しても業者の専門的な援助が果たしている役割は無視ができない。これが第三の段階としての履行の補佐である。

80　宅地建物取引業者が"自ら売主"になるかどうかの区別

　もちろん魚屋が魚を売るように不動産屋が不動産を売ることも，ないではない。その場合に特有の法律的な規制が宅地建物取引業法のなかに設けられており，法文の文言から"自ら売主の場合の特則"とよばれたりする。しかし，特則という言葉から示唆されるとおり，どちらかというと，それは原則的な態様ではない。

　世間では不動産屋というが，制度上の名称は，**宅地建物取引業者**である。あなたが，住む家を探していて，宅地建物取引業者を訪ねた，としよう。そこで，その宅地建物取引業者が現に所有する土地や建物を買う話が進んでゆくのであるならば，話の構図は魚屋の場合と異ならない。しかし多くは，業者が自分で所有しているのではない物件を紹介される。そして，今の物件の所有者はこんな人である，とか，その人はいくらぐらいで売ることを望んでいる，とかいうような説明を受け，首尾よく話が進むと，その物件の所有者との間で売買契約が成立する。宅地建物取引業者は，売買契約の当事者でない。そこが，魚屋の店頭での買い物と異なる。

　ところで，では，ここで，いったい業者は，誰のために物件の紹介という労をとったのか。その問いが大事であるのは，それが定まって初めて業者は誰から**報酬**を得るべきであるか，が定まるからである。業者を訪ねた買い手のためであって，したがって買い手に報酬を請求するということであろうか。しかし，それ以上に，この場面で明らかに業者に報酬を支払ってしかるべき人がいることは，気づかれてよい。それは，ほかならぬ売り手である。多くの場合において売り手は不動産取引の素人であり，物件を売りたいと望んでも買い手を探す術をもたない。業者が店を構え，訪れた人に対し慣れた口調で取引の得失を説き，そして買い手を納得させることができたから取引を成立させることができたのではないか。だとすれば，すくなくとも売り手こそ報酬を支払うべきではないか。

　もちろん，買い手が報酬を支払うべきである場合も，あるかもしれない。ことに，訪ねた買い手に対し業者が直ちに紹介する良い物件がなく，しばらく探してみましょう，ということになり，そして，業者が汗して探した物件について話がまとまったという場合は，そうであろう。

　では，その場合において，報酬は，いつ支払うべきであるか。業者の労により不動産を手にすることができた，と買い手が感じられた時にちがいない。法律解釈上は売買契約が成立すると業者は報酬を請求することができると考えられているが，実態上は，その時に半額を，そして不動産が売主から買主に引き渡された時に残りの半額を支払うとする事例も多い。そして，そのような支払時期の扱いには，相当な根拠がある。

81　不動産媒介契約に対する法律上の規制の内容

　宅地建物取引業法は，**不動産媒介契約**をいくつかの形態に区別し，形態に応じた規制を与えている。例を挙げると，**専任媒介契約**は，「依頼者が他の宅地建物取引業者に重ねて売買又は交換の媒介又は代理を依頼することを禁ずる媒介契約」である（同法 34 条の 2 第 3 項）。このように依頼者の側が同時並行で複数の業者へ依頼することができないという拘束を受けることに対応して，業者の側でも，2 つの点で義務が課せられる。第一に，受託した物件情報を指定流通機構に登録しなければならない（同条 5 項）。指定流通機構とは，不動産物件情報を交換するためのコンピュータ・ネットワークであって国土交通大臣の指定するものをいう。第二の義務は，一定の頻度で業務処理状況を依頼者に報告しなければならない。報告をすべき頻度は，2 週間に一回以上でなければならない（同条 9 項）。

────────── 解　説 ──────────

94　投機的取引の概念

　土地基本法 4 条 2 項において土地が「対象とされてはならない」とされる投機的取引は，取得した際の価格と売却処分をする際の価格との差として得られる利益を得ることを専ら目的としてされる取引である。価格の差に係る利益を得ることをねらいとする取引をすべて投機的取引であるとして非難することはできない。商法 501 条 1 号は，「利益を得て譲渡する意思をもってする動産，不動産若しくは有価証券の有償取得又はその取得したものの譲渡を目的とする行為」を絶対的商行為とし，適法なものとする。非難されるべきものは，専ら

差益を目的とする取引である。「専ら」という点も「目的とする」点も取引の外形から明瞭ではないから，この概念のみを要件として取引の当事者に対し不利益を強制することはできない。

　投機的取引に当たる取引を含む取引の類型を法令で定め，課税の対象とし（土地基本法16条，都市計画法85条），または行政による取引の制御の対象とする（国土利用計画法1条）。投機的取引の禁止を謳う土地基本法4条2項は，これらの施策の思想的な淵源を提供するものとして，土地に関する基本理念の一角をなす。

　投機的取引で狙われる利益は，言葉の感覚として，偶然の暴利である印象が濃い。しかし，概念の定義としては，偶然性や暴利性を取り込む必要はない。暴利性から言えば，いわゆる原野商法のような暴利を貪るようなものに限定する趣旨は，土地基本法4条2項に含まれない。また，偶然の利益獲得が狙われる事例が多いとみられる半面，復興需要を見越して被災地の土地を買い漁るような取引は，災害が起きた事実は偶然かもしれないが，復興需要につけこむあたりは，むしろ十分に練られた企てであるともみえる。

95　国土利用計画法による土地の取引に対する規制

　都道府県知事は，「土地の投機的取引が相当範囲にわたり集中して行われ，又は行われるおそれがあり，及び地価が急激に上昇し，又は上昇するおそれがあると認められる」場合において，その土地の区域を**規制区域**と定めることができる（国土利用計画法12条）。規制区域の土地は，取引をするについて許可を得なければならない（同法14条）。その効果は，無効である。つまり，許可を得ないでした土地の売買は，効力がない（同条3項）。もっとも，この措置は，いかにも劇薬である。強い権力の行使は，それを行使する側の負担も重い。許可を得られなかった所有者は，都道府県知事に対し，土地の買取りを請求することができる（同法19条）。

　現実的に用いられる手段は，**注視区域**または**監視区域**に指定することである（同法27条の3・27条の6）。区域としての指定は，おおむね土地の取引の状況が深刻な順に，規制区域→監視区域→注視区域という段階に応じてされる。監視区域および注視区域の効果として，それらの区域の土地の取引は，事前に届出

をしなければならない（同法27条の4・27条の7）。その取引がされた後に想定される土地の利用が土地利用基本計画に適合しないなどする場合において，都道府県知事は，土地の売買契約の締結を中止するようなどの勧告をする。勧告の内容は，注視区域と監視区域のそれぞれについて同法において定められている（同法27条の5・27条の8）。勧告の効果は，勧告に従わなければ，その旨が勧告の内容と共に公表される（同法26条・27条の5第4項・27条の8第2項）。

96　被災地における土地の取引の監視体制

　東日本大震災の際は，「朝日新聞が〔岩手〕県沿岸部の複数の不動産業者に取材したところ，大船渡市で震災前に坪10万円前後だった宅地が，13万〜15万円に上がっていた。／主に市内を南北に走る国道45号の山側の地域で，不動産業者によると，大手プレハブメーカーが造成を打診してきた例もある。地区によっては『バブル期の価格水準に戻りつつある』という」（朝日新聞2011年5月30日づけ朝刊）という実情の報道がみられた。これへの政府の対応として，2011年7月29日に東日本大震災復興対策本部において「東日本大震災からの復興の基本方針」が決定され，この基本方針において，「被災地の復興の支障にならないよう，投機的な土地取得等を防止するため，土地取引の監視のために必要な措置を講じる」こととされた。これを受け，国土交通省土地・建設産業局不動産市場整備課長・土地市場課長通知「東日本大震災による被災地等における適正な土地取引の確保の徹底について」（2011年8月18日，国土動整第7号・国土市第13号）により，国土交通省は，被災3県と政令市，つまり岩手県・宮城県・福島県および仙台市に対し，土地取引の実態把握に資する情報として，同年3月以降に登記された土地取引の登記情報および取引価格の情報の提供を行なうこととしている。これは，不動産取引価格情報提供制度（→**84**）の発想，仕組みを応用するものである。

97　不動産の媒介という概念

　不動産の媒介とは，不動産を対象とする取引の成立に尽力することである。ここで不動産は，土地および土地の定着物をいう。媒介の対象となる不動産の取引には，売買のほか，賃貸借なども含まれる。

　まず「不動産」とは，土地および土地の定着物をいう（民法86条1項）。これらのうち土地の定着物の代表例は，建物である。不動産の「取引」としては，主として不動産を対象とする売買・交換・貸借が想定される。ただし，宅地建物取引業法が規律する取引は，業としてする宅地・建物の売買・交換・貸借である。農地も土地であるが，宅地建物取引業法の規制対象の外に置かれ，農地法制の規律を受ける。

　「媒介」とは，他人のあいだの契約の成立に尽力することである。「仲介」と「媒介」は意味が異ならない。仲介は，どちらかというと，実際場面における実務的意義を強調する語感をもつ。媒介の語は，法律の法文で用いられる。業としてする媒介を「仲立ち」または「仲立営業」という（商法502条11号・543条）。そのうち，商行為の仲立は商事仲立とよばれる。不動産の媒介は，たとえば商人ではなく勤労者が所有していた住宅を中古物件として，やはり勤労者である人に譲渡するといった取引の媒介のようなものを含むから，商事仲立ではない。不動産の媒介は，一般には，商事仲立ではなく民事仲立である法律的性質をもつ。

　「代理」は，本人から委託を受けた者（＝代理人）が本人のために法律行為（＝代理行為）をすることである。代理行為の効果は，本人に帰属する（民法99条）。建物の所有者であるAから代理権を与えられたXは，代理権に基づいて，Bとの間において，この建物をBに売る旨の契約を成立させることができ，これによりAは，その売買契約の売主となる。代理人のXは，本人であるAの利益のために代理権を行使する義務を負う。XがBからも代理権を与えられて取引を成立させることは，この義務と矛盾するから，原則として許されない（同法108条1項による双方代理の禁止）。これに対し「媒介」は，AとBとの間の売買契約の成立に尽力する事実行為にすぎず，契約という法律行為をする者は，あくまでもAとBである。媒介では，同一の仲立人がAとBの双方から媒介の委託を受けること（いわゆる“両手”の仲介）も許される。

　山野目章夫「不動産媒介契約制度と指定流通機構」ジュリスト1048号（1994年），同「不動産媒介契約制度の現状と課題」れいんず20号（1995年夏号，首都圏不動産流通機構）。

98　宅地建物取引業の概念

　宅地建物取引業とは，業として宅地・建物の売買・交換をする（すなわち売買・交換の契約当事者となる）こと，もしくは業として宅地・建物の売買・交換・貸借の代理・媒介をすること，または業としてこれらの両方をすることをいう（宅地建物取引業法2条2号。これからあと，98～100では，宅地建物取引業法の規定は法律の名称を省く）。宅地建物取引業を営むには，行政庁の免許を得なければならない。この免許を受けた者を宅地建物取引業者という（2条3号）。宅地建物取引業者は，個人であることもあれば，法人であることもある。免許を与える行政庁は，事務所を設置する都道府県が複数にわたるときは国土交通大臣であり，単数であるときは都道府県知事である（3条1項）。

　宅地建物取引業者は，その事務所に，国土交通省令で定める一定の員数の宅地建物取引士を置かなければならない（31条の3）。宅地建物取引士は，宅地建物取引士の試験に合格するなど一定の要件を充たす者であって，都道府県知事から宅地建物取引士証の交付を受けた個人である（16条・18条・22条の2）。宅地建物取引業者に義務づけられている重要事項説明（35条）などは，宅地建物取引士にさせなければならない。

　宅地建物取引業者は，営業を始めるにあたり営業保証金を供託しなければならず（25条），業者と取引をした消費者が損害を被った場合は，この営業保証金をもって弁済を受けることができる。弁済を受けることができるのは，27条によれば，「宅地建物取引業に関し……した……取引により生じた債権」に関してである。弁済業務保証金の制度は，営業保証金の代替的な制度であり，業者が営業保証金の供託に代えて，それよりも，かなり低額な弁済業務保証金分担金（64条の9）を納付して宅地建物取引業保証協会の社員となれば営業保証金の供託を要しないものとするものである（64条の13）。この弁済業務保証金の制度は，つまり，業者を結集することによる集団保証の方法により業者の負担を軽減しながら宅地建物取引に関する事故について取引の相手方を保護しようとする制度である。

99　不動産媒介契約の諸態様

　宅地建物取引業法は，専属専任媒介契約・専任媒介契約・一般媒介契約の3

つを区別することを骨格として媒介契約の制度を組み立てている。3つの媒介契約をみていく際の要点は，どのような拘束を依頼者が受けるか，それに応じ他方当事者である業者にどのような規制が課せられるか，ということである。

　依頼者が，自分が「媒介を依頼した宅地建物取引業者が探索した相手方以外の者と売買又は交換の契約を締結することができない旨の特約を含む専任媒介契約」が**専属専任媒介契約**である（宅地建物取引業法施行規則15条の9第2号。これからあとは，同規則を施行規則と略称する）。

　売りの媒介依頼を例にして述べると，売主が甲という業者に媒介依頼をした場合において，売主は，2つの形態の制約に服する。ひとつは，売主が，甲ではない業者に重ねて媒介の依頼をすることはできない。これは，普通の専任媒介契約と共通の規制である。売主に課せられるもうひとつの制約は，売主が甲を介さず，自身の発見した相手方との間で売買契約をすることは，できないということである（自己発見取引の禁止）。このような2つの制約が売主に課せられる結果，専属専任媒介契約を締結した業者は，売主から依頼を受けた物件の取引に自身が確実に関与できる状況が確保される。

　そのような有利な状況が開かれることの代償として，業者は，つぎの3つの規制に服する。第一に，媒介契約の期間に制限がある。すなわち，当初の期間についても（34条の2第3項前段）更新の期間についても（同条4項），3か月を超えてはならず，これより長い期間を定める特約は，効力を有しない（同条10項。特約が無効とされる場合において，期間は当然に3か月となる。同条3項後段参照）。第二に，業者は業務処理状況報告の義務を負う。すなわち，「依頼者に対し，当該………媒介契約に係る業務の処理状況を……1週間に1回以上……報告しなければならない」（同条9項）。第三に，指定流通機構への登録をしなければならない（同条5項）。登録をしなければならない期間は，媒介契約を締結した日から休業日を除いて5日以内とされる（施行規則15条の10第1項括弧書・2項）。

　「依頼者が他の宅地建物取引業者に重ねて売買又は交換の媒介又は代理を依頼することを禁ずる媒介契約」が**専任媒介契約**である（34条の2第3項）。売主が，甲という業者との間で媒介契約を締結しておきながら，甲ではない別の業者を介して発見した相手方との間で売買契約を締結した場合において，甲は，売主に対し，媒介契約に基づいて負っていた義務に背いたことを理由に，損害

の賠償を請求することができる。このような制約が売主に課せられることの代償として業者の側には，つぎのような規制が加えられる。まず，媒介契約の有効期間が3か月を上限とすることは，専属専任媒介契約についてと同じである。また，業務処理状況の報告義務があり，業者は，2週間に1回以上の頻度で依頼者への報告をする義務を負う（同条9項）。専属専任媒介制度の場合の1週間に1回という頻度よりも緩和されている理由は，専任媒介契約の場合は自己発見取引が許容される限りにおいて依頼者への拘束が緩められていることとの権衡を図るものである。また，指定流通機構への登録を7日以内にしなければならない（同条5項，施行規則15条の10第1項）。

専属専任媒介契約と専任媒介契約のいずれでもない媒介契約について，宅地建物取引業法は，特段の名称を与えていない。そのような媒介契約は，**一般媒介契約**と通称されている。依頼者は，自己発見取引ができるし，他の業者との間で重ねて媒介契約を締結することもできる。業者に対する規制として，法律上，定期に業務処理状況を報告する義務はなく，契約の有効期間の上限もない。指定流通機構との関係では，業者は，登録をしてもよいし登録をしなくてもよい。ただし，これらの点について当事者が特約で何らかの定めをし，または，これらの点についての何らかの定めを含む約款を当事者が用いる場合において，それらの定めに従うべきことは，もちろんである。

100 媒介報酬

媒介により契約が成立した場合において，宅地建物取引業者は，媒介報酬を収受することができる。成約に向けてした尽力に対する対価として宅地建物取引業者が収受する金員は，"手数料"と俗称されることがあるが，その法律的な性質は，媒介契約に基づく報酬である。媒介報酬を収受することができる段階は，媒介業務を受託した者の尽力により契約が成立した場合である（成約報酬）。いったん契約が成立すれば，のちに契約当事者の債務不履行により契約が解除されたときにおいても，媒介報酬を請求する権利は影響を受けない。いくらの媒介報酬を授受するかは，媒介契約において当事者が定めるのが基本である。ただし，その定める額は，国土交通大臣が告示で定める額を超えることができない（46条）。現行の告示（昭和45年10月23日建設省告示1552号）で定め

られた額は，たとえば代金が400万円を超える売買の媒介にあっては，代金額の3.3パーセントに相当する額である。

第5節　土地の値段の仕組み

● 土地情報政策という分野

一物四価と悪口を述べる人がいるけれど　ある土地に値段が4つある，とされる際，人によって異なる理解もあるが，だいたいのところ，実際に売られる時に決まる実勢価格（時価とよんでもよい）に加え，公示価格，相続税路線価，そして固定資産税路線価の4つをいう。同じ物であるのに値段が4つあるのはおかしい，と難ずる方がおられる。

けれど，なんらおかしくない。

同じ土地だって，取引がされる場面など具体の状況によって全く異なる値段になる事象は，むしろあたりまえである。

お金がすぐにいるからその土地を急いで売りたい，という場面と，有利な話が現われるまでじっくり待って売る話とで値段が異なるのは当然。また，広い土地を得たいと考えている隣地の人が保有地を拡げるために当地を買いたい，という場面において，こちらの土地は特別の商品価値をもつから，そのような事情がない場面と比べ高く売れる。

4つあっておかしい，と非難せず，4つある値段の特性を知るように努めたい。土地の値段という情報は，そのようにして役立つ。ここには土地情報を扱う政策という分野が広がる。

82　現実の値段──そして経済的価値の判定

実勢価格，公示価格，相続税路線価，そして固定資産税路線価の4つのうち，実勢価格は，この値段で現実の取引で売られました，という数字であるから，なんといってもリアリティがある。この現実の値段の情報を集めて開示することは役立つにちがいない。これに与る制度が**不動産取引価格情報提供制度**である。

もっとも，全国の土地がすべて頻繁に取引の対象になるものではない。めっ

たにしか取引されず，実勢価格が存在しないか，ずいぶん古いものしかない場合であっても現在の経済的価値を判定する必要に迫られる場面がある。税を課したり，公共のために収用したりする場面を想い浮かべるとよい。そこで，土地の**公的土地評価**が要る。リアルな取引で明らかになった値段ではないが，おそらくこういう経済的価値をもつ土地であろう，という判定をする。土地の経済的価値の判定は，土地の所有者などが個別に専門家に依頼してするものでもよいが，国の政策として，全国的に一律の方法で実施し，情報として整理，集約するところに公的土地評価の特徴がある。土地基本法17条は，適正な地価の形成および課税の適正化に資するため，土地の正常な価格を公示する施策を実行するものとする。あわせて，地価公示と，相続税路線価，固定資産税路線価という公的土地評価について，相互の均衡化，適正化を推進するべきことも求められる。なお，地価公示と似たものとして，都道府県地価調査の基準地価格というものもある。

83　公的土地評価の制度

　公的土地評価の代表的なものは，何より**地価公示法に基づく公示価格**である。地価公示法に基づき，国土交通省が毎年3月に公表する。おもに都市計画区域内から全国で約2万6000地点を選び，それを標準地とする。標準地の1月1日時点の価格を1地点につき2人の専門家が判定して経済的価値を判定する。専門家は**不動産鑑定士**であり，不動産鑑定士がする土地や建物の経済的価値の判定を**鑑定評価**とよぶ。地価公示法に基づく公示価格は，土地が公共のために買収される際の補償の基準となる。

　国土利用計画法に基づき，都道府県が毎年9月，都市計画区域でない場所も含む全国で約2万1500地点を選び，その年の7月1日時点の価格を1地点について1人の不動産鑑定士が鑑定評価して決定するものが**都道府県地価調査の基準地価格**（基準地の標準価格）である（国土利用計画法施行令9条）。

　相続税路線価は，国税庁が毎年7月，相続税や贈与税の課税に用いるため，その年の1月1日時点の路線価を財産評価基準書として公表する。鑑定評価などを活用し，国税局長が決定する。地点は市街地を中心に選び，公示価格の80パーセント程度の水準にする。相続税を納めなければならないタイミング

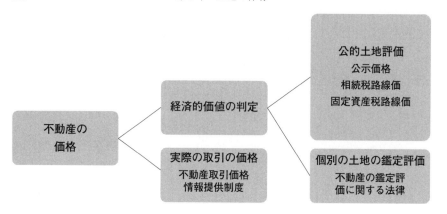

を予想することはできず，それにもかかわらず場合によっては土地を処分して税を納めなければならないという局面の特質を斟酌し，公示価格より下げる水準にされるものである。

　市町村や東京都が 3 年ごとの基準年度の 4 月に公表するものが**固定資産税路線価**であり，固定資産税の課税の標準として用いられる。基準年度の 1 月 1 日時点の路線価として 3 年に一度，公表する。この路線価は，標準とされる宅地について鑑定評価などを活用して市町村長などが決定する。固定資産税路線価は，だいたい公示価格の 7 割ほどの水準で定められる。土地の収益に対する課税が，地租改正からこのかた，時価の 7 割くらいであった沿革が考慮されての運用であるという説明がされている。

　いずれにしても，公的土地評価により得られる価格は，専門家による判定という作業を経て見定められる。鑑定評価により経済的価値の判定を不動産鑑定士がする方法は，**不動産鑑定評価基準**（国土交通事務次官通知，2014 年 5 月 1 日）で定められる。宅地になっている土地についての代表的な方法としては，近隣の類似の土地の実際取引の事例を収集し，それを参考として経済的価値を判定する**取引事例比較法**や，賃料など土地から得られる収益を還元して価格を得る**収益還元法**などがある。"法"といっても，手法という意味であり，法律ではない。取引事例比較法は，近傍に適切な実際取引事例が見当たらないと使いにくい。収益還元法は，賃貸など収益不動産としての活用が現実性をもつ土地はよいとして，そうでない土地もあり，悩ましい。結局は，いろいろな手法を総

合して専門家としての判断を得る。

84　不動産取引価格情報提供制度

　国土交通省のウェブサイトを「政策情報・分野別一覧」中の「土地・不動産・建設業」→「不動産取引価格情報」と進むと，「土地総合情報システム」の「不動産取引価格情報検索」の画面に辿り着く。そこから入ってゆくと，日本の地図をクリックして，関心のある地域を次第にズーム・アップしてゆくことができる。やがて，目的とする地域で実際に取引がされた価格の一覧表示を眼にすることが可能となる。

　これが，**不動産取引価格情報提供制度**である。その特徴は，何よりも実際に取引がされた価格の情報を提供しているところに見出される。そこが，地価公示とも都道府県地価調査とも異なるところである。

　導入されるまでに論議があった制度であり，その成果として今日は一定の輪郭をもつ制度として安定的に運用されている。論議があった，というのは，とりわけ誰のために導入されるものであるか，言い換えると何のために導入する制度であるかについて，大きく分けて2つの方向がみられた。そしてまた，制度導入に慎重であるべきであるとする論議も，一様ではなかった。2006年に導入されたこの制度が約15年を経た今，それらを回顧しておくことは，この制度それ自体の今後の展望を可能とするほか，賛否のある制度を導入する際の論議の進め方や，導入した後に政策遂行上留意すべき点などについて，一般的な教訓も恵むにちがいない。

　(1)　制度実現の前史　　不動産取引価格情報提供制度の実現に向けての可視的な動きとして，たとえば立法府におけるものを拾うならば，そのクロノロジーは，2004年に求められる。同年春の通常国会において，不動産鑑定制度の見直しを含む「不動産取引の円滑化のための地価公示法及び不動産の鑑定評価に関する法律の一部を改正する法律」を審議して議決した衆議院国土交通委員会が，「地価の個別化の進行等による不動産市場の変化に伴い，実際の不動産取引価格に関する情報の提供が求められていることにかんがみ，取引価格情報を提供する仕組みの構築を含め，地価公示のあり方についての検討を行うこと」を政府に求めた（同年5月21日附帯決議）。

　もっとも，この動きは，立法府において卒然と始まったものではない。行政府における伏線の動きは，まず，その前の年に見出される。2003年の国土審議会土地政策分科会の建議である。そして，そこに至るまで，じつは意外に長い歴史があって，そのゴールが，むしろ2003年と翌04年であった。

　取引価格情報の開示に向けての具体の提案がなされるまでの前史を思い切って少し大きく時間の幅をとるならば，まず，平成の土地基本法（1989年）において「個人の権利利益の保護に配慮しつつ，国民に対し，土地の所有及び利用の状況，地価の動向等の土地に関する情報を提供するように努めるものとする」という規定が設けられた（同法17条2項，のちに現行の18条2項に改正）。

　ついで1997年に閣議決定された新総合土地政策推進要綱においては「有効利用に向けた土地取引の活性化のためには……土地情報の整備・提供等を進める」とされ，さらに1999年の土地政策審議会答申は，「実売価格の開示に関しては，まず，一般に存在するプライバシーや守秘義務に関する懸念を払拭することに努めるべきである。その上で，売り手側に偏在する実売価格に関する情報を集約して，売り手買い手のどちらにも偏らない中立的な形で，取引の関係者からの要請に応じて提供できるような仕組みを検討すべきである」（「土地政策審議会意見とりまとめ」，1999年1月13日）と提言している。

　今世紀に入り，2003年3月に閣議決定された「規制改革推進3か年計画（再改定）」において，都市再生分野における重点計画事項として，不動産市場の透明性確保のための不動産関連情報の一層の開示ということが掲げられ，また，住宅・土地関係の分野別措置事項として，インデックスを作成する民間の主体などが取引事例情報を十分に活用することのできる態勢を調えるべきことが謳われた。

　やがて，このような伏線を経て，国土審議会土地政策分科会には，土地情報ワーキンググループが設けられ，不動産取引価格情報提供制度の実現に向けての具体的な方策の検討が本格化した。このワーキンググループの報告を受けてされたものが，上記紹介の国土審議会の建議にほかならない。そして，これが，この制度の具体的な実現に直接の決定的な契機を与えた。

　(2)　**導入された制度の概要**　　実現した不動産取引価格情報提供制度は，まず登記申請を契機として価格情報を収集する。収集された価格情報は，たとえ

ば「みなもと市とくがわ〔17番地〕の土地が5300万円で売られた」という仕方で開示される。亀甲括弧で囲んだ地番は開示されないし，売買当事者の氏名は明らかにされない。

　これは，上述の国土審議会土地政策分科会の建議が，「物件が特定できないように配慮した情報提供が，現時点では，最も国民の理解が得られやすい方法であると考えられる」としていたことによる。

　導入された制度をみると，まず，更地である土地の場合には，位置の概要，地目，取引時点，面積および取引価額（土地価格）の諸情報を収集して，一般に提供する。また，マンション（区分建物）の場合は，位置の概要，地目，取引時点，取引価額（総額），上物の床面積および種類について，同様の手順がとられる。さらに，戸建の建物（非区分建物）が上物として所在する建付地の場合は，やはり位置の概要，地目，取引時点および面積を明らかにするほか，取引価額を示すものとされるが，これは，総額を示すことを原則としつつ，分離可能な場合は土地価格および上物価格を分けて提示し，さらに，上物の床面積や種類も明らかにすることとされている。

　これらの情報を収集する端緒は，上述のとおり，登記異動情報である。すなわち，法務大臣の所管の下に置かれる法務局または地方法務局に配される登記官は，売買を原因とする所有権の移転の登記の申請を受理してこれを実行した場合は，これを登記異動情報として，土地鑑定委員会に提供する。同委員会は，異動情報の提供を受けた不動産の取引の当事者に対しアンケートを実施し，これに対し回答のあった者に対しては，さらに専門家を派遣して調査に当たらせ，情報の正確を期する。専門家は，ふつう不動産鑑定士が充てられる。

　(3)　**制度導入へ向けてされた論議**　普通の市民がマイホームをもつために土地を買おうとするときの，これもまた，ごく普通の情景を想い浮かべてみよう。気に入った土地の広告を不動産屋で見つけたが，価格は，5700万円である。家族で相談したが，用意できる予算に，もう少しのところで届かない。5200万円であれば，なんとかなる。が，不動産屋と交渉する際，5000万円台の後半が相場である，と言われたら，どうしよう。もし，そのようなとき，近隣の土地が，いくらで取引されたか，を知ることができるならば，家族で相談するときの参考にもなるし，不動産屋に相談する際にも，有力なセカンド・オ

ピニオンを手にして臨むことができる。

　不動産の取引が実際にされた価格を一般に開示して提供する制度により意味のある情報提供をするためには，5200万円か5700万円かで家族と悩んでいた上出の人も，土地を購入したのちに，実際に買った値段を政府に届け出てもらう必要がある。

　このような制度を導入することをどう考えるか，政府が行なった国民の意識調査では，6割の人が賛成していた。しかし，関係業界を中心に反対の声も強い。反対の論には，いろいろあるが，よく考えると，不思議な感じがするものも含まれている。

　たとえば，不動産の価格情報は，これまでも十分に提供されてきたから，税金を使って新しい制度を作るのは無駄である，というものがあった。たしかに，不動産屋にゆくと，その物件は5700万円の値を付けられて広告が貼られている。それが，参考にならないことはない。しかし，私たちが知りたいのは，広告の価格ではなく，いくらで最終的に売られたか，である。5700万円は，あくまで売り手が，この値で売りたいと考えている価格にすぎない。

　あるいは，こういう反対論もある。価格を開示すると，ある土地が売られたことがわかり，引っ越してきた人のところに，新聞の購読勧誘や家具の押し売りが来てトラブルが起こる，という。しかし，これは，おかしい。著者の体験を話せば，既に引っ越しの作業をしている現場に新聞の勧誘が一件，翌日には，竿を買わないかという業者と別の新聞勧誘が来た。もちろん，こうした勧誘が行き過ぎるときは，規制の仕組みが働かなければならないが，それは，まったく別の話である。土地を買った人がいて引っ越してきたことは，現況の視認により判明することであり，取引価格の開示との間に因果関係がない。

　さらに，こういう反対論もある。いわく，取引価格の開示は個人の資産状況に関する秘密を不必要に晒すものである。ウーム，しかし読者の皆さんは，どう考えますか。いったい，いうところの個人は，誰のことでしょうか。買い手でしょうか。しかし，土地が5200万円で売られたとき，買い手の資産状況とは，その土地を持っている，ということであり，その事実は，いまでも登記簿などを見れば，わかること。そして，その買い手が5200万円（あるいは実態に即して丁寧に言うならば，組むことのできるローンに足すと5200万円になる頭金）を調達

したことは，その人の過去の資産状況であるにすぎない。では，秘密が云々されるのは，売り手のほうであろうか。おそらく，そうであるであろうし，そして，そこらあたりに，この論争の微妙な部分が潜んでいるのではないか。考えてみたいのは，売り手に 5200 万円の現金が入ってきたことは，その人の資産状況の決定的な秘事を晒すことになるか，ということである。繰り返すが，ある土地が売買されたことは，これまでも登記簿などから明白である。そして，だいたいの相場から推して，おおよそ 5000 万円台のお金が売り手に入ったことを既に世人は知っている。注意しなければならないこととして，この「だいたいの相場」は，売り手にとっては，量的に連続した観念である（売り手の預金口座に入ったお金は，5000 万円台のどこかである，という問題）にすぎないのに対し，買い手にとっては，その土地が手に入るか入らないか，という質的に決定的な意味をもつ。

　500 万円のお金。それは，サラリーマンにとって，オイソレと右から左に用意することができるお金ではない。それが不要であれば土地を買えるかもしれない人が一生の買い物に成功するかしないかを悩んでいるときに，刻みが 100 万円の細かさで預金の額が知られるのを嫌だという人の利益は，それが無意味であるとは言わないものの，絶対的に尊重しなければならないものであるか。

　⑷　**あらためて制度の趣旨目的を確かめる──取引情報の提供は何より消費者のために**　　取引価格情報の提供は，いろいろな方面から要請される。しかし，施策の論議で中心に置かれなければならない観点は，国民一般，つまり，普通の人がマイホームを購入するような場面である。国民生活の基盤である土地について，情報の偏在を是正し，消費者が市場動向を適切に把握して取引に臨むことができる環境が調えられるべきであり，そのようにして消費者の不動産市場への関心や信頼が喚起され，醸成されることは，土地取引を活性化し，社会と経済の全体に良い効果をもたらすにちがいない。

──────────────　**解　説**　──────────────

🄑🄒🄑　土地情報政策の土地基本法における根拠

　土地基本法 17 条が公的土地評価の，同法 18 条 1 項が諸種の土地情報につい

て調査の実施，そして情報の収集を，そして同条 2 項が収集した情報の国民への提供を定める。国民への提供に際しては，「個人の権利利益の保護に配慮」することの留意が要請される。土地情報といわれるものは諸種のものがあり，土地の価格に限られない。「土地に関する施策の総合的かつ効率的な実施を図るため」に得られる各般の情報であり，「地籍，土地の利用及び管理の状況，不動産市場の動向」が例示される（同条 1 項）。公的土地評価に関する本文 **83** の説明は，東京都不動産鑑定士協会（編）『ベーシック不動産実務ガイド／入門から最新理論までをナビゲート』（第 3 版，2019 年）66-67 頁による。

102　地価公示法に基づく公示価格

　地価公示の標準地は，ある場所とその周辺の地価の水準を代表する場所を選ばなければならない。土地の利用状況や形状などについて変則な特殊事情がある土地であってはならず，中庸な場所が選ばれる。土地の現況は，その地域の一般的な用途のものとして，利用の状況が安定していることが望まれる。もちろん，境界に争いがあったりしてはならず，確定の場所として現地で確認される土地でなければならない。

　政府が運営する「土地総合情報システム」というウェブサイトで公示価格の実際を参照してみよう。本書を刊行する有斐閣の本社が所在する場所に近い標準地は，「東京都千代田区神田神保町 2 丁目 2 番 15」であり，2021 年 1 月 1 日を基準日とする地価は，平米あたり 540 万円とされる。

　土地収用の補償金の額は，「近傍類地の取引価格等を考慮」した「相当な価格」を基礎とする（土地収用法 71 条）。それは，通常，地価公示区域に所在する土地を収用する場合において，地価公示法に基づく公示価格を基準として算定する（公共用地の取得に伴う損失補償基準 9 条の 2）。

103　不動産鑑定評価の制度

　「不動産の鑑定評価」とは，不動産の経済価値を判定し，その結果を価額に表示することをいい，**不動産鑑定業**は，他人の求めに応じ報酬を得て，不動産の鑑定評価を業として行なうことをいう（不動産の鑑定評価に関する法律 2 条）。不動産鑑定士でなければ，不動産の鑑定評価をすることができない。鑑定評価は，

土地の所有者などの関係者から依頼を受けてするものを含め，不動産鑑定士が「良心に従い」する（同法 5 条）。土地の所有者から依頼を受けて鑑定評価をする際は，同人から報酬を受ける契約をするが，そうであるからといって，ことさら同人に有利な鑑定評価をする "クライアント・プレッシャー" のような事象はなくさなければならない。公的土地評価である地価公示の仕組みのなかでされる鑑定評価は，そのようなことがない半面（地価公示法 26 条参照），一つの標準地について 2 人で関与する。ある地域について集団でする共同の作業になることに伴う課題もある。「その地域を担当する鑑定士の会の中に長老的な鑑定士がいて，役場や地主ともつながっており，大先生が出す鑑定には逆らいにくい」（rea「公示地価・路線価決定の『裏力学』／忖度と属人性にも左右⁉」週刊ダイヤモンド 2021 年 5 月 1 日・8 日合併特大号 55 頁）といったことが常態であるとは考えにくいが，現実の一端ではあるかもしれない。

104　被災地の土地の評価という問題

　被災地というものが，多様であるからには，被災地の地価の算定の在り方なども，安易に単層的に語ることのできる問題ではない。くわえて，このような空間の拡がりとは別に，時間の問題，言い換えるならば，災害発生の前と後という問題もある。地価調査の資料とされる取引事例は，発生以後のものを収集することは実際上困難であるから，発生前のものを用いることになるが，その前後では，不動産とその取引環境は大きく異なる。

105　震災減価率の概念

　東日本大震災の際，こうした困難を前にして，日本不動産鑑定協会（当時）は，国土交通省と連携し，おもに津波被災地を視野に置いて，「東日本大震災の被災地における平成 23 年都道府県地価調査実施のための運用指針」（2011 年 6 月 27 日）を作成した。そこに登場する概念で注目されるものが，震災減価率にほかならない。震災がなければ発揮されていた効用から差し引くべき価格部分を求めるための震災減価率の観念を導入することとし，その震災減価率は，大きな 2 つの要因から構成するものとされる。ひとつは，土地の取引をしようとする需要が萎えることによる減価であり，あとひとつは，いうまでもなく，

173

震災の物理的な被害により土地の使用が困難となり，そもそも効用を発揮することができなくなることによる減価である。

　ここで，そもそも震災減価率というものを考えること自体が，時間の問題への一つの処方である意義をもつ。くわえて，被災地の空間的な拡がりに対応して，震災減価率を構成する2つの要素の両方を考慮しなければならない事例と，需要後退の要素のみを考慮することがふさわしい事例とがあることであろう。

106　不動産取引価格情報提供制度──その導入論議を顧みる

　「近代以降の統治は，宗教にかわって政治のはたらきを統合力の主軸に据えて進められるようになった。共同的な信念にもとづく自然的な一体性・同質性ではなく，複数の異なる（しばしば対立の火種となる）共同性のあいだに人工的な関係をうちたてるはたらきのことを『公共性』と呼ぶならば，それ以外に，『社会』を積極的に支えるものはない」のである（足立幸男〔編著〕『政策学的思考とは何か／公共政策学原論の試み』〔2005年〕313頁〔那須耕介〕）。はたして不動産取引価格情報提供制度の導入に公共性はあるか。あるとして制度導入に賛成する意見があり，反対する意見もあった。

　たとえば，こうである。

　A　実際取引価格を公衆が知ることになったのでは，不動産流通の業がしにくくなり，反対である。

　B　実際取引価格が開示されるならば，されない場合に比べ投資家からみて市場が透明になり，不動産投資が促進される。

　C　開示される価格のなかには，取引の個別事情が影響する変則的なものもあり，それを開示することは，取引関係者に誤解を生じさせ，市場を混乱させる。

　D　市民は，不動産市場が不透明なものであるイメージをもっており，マイホームを買う際などに，その不透明感が不安や悩みをもたらしている。

　E　取引をした当事者は，自分たちが決めた価格を一般に晒して知られることには心理的抵抗感を抱くのではないか。

　F　取引された価格が開示されるならば，それを活用し加工するなどして不動産情報を提供する新しい産業が生まれると予想される。

107　制度導入に賛成する意見の論理構造

　不動産の取引価格情報を収集して，それを公衆に提供する制度を導入することの効用については，いくつかのことが指摘された。

　まず，いうまでもなく，この制度が今まで存在しなかった全く新しい情報提供であり，市場参加者にとって非常に有益であるということがある。バブル崩壊以降，不動産市場は所有よりも利用を重視する実需中心に変化し，これにより物件の個別化が進んできた。こうした変化に伴い，商業地では収益性を，また，住宅地では利便性を考慮し合理的に判断しようとする購入希望者や内外の投資家が増えており，取引の際の判断材料として，より幅広く，詳細な不動産情報が求められるようになってきた。

　ここで考え込んでおかなければならないことは，市場にとっての効用とは，どの範囲の人を念頭に置いてのものであるか，という問いである。そして，この問いに対する答えは，すべての人ということでなければならない。不動産に投資する人たちのために，という視点は，たしかに重要である（**106**のB）けれども，それのみでは視点として足りない。

　すべての市場参加者のために，という理念を確かめておくうえでは，つぎのような事実に思いを致すことが有益である。2003年8月に国土交通省が実施した世論調査では，不動産取引に対して「難しそうでわかりにくい」「何となく不安」という人の合計が約8割にも達している（**106**のD）。このことからも，不動産市場への不安感を軽減することが，市場活性化に不可欠であることは明らかであろう。ここで，全国に地点が設けられた場所についての地価公示に加えて取引価格情報が開示されることになるならば，個人・事業者を問わず，市場参加者は多くのメリットを享受することになる。

　個人の住宅であれ，事業用のオフィスビルであれ，実際に不動産を売買しようとする市場参加者で，値付けや購入の参考に公示価格だけを頼りにする人はいない。売り手も買い手も，リアルタイムの価格情報を欲しいと思うのは当然である。その際，不動産業者にアドバイスを求める前に，あらかじめ得ておく必要のあるセカンド・オピニオンに当たるものが，実際の取引価格情報にほかならない。

　このように考えてくるならば，なぜ実売価格情報の開示が必要であるか，そ

れは，ヒトコトで言うならば，国民生活の基盤である土地について，情報の偏在を是正して，消費者が市場動向を適切に把握して取引に臨むことができる環境が調えられるべきであるし，また，そのようにして消費者の不動産市場への関心・信頼が喚起・醸成されることは，土地取引を活性化し，社会と経済の全体に良い効果をもたらす，ということにある。国民が不動産を危険なものと思っている限り不動産市場は活性化しない。地価の下落傾向が終息したときにも，そのことの市場による認知が遅れるといったことも危惧される（公示価格によったのでは判然としない地価の動向を知るうえで実売価格〔原文では実勢地価〕把握の重要性に焦点を置くメディアの論調として，「公示価格ではわからない首都圏389駅の実勢地価『伸びる駅』『沈む駅』」週刊朝日2003年5月30日号，およびその批評である亀和田武「『伸びる駅』と『沈む駅』／亀和田武さんのマガジンウオッチ」朝日新聞同年6月1日づけ朝刊）。

　なお，やはり制度導入の利点として説かれていることとして，不動産業界への影響ということがある。不動産実売価格が明らかにされることによる影響ないし業界の変化として，不動産の流通を扱う業は，国民が実売価格情報を手にしていることを前提として，情報の解釈や，より充実した情報を補充することに業務の中心が移り，情報産業への構造転換を促されることであろう。公的に提供される取引価格情報に加工や解釈を施して，個別・特殊な情報需要に応えてゆくことは，まさに民間の智恵にこそ期待される（⑩のF）。

108　制度導入に反対する意見の論理構造

　不動産取引価格情報提供制度の導入に対する反対論のなかには，まず，提供される実売価格情報が，かならずしも正常に形成された価格であるとは限らないにもかかわらず，正常価格と誤解される弊害がある，という意見がある（⑩のC）。しかし，正常価格とは限らない，という事実は，いったい，この制度に反対する側から出されることが自然な論議なのであろうか。この事実に向かい合うとき，解決の方向は，2つあるであろう。一方において，提供される取引価格情報が，かならずしも正常に形成された価格でないことがあるから，制度導入を見送り，不動産流通業の体質を温存したまま，国民に対し，業者の助言により取引をするのがよいと説く，という方向がある。他方において，取引

価格情報提供の制度改良を求めつつ，構造転換を果たして情報産業に脱皮した業者が，専門的な見地から，その土地の特性に即した価格の理解を消費者に提供する，という在り方もあり，なにが正解であるかは，自ずと明らかではないか。

　つぎに，地価公示の制度との関係も問われる。地価公示は都市計画区域を対象に，全国の数万地点の毎年 1 月 1 日時点の価格を年一回公表するものであり，即時性がないものの特定の地点を定点的に判定している。半面において，実売価格は，実勢価格をほぼリアルタイムに公表することができるが，取引がなければ情報は出てこない。地価公示の制度があるから実売価格情報提供が不要である，とか，両者の役割分担が不明瞭であるという批判に対しては，どのように応えてゆくべきであろうか。

　著者は，この違いをよく胃の検査に喩えて説明してきた。年に一度の定期検診でバリウムを飲み，健康状態をチェックするのが地価公示。全体像の把握や過去との比較には適しているものの，これだけでは精密なところはわからない。対するに取引価格の情報は，まさに胃カメラによる診察のようなものであり，ある地点の状況をピンポイントでつかむことができ，地価公示とはその役割が大きく異なっている。したがって，これら両方を利用することで，さらに正確な不動産情報の把握が可能となるのではないか。

　実際のところ，実売価格情報の提供が始まったことにより，およそ同一と思われる特性をもつ不動産の価格が大きく異なって提示されたり，公示価格と実勢価格の乖離が明らかになったりするといった可能性は否定することができない。さらにいえば，全く同じ不動産であっても，時期や売買の状況によって価格は変化してゆく。たしかに，複数の価格情報が存在することで，それらをどう判断するかという解釈の必要性は増えるであろう。しかし，解釈の手間があるから情報が豊富になるのをやめよう，という議論は，おかしい。これは，実売価格が正常価格と誤認されるという指摘に対しても同様である。

　不動産取引価格情報提供制度に関しては，不動産の流通に関わる産業に従事する人々などから，「仕入れ値がわかると，売るときに買いたたかれてしまう」という反対意見が聞かれた（**106** の A）。制度導入時も今も，厳しい経済状況であるから，今日，明日の取引に支障を来すと心配する人も，たしかにいるであ

ろう。しかしその先に，市場拡大効果が生まれるとしたらどうか。どちらがプラスなのかを，少し長いタイムスパンで見守るよう求めてゆくことが必要であるかもしれない。一般の人たちが価格情報を通じて不動産を身近なものに思う世の中にならなければ，市場に将来はない。

　国民のなかには，不動産市場の仕組みがもつ"わかりにくさ"を糧として商売がなされている，という印象を抱いている人が多い（**106**のD）。こうした印象を払拭するため，不動産業の側には，正面から，不動産取引価格情報提供制度をめぐる論議に立ち向かい，その安定的な実施に協力や理解を恵むことがあるならば，不動産業という産業自体も，前向きに発展すると想像されるが，どうか。公示価格ばかり参考にしてマイホームを探す市民は，想像することができない。したがって，市民に提供されなければならないものは，不動産業者にアドバイスを求める際にあらかじめ得ておく必要のあるセカンド・オピニオンに当たる情報でこそある。

　また，不動産業界では，今後，市民が実勢価格情報を手にしていることを前提として，その情報の解釈や，より充実したデータを補填することに業務の重点が移り，情報産業への構造転換が促されることになるであろう（**106**のF）。そして，構造転換を果たし脱皮した業者が，プロフェッショナルとしての専門的な見地から，その不動産の特性に即した価格の理解を消費者に提供するという在り方に変化することも期待される。不動産取引価格情報提供制度は，こうして，不動産業界を情報化するきっかけになるかもしれない。

　また，いままで論じてきたものとは少し異質であるが，実売価格情報を開示することはプライバシーの侵害にならないか，という議論もきかれた（**106**のE）。しかし実売価格情報が，個人の人格的内面に関わる情報であるプライバシー固有情報に当たるとは考えられない（横浜地判平成11年1月25日判例タイムズ1026号182頁参照。なお公共事業買収用地のための不動産鑑定評価書の情報公開に関する東京高判平成13年12月20日判例時報1802号49頁）。なお，実売価格情報が地番などにより土地を特定する仕方で提示される場合には，個人識別情報に当たると考えられるところ，個人識別情報は，その開示について，秘匿を求める利益を凌駕する公益が認められるときに，これを相当な手段で開示することは，一般に許容されている。

　この制度を導入するにあたり政府が行なった意識調査の結果においても，6割の人が不動産取引価格情報提供制度の導入に賛成している。普通の市民は，自分が取引をした不動産の価格を知られて困る，とは感じない。

　むしろ注意をしておきたいことは，この論点に背負わされた政治的意味である。というのは，不思議であることとして，土地情報ワーキンググループの中間とりまとめ→同最終とりまとめ→国土審議会建議，と進んだ一連の経過のなかで，この論点については，繰り返し検討の内容を提示しているにもかかわらず，それらと正面から向き合うことがなされないまま，これもまた繰り返し，プライバシーの論議が不足しているとか，軽視しているとかいう挙証責任を回避する態度の論議がされた。

　仔細に観察するならば，一般の市民のなかにも，自分がした取引の価格を露骨には知られたくない，という素朴な秘匿欲求意識があるかもしれない。しかし，それは，裏返して言うならば，露骨でない仕方で開示をするという工夫で克服することができる問題である。

109　不動産取引価格情報提供制度をめぐる論議は何であったか

　不動産取引価格情報提供制度に対する反対論は，まず，前述 **106** の A，つまり，実際取引価格を公衆が知ることになったのでは，不動産の流通業がしにくくなる，ありていに言うならば，元値を晒しては商売にならない，という議論として提出される。これに対しては，何よりも，同じく **106** の D，つまり，市民が不動産市場に対し不透明なものであるイメージをもっており，マイホームを買う際などに，その不透明感が不安や悩みをもたらしている，ということを指摘して応接してゆかなければならない。実売価格の情報を躊躇しないで開示することにより市場の透明性を向上させることによってこそ初めて，市民が安心して不動産市場を利用するようになり，市場が活性化する，という議論の進め方である。

　また，補助的な理由として，**106** の F を掲げてもよい。業界の反対といっても，世代が交代してゆくならば，情勢は変化する。やがて若い世代が台頭するならば，ふるくからの価格情報の開示忌避の感覚から脱皮し，むしろ価格情報が開示されていることを前提として，それを活用し加工するなどして不動産情

報を提供する新しい産業が生まれるということは，期待し難いことではない。

　つぎに，不動産取引価格情報提供制度に対する反対論として，**106** の E，つまり，取引をした当事者が，自分たちが決めた価格を一般に晒して知られることには心理的抵抗感を抱くのではないか，ということは，ひとまず丁寧に対応しておく必要がある。ひとまず，というのは，この論点は，じつは，やや政治的な文脈で提起された疑いが濃い。不動産取引価格情報提供制度の導入が論議された当時，一般の市民から，プライバシーの観点で苦情や抗議が寄せられたことはない。この論点は，奇妙なことに，市民ではなく業界から出された。ふだん人権に関心を抱いて何か活動をしているようにはみえない業界から提起された問題提起は，そこで，しばしば言葉遣いが洗練されていない文章で語られた。一夜づけで勉強した受験生が書いた答案のような生硬な表現が散見されるのは，このためである。実際には，導入論議の当時に実施した意識調査を見る限り，国民意識は，この問題について頑強な抵抗感を示すというものではなかった。

　そして，このことは，むしろ制度導入を推進する側に対し，いったい不動産取引価格情報提供制度を導入するのは，だれのためであるか，ということについての省察を促す契機を恵む。だれのためであるか，についての議論の立て方は，前述 **106** の D が主軸でなければならず，**106** の B は，補助的な理由として位置づけられなければならない。市民のために，という，より政策的通用力が広大であるほうの説明を選んでこそ，この制度は，安定した趣旨啓発が可能である。

　これらのうち，D について言うならば，著者は，しばしば，このことをヨーロッパの街角のある光景を喩えで持ち出して説明している。あまり日本では見かけないが，デパートのエントランスなどで，建物に入ろうとすると，前に入った人がドアを少し開けていてくれる。そして，自分が入ったならば，やはり後の人のためドアを閉めないでおく。不動産取引価格情報提供制度は，これと同じ市民の互助にほかならない。自分がマイホームを買うときに，国土交通省のウェブサイトで取引価格情報を得て助けられたのであるとするならば，自分が買ったときの情報も同省を通じて後の人の参考に供しようではないか，というメカニズムが期待される。

これとは異なり，投資家のため，という**106**のBの要請は，存外に脆い。制度導入論議の過程においても，いろいろな企業にインタビューすると，各社とも抱えている事情が複雑であり，同じ企業のなかで，不動産の開発を実際に手がけている部門は情報開示に消極的であるのに対し，不動産投資部門は，当然のことながら賛成に与する。結局，「弊社としては，まとまりませんでしたから，態度留保という記録にしてください」とか，「うちにインタビューしたこと自体なかったことにしてください」とか言う始末である。

こうした状況を見るならば，制度導入を安定的な説明を支えとして進めるためには，やはり国民の全体のために導入する制度である，ということを力説してゆかなければならない。なるほど実売価格として開示される価格のなかには，取引の個別事情が影響する変則的なものもあり，それを開示することは，取引関係者に誤解を生じさせ，市場を混乱させるということが，あるかもしれない。そこから，**106**のCの反対論が出てくるが，これは，制度の具体的な仕組み方というテクニカルな問題で克服してゆくことができる。現在においても，不整形な土地であるなどの変則的な異常要素を希釈，除去して開示するための一定の工夫が行なわれているし，また，抜本的には，多少の変則的な要素があっても情報自体は率直に開示し，あとは，民間において，それを活用し加工するなどして不動産情報を提供する新しい産業が育つこと，つまり**106**のFの契機が，今後，おおいに期待されてよい。

106からここまでの考察は，山野目章夫「不動産取引価格情報提供制度／その導入論議を顧みる」住宅土地経済82号（2011年秋季号）における分析をあらためて提示するものである。

110　不動産の登記と取引価格情報

売買による所有権の移転の登記の一つの登記事項として取引価格を記録し，その情報を一般に提供するアイデアは，筋が宜しくない。一見すると，収集と提供が一挙に効率的に達成されるとも映る。不動産の登記は，権利の変動を公示して権利変動を第三者に対し対抗することを可能とする制度である。権利変動の原因をなす取引の内容を記録して開示するための制度ではない。売主と買主が根拠を示しながら売買契約があったことを申述して所有権移転登記を求め

るならば，登記官は，それを認容せざるをえず，売買の代金を問う必要はない
し，問う立場にもない。

第6章　土地の管理

第1節　土地の管理という課題へのアプローチ

● 管理と利用，どこが異なるか？

土地の管理という課題を考える　　土地について，絶対にしなければならない処置として，すくなくとも隣地や周辺に悪影響を及ぼしてはならない。そのうえで，できれば，社会や経済に役立つよう用いられるとよい。

管理がされない土地があり，所有者もわからなくて困る場面を3つほど想像してみよう。

ひとつめ。保育園を建てる適地が見つかったが，園庭と駐車場を設けるのに少し土地が狭い。隣の手ごろな土地の持ち主がわかるとよいけれど……。とはいえ，落ち着いて考えると，隣地の所有者がわからなくても，要は，そこを園庭や駐車場に用いることがかなえばよいではないか。法律の仕組みは，どのようになっているであろうか。

ふたつめ。先々代が持っていた土地は，どうやら自分が受け継いでいるらしい。正確に述べると，受け継いだ人たちの一人であるようである。先代の相続，遡って先々代の相続により多くの相続人が生じているらしく，自分が知らない人や，知っていても交流のない親戚がいたりする。その人たちの全員のハンコがなければ，この土地は売却も賃貸もできないものであろうか。

みっつめ。お隣の土地の柿の樹の枝が当方に伸びてきていて，困る。切ってほしいけれど，お隣に住んでいたおとしよりは，最近，姿を見かけない。自分で切ってしまってよいものかしら。

85　所有者がわからなくて何が困るか

土地の所有者がわからない，という事態になって，何が困るか。

あるいは，だれが所有者であるかわかっているが，その所有者がどこにいるか，わからない，という事態も異ならない。それで何が困るか。

困った問題が起こらないとすると，なにか大袈裟な仕掛けを考える必要はない。

けれど，実際には，困った問題がいくつか起こる。3つばかり挙げてみよう。

86 仮設住宅や保育園

第一に，その土地を買って用いたい人がいる。その人にとっては，土地の所有者またはその所在がわからなければ困るにちがいない。ただし，よく考えると，買いたいと考えている人に本当に同情しなければならないか，よくわからない場面もある。その土地で事業を始めると，大きな利潤が得られるであろう，と考えて土地の取得を望む人に対しては，最も冷たく突き放すならば，ご自分で所有者を尋ね歩いたらどうですか，そのための費用も事業費として見込んでおくと宜しいですね，という話で済む。たしかに，所有者不明という障害で多くの人たちが事業を立ち上げるのに不便があるようでは日本の経済が全体として進みにくい，という問題はあるかもしれない。けれど，裏返して述べるならば，その限度の話である。

土地の取得の障害になって本当に困る場面は，その土地が“みんな”のために必要である，という場合である。大きな災害の際，仮設住宅を作る用地が欲しい。あるいは，まちづくりを上手に進めるために，その土地を取得することが望まれる。これらの場合は，何か考えなければならない。

もっとも，その場合であっても，土地の所有者をトコトン探して見つけ出さなければならないか，すこし立ち止まって考えてみてもよい。仮設住宅を建てたいならば，建てればよい。それをしても法律に触れないとしてもらえるならば，安心である。災害のような不時の事態でなくとも，保育園を建てたいけれど用地がないというならば，用地と見込んだ土地に保育園を作ればよい。もちろん勝手に建ててはいけないけれど，手順を尽くすならば咎めなくてもよいであろう。所有者またはその所在が不明である場合において，その土地の使用を認める制度には，**地域福利増進事業**がある（→ 第2節）。また，**所有者不明土地管理制度**は，土地を管理する管理人を置く仕組みであり（→ 第3節），その管理人が土地を管理し，場合によっては，売却などの処分をすることも認められる。やはり管理人が登場する制度には**管理不全土地管理制度**がある（→ 第4節）が，

趣旨目的は所有者不明土地管理制度と異なる。

87　共に所有するという事態の理解

　所有者と連絡ができなくて困る場面の第二は，自分と共に土地を所有する人たちがわからない，という場合である。ほかの人たちと一緒にする土地の所有は，**共有**とよばれ，所有する人たちが共有者である。共有者は，他の共有者の人たちと共に土地の管理をする（→第5節）。だから，他の共有者の行方がわからなくては困る。もっとも，土地を取得する場合において，ふつう，他の人と共有にするようなヤヤコシイ話にはしない。どうしても共有になってしまう場合で最もありふれた場面は，親の土地やさらにその先代の土地を相続する場合である。ほかにも相続人があると，その共有は**遺産共有**とよばれる（→第6節）。他の相続人がつきあいのない親戚であったりすると，厄介である。こんな状態は，早く終わらせられるとよい。遺産共有を終わらせる方法も，知っておきたい。

88　お隣に住むおとしより

　所有者がわからなくて困る第三の場面は，お隣の土地の所有者という問題である。だれでも想像することができる例を挙げよう。お隣に住むおとしよりは，顔を合わせると，おはようございます，とか，暑くなりましたねえ，という言葉を交わす。けれど，それを超えるつきあいはない。家族構成とか，そういうことは知らない。

　そのおとしよりを見かけなくなったこのごろ，その人が住んでいた隣地の林檎の樹の枝が当方に伸びてきて困る。風のたよりに，そのおとしよりは高齢者介護の施設に入ったと聞く。その施設がどこであるか知らないし，わかったとしても，まさか老人ホームにいる人に対し樹を切って欲しい，と求めるわけにもいかない。娘さんや息子さんに連絡ができるとよいけれど，そもそもそういう身寄りのある人であろうか。だいたい，話が少し大袈裟である気がする。そんなふうに親族にことわらなくても，当方に伸びてきている部分の枝を私が切り落としてしまっていけないものか。どのように法律はなっているか。これは，民法が**相隣関係**という概念で扱う（→第7節）。これも，よくみてみよう。いず

185

れにせよ，これが困った問題が起こりそうな三番めの話である。

89　ふたたび所有者がわからなくて何が困るか

　異なる3つの場面を眺めてきたところで，あらためて，土地の所有者または
その所在がわからなくて，何が困るか。

　じつは，所有権を持っている人そのものが行方不明であること自体によって
困る問題はない。困る問題は，土地が利用されず，また管理されていない事態
である。ふつう，土地の利用や管理は，所有者がする。だから所有者と話がで
きない，という事態が困難をもたらす。けれど，それだったら手順を用意して，
所有者との相談を経ないで，土地を利用したり管理したりする仕組みを用意す
ればよい。

　そこで土地基本法が，何よりも土地の利用と管理が所有者の責務であるとし，
そのうえで，地域住民など土地所有者でない者により利用と管理を補完する仕
組みを考えよう，というガイドを示している。

━━━━━━━━　解　説　━━━━━━━━

111　土地所有者等の利用と管理の責務

　土地基本法6条1項は，土地の所有者が，同法2条から5条までに定める土
地についての基本理念に則り，「土地の利用及び管理……を行う責務を有する」
と定める。注釈を添えよう。責務を負う者は，法文に即して精密に述べると，
土地所有者等であり，この概念は，「土地の所有者」と「土地を使用収益する
権原を有する者」との総称である（同法4条1項）。「土地についての基本理念」
は，同法2条から5条に定めるものであり，すでに解説した（→15）。

　6条1項がいう土地の「利用及び管理」とは何であるか。**利用**とは，土地の
効用を実現することをいう。効用として考えられるものは，土地ごとに異なる。
「土地は，その所在する地域の自然的，社会的，経済的及び文化的諸条件に応
じて適正に利用……される」べきであり（同法3条1項），また，「土地の利用
……に関する計画に従って」利用されるべきである（同条3項）から，ある土
地が土地利用計画を参照して宅地にするのに親しむならば，建物を築くことが

利用になる。同じく，耕作に適する土地であれば，耕作をして利用する。土地の状況によっては，建物を築いたり農地にしたりせず，何もしないでそのままにしておくという利用もある。

　土地の**管理**の概念は，土地基本法3条2項を参照して得られる。「周辺地域の良好な環境の形成を図る」ことに調和する状態を保ち，「周辺地域への悪影響を防止する」ことをいう。

　「利用」と「管理」の2つの概念は，矛盾したり対立したりするものではない。また，同じ局面を利用の概念で説明し，また，管理のそれで説明することは，当然にありうる。ある土地に建物を築いたり耕作に供したりせず，まったくそのままにしておき，ただし，フェンスを設け，近隣に鳥獣被害や悪臭をもたらしたりしないようにする措置を施すことは，粗放的利用とよばれ，また，粗放的管理とよばれる。粗放的管理は，見方によっては利用をしていない状態である。それもあってよい。土地の置かれている状況によっては，また，その土地について定められた土地利用計画に照らし，粗放的管理は，利用をしていないというよりも，それもまた一つの利用の形態である。土地所有者は，管理を怠ってはならない責務を負うけれども，どのように利用をすべきかは，多様な観点を総合して定まる。土地を現に使用していないという利用の形態もありうる。秋山靖浩「土地管理制度と土地所有権に対する制約／『土地を使用しない自由』を出発点として」法律時報93巻5号・7号（2021年）参照。

　土地所有者などが「利用及び管理……を行う**責務**を有する」という法文は，何を告げたいものであるか。3つの事項に注目しよう。第一は，この法文のみをもって国民の権利を制限し，あるいは義務を課したりする効果を導くことはできない。土地基本法が定める基本施策は，すべてそうである（→**11**）。草ぼうぼうのまま放ってある土地の前を通りかかった人が，その地主に対し，「あなたは土地基本法6条1項に違反しているからケシカランのであり，罰金を払うべきだ」などと述べることは，暴言である。同法6条1項を受けた具体の法律を示し，それに違反しているとする指摘ならば，ありうる。第二に，個別具体の制度を通じて得られる意義としては，所有者の権能を制限し，所有者でない者が土地の利用や管理に関与する制度を正当なものとする思想の基礎を提供する。そこに所有者がいるにもかかわらず，選任された管理人がする管理の事

務を適法とする**管理不全土地管理制度**が，その例となる（→**第 4 節**）。第三に，費用の負担に関する基本思想を確かめる意義をもつ。管理不全土地管理制度に基づいて管理人がする管理の事務は，所有者が自らするものでないとしても，その費用を所有者が負担しなければならない（民法 264 条の 13 第 2 項）。なぜならば，管理の責務を負う者は，所有者であるから。

112　土地所有者の責務という思想

　土地基本法 6 条 1 項が，土地の所有者に対し，費用の負担を含め土地の利用と管理の責務を課する，と聞くと，なんと過酷なことか，土地を所有しているというだけでそこまでの負担を負わなければならない，とは納得ができない，と叫ぶ方もいるかもしれません。

　まあ，まあ，落ち着いて議論をしましょう。すくなくとも 2 つの観点は，留意されてよい。

　まず，土地所有者に義務ばかり課するように述べられるけれども，所有権というものは，それを有する者にダメージばかり課するものではない。土地を所有し，それを自分の判断で用いてきて，利益も得たはずである。今は利益を生まない，としても，親の代は，どうであろう。利益を生む土地を保有し，それで得られた財産と共に土地を受け継いだものではないか。いい思いをしたときは利益を手中にし，ややこしくなってくると土地の負担を拒む。この態度は，皆さん，どう考えますか？　想い起こしていただきたいことがあります。私たちの社会には，生涯にわたり土地の保有と縁がない人だっている。それは，その人が悪いからではない。この社会の格差は拡がり，容易に解消することは困難である。土地を保有する機会がないまま懸命に生きる人々の納める税を管理が困難になった土地の管理に無造作に注ぎ込むことは，明らかに正義に反する。

　もうひとつ。しかし，そうはいっても，どう考えても土地所有者の責務にばかり帰することが適当でない場面はある。大きな災害があり，土地の復旧に多大の費用を要する。あるいは，思わぬ埋設物が発見され，それを所有者が埋めたものではないのに撤去の責任が問われる。あるいはまた，所有者自身は土地を放っておこうとしている土地にどうしても保育園を作りたいと街のお父さんやお母さんが望む。こういう場合の局面打開の費用をすべて所有者に課する解

決は，ヘンであろう。これらの解決は，国や地方公共団体の仕事ではないか。たしかにそうであり，だから土地基本法7条1項は，土地に関する施策の総合的な策定に関する**国と地方公共団体の責務**を定める。

113　国と地方公共団体による利用管理の補完という施策の展開

　土地基本法7条1項が定める国と地方公共団体の責務の規定を受け，その責務を具体的に可視化して，同条2項は，「土地所有者等による適正な土地の利用及び管理を確保するため必要な措置」を講ずるというガイドを示し，また，「地域住民その他の土地所有者等以外の者による当該利用及び管理を補完する取組を推進するため必要な措置」を予定する。前者の「必要な措置」の一環として土地所有者に対する費用の公的な支援があってよいであろう。後者の「補完する取組」の典型が，民法が定める**管理不全土地管理制度**である（同法264条の9）。民事の法制である同制度そのものは，選任された管理人が，所有者がそこにいるにもかかわらず土地の管理に介入してもよい（難しい法律の言葉で述べると，管理人の行為の違法を阻却する，と表現する）。民法が定める範囲はそこまでであり，そこで管理人がする管理の費用，さらに管理人への報酬をどのように負担するか，実質の答えを用意しない。それは，民法が定める所有者不明土地管理制度（同法264条の2）も異ならない。いちおう所有者が負担する，という建前のルールが示されるけれども，実際上，所有者はアテにならない。そういう局面において，もし当該土地の管理が地域の役に立つという関係から，当地の地域の管理構想に照らし公共が費用を出捐してもよい，という社会の納得が得られるならば，そうすればよい。しかし，いつも公共の負担が是認されるというものではない。私たちの納める税は，きちんと説明がされるように用いてもらわなければ困る。管理がされていない土地の困った状態を解消して誰が幸せになるかを十分に考え，都道府県の支援がよいか，市町村がお金を出してよいか，お金を出さないとしても地域の街づくりをしている人たちを何かの仕方で支援するか，よく場面ごとに考えなければならない。

第2節　地域福利増進事業

● 福利とは，福と利のこと

　所有者不明土地を地域のために用いるという課題　　所有者がわからない土地を収用することができるか，と問うならば，それは，できないことはない。土地収用法は，不明な地権者に対し，その土地を収用して起業者に所有権を移す手続を認める。高速道路や鉄道を通す予定の土地に所有者が不明な部分があると，そこのみ収用するチャンスがない，という扱いは，おかしい。

　けれど，土地収用は，土地を必要とする事業について土地収用法が定める事業認定という重い手順を経なければならない。

　そんなに重い話にしなくても，所有者がわからない土地を地域に役立てたい，という需要はたくさんある。あそこの荒れ地を用い幼稚園や保育園を作りたい，それからそこに子どもたちを安全に連れていくための道路も，その隣の土地を使いたい。それらの土地の所有者がわからないけれども，なんとかならないか。このような身近な話にいちいち事業認定という大仰な手立ては要らない。そのかわり，所有権を移してしまうということにはせず，期間を定めて土地を用いさせてもらう。ねらいは，福利の増進であり，福は福祉，利は利便である。ただし，単なる福利でなく，地域の福祉であり，地域のための利便である。本当に地域のためになるか，それは事例ごとに都道府県知事が判断する。これが，地域福利増進事業である。

90　所有者不明土地の使用を可能とする制度

　政府が衆議院に提出した「所有者不明土地の利用の円滑化等に関する特別措置法」の案は，2018年6月6日，参議院で可決され，法律として成立した。この法律は，いわゆる所有者不明土地問題について初めて講じられた体系的な法制上の措置である。

　所有者不明土地の利用の円滑化等に関する特別措置法が創設する新しい制度が，地域福利増進事業である。**地域福利増進事業**とは，地域住民などの共同の福祉または利便の増進を図るために行なわれる事業であって，法律が定める種類のものをいう（同法2条3項）。具体的には，道路・学校・公民館・図書館・社会福祉施設・病院・公園・緑地・広場・運動場や，災害復興のための住宅・

施設などとしての使用が考えられる。こうした土地使用のため，**都道府県知事の裁定**により地域福利増進事業の用に供するものとして所有者が不明である土地を使用することを認めるものとされる（同法 10 条・13 条）。期間として 10 年以下の期間を定めるものとされ（同条 3 項），この期間は，延長が認められる可能性がある（同法 19 条）。

91　土地を使用する手続

　所有者不明土地を使用したいと望む事業者は，都道府県知事に対し，特定所有者不明土地の使用権の取得について裁定を申請する。その際には，「特定所有者不明土地の所有者の全部又は一部を確知することができない事情」（所有者不明土地の利用の円滑化等に関する特別措置法 10 条 2 項 6 号）を明らかにしなければならない。**裁定の申請**を受けた都道府県知事は，関係市町村長や関係行政機関の長の意見を聴くなどしたうえで，裁定の申請がされた事実を公告し，申請の基本的な内容について公衆の縦覧に供しなければならない（同法 11 条）。これに対し，自分が所有者であるとする者は，その旨を申し出ることができる（同条 4 項 3 号ロ参照）。こうした経過を辿り，都道府県知事は，その裁定の申請を相当でないと認めるときは，申請を却下しなければならない（同法 12 条）。

92　所有者を探索する手順の考え方

　地域福利増進事業として用いる土地は，**所有者不明土地**でなければならない。ぜひ注意をいただきたい点として，所有者は必ずどこかにいる。所有者不明土地であって所有者不在土地ではない。

　その論理の帰結として，探索をして所有者が不明であると見究める手順は，どこかで手仕舞いにしなければならない。論理上必ずいるはずだから，といって所有者を探し続けなければならないとすると，この話は永遠に終わらない。それでは地域福利増進事業が永遠に始まらないから，どこかで打ち切ることになる。

　もちろん，なんとなく打ち切って所有者不明ということにしてしまおう，というのでも困る。そこで手抜きをすると，どこかに必ずいる所有者の財産権を侵害し，憲法適合性に疑いが生ずる。

　そこで，どこまで探索をすればよいか，したがってまた，どこまで探索をしなければならないかは，法律で定めなければならない。実際の法律は，基本の手順を定め，細かい事項を政令に委任する。その政令も，いっそう細かい点を省令，この場合は国土交通省令に委任するから，所有者探索の方法に関する法令の体系は，複雑である。

　それらの法令の内容を政府のお役人が解説すると，なんだか解説してもらう前のほうが理解ができた，というくらい，話は精緻である。仕方がありませんね。お役人はまじめですから。そこで，あまりまじめでない著者がざっくり解説をします。

　まず，現地を訪れる必要はない。つまり，フィールド・ワークではなく，デスク・ワークで探索を進める。郵便やメイルを用いる。昔の公共用地取得の手引を読むと，現地に赴き，土地の古老などに事情を聴いて回る，などと指南される。そんなのは，おかしい。だいたい，現代日本で，古老とは，どんな人であろうか。それに，現地で出会ってどうするか。あそこの土地の登記名義人はなくなったようですが，娘さんや息子さんはいましたか，と尋ねるのであろうか。尋ねられた人は，他人の家の事情を見知らぬ者にペラペラしゃべってよいか。もう，こういうのは，やめなければならない。

　そうすると，やはりデスク・ワークということになるが，では，どの範囲の人たちに電話やメイルの問合せをするか。基本は，登記名義人の親族である。しかし，親族というのは，配偶者，それから6親等以内の血族と3親等以内の姻族であり，かなり広い。全員に聴かなければならない，となったら非現実的である。そこで，デスク・ワークでわかった範囲の親族に問い合わせ，それらの人たちへの郵便が舞い戻ってきたり，事情を知らないという回答が返ってきたりする場合は，そこで仕舞い。つまり，そこで，所有者不明土地が現われる。

93　どのような使用目的であれば認められるか

　所有者不明土地であることが決まった土地の使用の裁定申請を受けた場合において，相当でないとして都道府県知事が裁定の申請を却下する場合は，どのような事例であるか。裏返して述べると，どのような要件が充たされるならば，裁定が与えられるか。

　裁定の申請を受けた都道府県知事は，申請に係る事業が次の要件のすべてを充足すると認められるものであることを確認し（所有者不明土地の利用の円滑化等に関する特別措置法11条1項），いずれかの要件を充足しないと判断する場合は，申請を却下しなければならない（同法12条参照）。その具体の主要な要件は，①事業が地域福利増進事業に該当し，かつ，土地の適正かつ合理的な利用に寄与するものであること，②使用権の目的となる土地が所有者不明土地，厳密に言うと法律の定義する特定所有者不明土地に該当するものであること，③使用権の存続期間が事業の実施のために必要な期間を超えないものであること，④事業により整備される施設の利用条件が，その公平かつ適正な利用を図る観点から適切なものであること，⑤権利取得計画および資金計画が事業を確実に遂行するため適切なものであること，⑥使用権の存続期間の満了後に土地を原状に回復するための措置が適正かつ確実に行なわれると見込まれるものであること，そして，⑦事業者が事業を遂行する十分な意思と能力を有する者であることなどである。

94　地域福利増進事業の活用イメージ

　これらの要件群が指し示すものは，どのような思想であろうか。漢字3字の言葉を2つ取り上げることを緒口として考えてみよう。

　公共性と経済性。この2つはandでつながれるか。それとも，orで考えることでよいか。

　ここが，所有者不明土地を所有者が判明しないまま用い始めることを考える際の土地政策の勘所にほかならない。私たちの前には，おそらく非常に狭い選択，つまり隘路しか開かれていない。土地政策に携わる人々は，ここを常に自覚しなければならないであろう。たしかに**経済性**を欠くならば，地域福利増進事業は，活用されず，機能しない。だから，都道府県知事の裁定の要件として「権利取得計画及び資金計画が事業を確実に遂行するため適切なものであること」が求められる（所有者不明土地の利用の円滑化等に関する特別措置法11条1項5号）。しかし，それのみでよいか。所有者と会うことができないまま，その土地を用いることの憲法適合性を確保するためには，**公共性**を充たすことが強く要請される。そこで，「事業が地域福利増進事業に該当し，かつ，土地の適正

かつ合理的な利用に寄与するものであること」が要件となる（同条1項1号）。2つのキーワード，公共性と経済性は，and でつながれなければならない。

　このようなものが理念であるとして，では，実際は，どうか。

　公共的な目的で土地を使用する場合において，容易に思い浮かぶものは，土地収用法に基づく土地の公用収用であろう。土地収用は，事業をする起業者へ土地の所有権を移転することもできるが，その手続を用いることができる事業は，土地収用法3条が定めるもののいずれかでなければならない。同条が掲げる事業は，概して，重く，大きな事業である。たとえば道路に用いるための土地という際，その道路は，道路法による道路などでなければならない（同条1号）。しかも，主題となる個別の事業が同条の事業に当たることについて土地収用法16条・17条に基づく事業の認定を受けて初めて，土地収用の手続を進めることがかなう。

　これに対し，地域福利増進事業は，土地の所有権を取得することはできず，土地を使用するにとどまるけれども，土地収用法3条の定める事業より範囲が広い。地域福利増進事業に当たるとして公共性が認められる土地使用の場面として，ゴミが不法に投棄されているなど適切に管理されていない土地を公園や広場に整備したり，空き家を除却する行政代執行がされた場合において，建物を除却した後の空き地を公園や広場に整備したりするなどの事業の実施が想定される。もちろん，保育園を建てる適地が見つかったが，園庭と駐車場を設けるのに少し土地が狭いという場合において，隣の手ごろな土地の持ち主がわからないというときに，所有者不明土地の利用の円滑化等に関する特別措置法が定める手続に従い，そこを使用することが可能になる。その保育園の園児が通うために用いる通路の適地も，同じ手続で使用することができ，その通路が道路法の道路の定義に当たるかどうか，というような腐心は要らない。

------------------------ 解　説 ------------------------

114　地域福利増進事業という制度の誕生の物語

　地域福利増進事業を定める「所有者不明土地の利用の円滑化等に関する特別措置法」は，所有者不明土地問題に対する初めての政府の体系的施策である。

法律の内容は，国土審議会の土地政策分科会特別部会の調査審議に基づいて，政府が法律案を作成した。

　上限の年数を定めて所有者不明土地の使用を許す地域福利増進事業の制度を同法に盛り込む際，上限の年数の見定めは悩ましい論点であった。100年とするのは論外，50年もダメである。いかに使用をするだけといっても，それでは所有者にことわりなく所有権を簒奪するに等しい。財産権保障を侵害する違憲の疑いが生ずる。初めて作る制度であり，すこし遠慮して5年でどうか，という仕方で審議会が進む。けれど，よく考えると，いささか短すぎはしないか。たしかに裁定申請の段階で既に事業者は計画を練っているであろうが，現実には，裁定がされてから更に1年，2年と計画，準備，工事と時が過ぎ，いつまでも本来の利用を落ち着いてできないまま，やがて5年の満了が近づく。これでは，地域福利増進事業に名乗りを上げる事業者はいないのではないか。

　結局，審議会は，最低でも5年以上の期間を上限とする，という答申を出し，ピンポイントの年数の選定を政府の行政判断に委ねた。

　どうであろうか。読者の皆さんのなかに，それでは審議会として無責任であるとして難ずる方がおられるであろうか。そこは，批判にお任せするほかない。著者において史料たる証言として伝えておくとすれば，けっして無責任ではないと信ずる。たしかに審議会は，学識や経験を備える人たちが集っている。けれど，その人たちは，選挙を経ているか。学識と経験に基づいて精一杯の所見をとりまとめたものであるが，そこの判断を誤る際，責任を負う術がない。

　これに対し，政府は，そうではない。理屈上，所管の国土交通大臣を中心にまとめられる法律案が仮に所期する政策効果が得られないとして衆議院が不信任を議決すれば，それに対し大臣が去就を明らかにして必要な説明をする。

　2018年3月，政府は，上限を10年として都道府県知事が期間の定め，裁定をして土地使用を認める地域福利増進事業を含む法律案を決定し，衆議院に提出した。

115　地域福利増進事業として認められる使用目的の範囲

　どのような事業が地域福利増進事業として認められ，所有者不明土地の使用ができる可能性が開かれるかは，所有者不明土地の利用の円滑化等に関する特

別措置法 2 条 3 項の地域福利増進事業の定義を見ると，わかる。ただし，同項
9 号において政令で追加して定めることができるものもあることに注意を要す
る。いくつか例を眺めよう。道路を設けることは同項 1 号で認められるのに対
し，鉄道の事業は，所有者不明土地の利用の円滑化等に関する特別措置法施行
令 4 条 3 号で認められる。鉄道のように恒久的に軌道を設ける事業は，使用権
を与えるにとどまる地域福利増進事業に親しまない印象もあろう。たしかに，
軌道は，そうである。これに対し，駅舎を建て替える際に仮駅舎を建設する用
地などとしては，むしろ打ってつけではないか。なお，鉄道建設の事業のなか
でも，新幹線のような高速鉄道の建設を独立行政法人が担う場合は同条 4 号が
根拠である。

　公園・緑地・広場は同法 2 条 3 項 6 号が，また，大きな災害に際し建設し，
被災者が居住するものとして提供する住宅は同項 7 号が根拠となる。

　地域福利増進事業として店舗を設ける土地利用を認めてよいか。手放しで認
めるわけにはいかない。所有者にことわらないで使用を始めた土地で店舗営業
を始め，おおいに儲かっているが，その地域にとって特に役に立つとはみえな
い，というなりゆきでは困る。同項 8 号は，「災害に際し災害救助法が適用さ
れた同法第 2 条に規定する市町村の区域」に設ける場合と，「その周辺の地域
において当該施設と同種の施設が著しく不足している区域」における購買施設
の建設を認める。おとしよりが買い物をするスーパー・マーケットが近所にな
いという場合は，地域から歓迎されよう。「都市構造の評価に関するハンドブ
ック」(国土交通省，2014 年 8 月）における高齢者徒歩圏の定義を参考にすると，
半径 500 メートル以内に全く店がないということであれば，周辺に著しく不足
するという要件を十分に充たす。「地域福利増進事業ガイドライン」(国土交通
省，2019 年 6 月作成，2021 年 4 月改訂) 8 頁注 5。

116　所有者不明土地・特定所有者不明土地・特定登記未了土地

　所有者不明土地の利用の円滑化等に関する特別措置法の法文を上手に読むた
めには，所有者不明土地，特定所有者不明土地，そして特定登記未了土地の 3
つの概念を区別するとよい。

　まず，同法は，「相当な努力が払われたと認められるものとして政令で定め

る方法により探索を行ってもなおその所有者の全部又は一部を確知することができない一筆の土地」を**所有者不明土地**と定義し（同法 2 条 1 項），「探索」という契機が強調される。この定義からは，あわせて，所有者の全部がわからない場合のほか，その一部がわからない場合を視野に含めることが明らかになる。

　登記簿を調べ，そこに所有権の登記名義人が登記されているとしても，それで直ちに登記名義人との通信連絡ができるようになるとは限らない。登記名義人が死亡している場合は，相続人を探索し，それを戸籍で明らかにすることになるが，戸籍から直ちに住所は判明しない。また，登記名義人が死亡していない場合において，その登記上の住所が現在のものであるとも限らない。古い登記は，行政区画や住居表示の変遷もありうる。そこで，所有者がわからない，という問題の解決は，所有者の所在の把握を含まなければならない。

　すべての所有者不明土地が地域福利増進事業の対象となるものではない。地域福利増進事業が行なわれる土地は，特定所有者不明土地にほかならない。**特定所有者不明土地**は，所有者不明土地のうち，簡易なものを除き現に建築物が存せず，しかも，業務の用など特別の用途に供されていない土地をいう（同法 2 条 2 項）。

　また，**特定登記未了土地**は，所有権の登記名義人の死亡後に相続による所有権の移転の登記などの登記がされていない土地であって，土地収用法が定める収用適格事業を実施しようとする区域の適切な選定など公共の利益となる事業の円滑な遂行を図るため所有権の登記名義人となり得る者を探索する必要があるものである（同法 2 条 4 項・40 条）。

117　実際に所有者を探索してみよう

　まず，なんといっても登記簿をチェックするところから始める。登記名義人として個人が記録されており，氏名と住所が記録されている。これらは，登記事項証明書を登記所に請求すると，わかる。そこで，登記名義人の住所に宛て，お話があります，と記した書面を郵送する。それが宛先不明で返送されてきたならば，登記名義人の住民票記載事項証明書を請求する。これにより登記名義人が死亡した事実を知ったならば……という手順で探索は進む。

　所有者探索の手順を合理的なものとして明確化する際の考え方は，国土審議

会土地政策分科会特別部会の中間とりまとめ（2017年12月）において，つぎの
ように要約される。すなわち，登記や戸籍，あるいは住民票のような「公簿調
査については，所有者の特定に繋がる客観性の高い資料を調査するものである
ため，所有者の多寡にかかわらず，確実に実施する必要がある。……他方，聞
き取り調査については，それにより得られる効果とそれに要する時間・費用・
労力を勘案し，その調査の範囲を合理化する必要がある。例えば，親族への聞
き取り調査については，聞き取り対象者が公簿調査で容易に把握でき，不明者
の所在情報を得られることも多い一方，地元精通者，近隣住民等などへの現地
での聞き取り調査については，地縁的関係が希薄化している現代においては端
緒情報を得られないことが多くなっているほか，個人情報保護の観点からも問
題が生じる可能性が指摘されていることから，聞き取り調査の範囲を親族等合
理的な範囲に限定することなどが考えられる」。

118　所有者を探索する方法を定める政省令の規律の理解

　所有者不明土地とは，上述のとおり，「相当な努力が払われたと認められる
ものとして政令で定める方法」によって所有者を探索しても，探索が奏功しな
い土地である（所有者不明土地の利用の円滑化等に関する特別措置法2条1項）。政令が
定める方法というものの基本は，登記名義人の親族について照会を重ねていっ
て，それで結局は関係者がわからなければ所有者不明ということになる。政令
の規定とは，所有者不明土地の利用の円滑化等に関する特別措置法施行令1条
である。同条を読むと，そこで定められる方法の細目のいくつかの事項は，国
土交通省令に委任されている。委任を受けて設けられている省令の規定とは，
所有者不明土地の利用の円滑化等に関する特別措置法施行規則の1条から3条
までである。

　まず，関心をもった土地の登記事項証明書の交付を請求して判明する登記名
義人の住所に宛て，問合せの書面を送付しても返送されてきたところから話が
始まる（所有者不明土地の利用の円滑化等に関する特別措置法施行令1条1号・3号参照）。
そこで，登記名義人の住所地の市町村で住民票記載事項証明書を求めると，そ
れにより登記名義人の生死がわかる。また，登記名義人の本籍もわかる。登記
名義人が死亡していた場合において，その本籍地の市町村に対し戸籍謄本など

戸籍に記載した事項に関する証明書および戸籍の附票を求める。それを見ると，登記名義人の父母の氏名がわかり，また，登記名義人に配偶者や子がある場合において，それらの事実もわかる。やがて配偶者の父母もわかる。この場合において，相続人となる可能性がある者が，配偶者および 2 人の子であるとしよう。ここまでで得られた書類から判明し，または推測される登記名義人の父母，子ら，配偶者の住所へ宛て，場合によっては配偶者の父母に照会の書面を送付する，という手順になる。この手順を定める政省令の規定は前述のとおりであるが，とくに所有者不明土地の利用の円滑化等に関する特別措置法施行規則 1 条柱書のなかの，ただし書の部分が重要である。登記や戸籍など，書類を調べていって，関係者のうち，それら「により判明したものに限る」とされるところが，要請される探索方法の特徴をよく表わす。その結果，たとえば，配偶者が死亡しており，2 人の子らのうち一方とは連絡交信がかなったのに対し，他方は所在がわからない，ということになると，その連絡交信に奏功した子が所有者の一人ということになり，他の所有者は，いるかいないかわからず，また，いるとしても所在がわからないから，所有者の一部を確知することができないという結論に至る。

119　無償で土地を使用するということにはならない

　所有者不明土地の使用権を都道府県知事の裁定により与えられる事業者は，ただで土地を使用することにはならない。それは，そうであろう。ただ，というのは，おかしい。「土地使用権等の取得の対価の額に相当する補償金」（所有者不明土地の利用の円滑化等に関する特別措置法 16 条 3 項）を支払わなければならない。支払わなければならない，といっても，本来の支払の相手先である所有者は音信がないから，実際には供託をする（同法 17 条）。補償金の額は，使用する土地の借賃に相当する額であり，それを期間の全部について一気に支払うから，年金現価率を乗じて調整をしなければならない。くわえて，事業者が土地の使用を認めてもらえるということは，見方を改めると，事業者が使用することで土地を管理してもらっているという側面もある。そこで，土地使用権を取得する対価の額は，年あたり，借賃の相当額から維持管理費用の相当額を控除して得られる金額に年金現価率を乗じて得られる。前掲ガイドライン 115 所

引）75-76頁。

第3節　所有者不明土地管理制度
● どこがフザイカンと異なるか？

> **もともと民法にあった不在者の財産の管理の制度**　　民法が改正され，所有者不明土地管理制度を定める規定が盛り込まれた時期は，2021年。10年前に起きた東日本大震災の復興の際の所有者不明土地の利活用には用いられなかった。
>
> 当時，よく用いられた制度が民法にもともとあった不在者の財産の管理の制度である。不在者という人の財産の全体を管理する制度であり，本来，土地それ自体を管理する目的の制度ではない。不在者の財産に土地が含まれているならば，結果として事実上，土地の管理にも資するという関係が注目された。しかし，いつまでもそれでよいという話にはならない。

95　機動的でパワフルな制度

　所有者がわからず，または，わかっているとしても所有者がどこにいるかわからない土地について，そのままにしておくと困った問題がいろいろ生ずるという場合において，裁判所は，**管理を命ずる処分**をすることができる。これをする裁判所の裁判は，**所有者不明土地管理命令**とよぶ。命令というけれど，特定のだれかに何か具体的な事項を指図する，という話では必ずしもない。なにかを所有者に命じようとしても，所有者はいない。裁判所が特定のアクションをだれかに指示する処分というものも考えられないことはないが，ふつう「管理を命ずる処分」は，裁判所がコントロールする管理が始まりますよ，という抽象的な宣言に加え，眼に映る具体の効果としては，命令と同時に裁判所が**土地の管理人**を選任する，というところに意義がある。

　所有者不明土地管理命令により動き出す仕組みの全体を**所有者不明土地管理制度**とよぶ。この制度は，機動性に富む制度であり，また，パワフルな制度である。

200

96　機動性に富む所有者不明土地管理制度

　機動性とは，よばれればどこにでも来てくれる身軽さをいう。土地の所有者
はわかっているが，どこにいるかわからないために連絡をとることができない，
という場合において，所在がわからない人の財産は，民法が用意している**不在**
者の財産の管理の制度で引き受けられてきた（山野目章夫『民法概論1／民法総則』
〔2017年〕47–51頁〔15〕において解説する）。この制度は，不在者という"人"の財
産を管理する制度であるから，その人の財産の全部を管理する。裁判所から選
任された管理人は，できる範囲で不在者の財産を調べ，目録を作る。土地のみ
に関心をもつという進め方にはならない。

　けれども，不在者の財産の管理の制度を用いなければならない，という遠慮
をする必要はない。本節で主題とする所有者不明土地管理制度を用い，裁判所
に対し，所有者不明土地管理命令の発令を申し立てても，叱られはしない。こ
れまで用地取得の現場においては，"フザイカン"というニックネームが与え
られる不在者の財産の管理の制度を用いて土地を扱おうとしてきた。けれども，
これからは所有者不明土地管理制度を用いることも視野に置いてよい。そこで
は，所有者が有する他の財産のことを気にかけないで話が進む。

　余談を一つ。うるさく法制的によぶと，不在者の財産の管理と「の」を置く
表記が正しい。でも，そんなことを言ったら，忙しい現場から叱られますね。
"フザイカン"で何が悪い。まるで小役人のような言い方をするな，でしょう
か。ごもっとも。

97　所有者不明土地管理制度はパワフル

　所有者不明土地管理命令が発せられ，裁判所が管理人を選任すると，その管
理人には，その土地の一切の権限が**専属**する。「専」の字は，皆さんが御存知
のとおり，もっぱら，そこのみ，を意味する。もっぱら管理人に権限が帰属す
るから，所有者は，所有者であっても，権限を失う。所有者不明土地管理命令
が発せられると，それを発した裁判所の裁判所書記官は，登記所に対し，この
経過を登記上明らかにする登記を嘱託する。この登記がされると，これが抹消
されない限り，帰来した所有者が自分で土地を売ろうとしても登記の申請を却
下される。所有者は，自分が帰来した事実を裁判所に明らかにし，所有者不明

土地管理命令の取消しを請求しなければならない。この取消しをする裁判所の裁判所書記官が上記の登記の抹消を嘱託し，抹消されると，所有者が自らする登記手続が動く。管理人に権限が専属するということは，これほどの力強さを意味する。

	不在者の財産の管理	所有者不明土地管理制度
制度の趣旨	不在者という人の財産の管理	土地という物の管理
手続開始の登記	なし	あり（裁判所書記官の嘱託）
管理人の処分権限	権限を有する。（権限外許可）	専有する。（権限外許可）

98　手続の進め方

　所有者不明土地管理命令を発して欲しい，と裁判所に求めることができる人は，だれであるか。**利害関係人**である。登記簿を見ると，源兵衛さんが所有権の登記名義人になっている土地がある。源兵衛さんとは，連絡がとれない。土地は荒れ放題で，いろいろな人が来てゴミを投げ入れるから，悪臭がひどい。隣地の高橋さんが困っている。もちろん高橋さんは，利害関係人である。高橋さんが申し立て，これを受け裁判所が所有者不明土地管理命令を発する際は，管理人が選任される。管理人には，資格の制限がなく，きわめて特殊な例外を除いては，だれがなってもよい。申立人である高橋さんが選任されることも考えられる。法人がなってもよいから，まちづくりの活動をしている特定非営利活動法人がなるということも，ありうる。その街を変えていくデッサンを頭に置きながら，最終的には土地を売却処分する可能性も，その法人としては考えているかもしれない。

　高橋さんが申し立てようとして調べてみたら，じつは源兵衛さんが10年前になくなっていることがわかった，としよう。いろいろ手を尽くして調べたら，源兵衛さんは妻との間に春子さんと源太郎さんという子があるほか，おつきあいした女性との間に晴香さんという娘さんがいる。春子，源太郎の両氏とは連絡がとれ，話を聴くと，晴香さんはつきあいがなく，どこにいるかわからない

という。こういう場合は，春子や源太郎としても，その土地の管理に困ることになる。春子と源太郎も利害関係人である。注意を要する事項は，この場合において，土地の全体について管理人を選任することにはならず，晴香の有する共有持分を対象とし，これについて権限を有する管理人を選任する。

99　いつも売却という話にはならない

では，この土地を買いたい，または利用したいと望む人は，所有者不明土地管理命令を求める利害関係人であると認められるか。答えは，イエス・アンド・ノーである。土地の取得希望者は，つねに利害関係人として認めてもらうことができるものではないが，裁判所を納得させる理由があるならば途が開かれる。土地を購入し，または土地に建物を設けるための賃借などをすることができるかもしれない。

管理人に権限が専属する，ということの意味も落ち着いて吟味しておきたい。それは，管理人のほかに権限を有する者がいない，ということを意味する。そこまでは，まちがいではない。しかし，管理人が思いどおりに何をしてもよい，とする理解は，誤りである。所有者不明土地管理制度は，あくまでも管理が主眼の制度である。土地にゴミがあって悪臭を放つならば，管理人は，ゴミを除いて臭いを発しないようにすればよい。そういうことを繰り返すよりも，その地域をこうする，という構想に基づいて作られる**土地の利用及び管理に関する計画**（→ **17**）に照らし，むしろ，しっかりとした法人や団体に所有権を移したほうがよい，と判断され，この判断を裁判所に説明して納得してもらえるならば，裁判所は，その管理人が土地の売却などをする許可を与える。売却して得られる代金は，もちろん所有者のものであるけれど，今は所有者が行方不明であるから，その代金は供託をする。

ただ土地を取得し，そこで商売をすると儲かるから所有者不明土地管理命令を出して欲しい，ええ，お金ならもってますから払いますよ，という話では許可がされない。これを認めたのでは，お金を積めば他人の土地を勝手放題に取り上げることができる制度になってしまい，憲法の財産権保障に照らし許されない乱暴な話になる。

|100|　ただ働きを管理人にさせてはならない

　管理人になるために特に資格が求められるものではない。お隣の土地が荒れ放題になっていて困っている人は，所有者不明土地管理命令が発せられる際，自分を管理人にして欲しい，という意見を裁判所に出し，認められて自ら管理人になるなりゆきも考えられる。この場合は，隣地が荒れ放題になっている状態を正したら撤収すればよく，たいした手間でもない。

　しかし，多くの関係者がいる事案において，長い期間にわたる管理が予想されたり，場合によっては土地の売却をしたりするという難度のある場合は，弁護士や司法書士のような専門家が管理人に就く選択もある。その場合の管理人にただ働きをお願いするわけにはゆかない。また，管理人への**報酬**とは別に，管理を進めていくにあたっては，さまざまな**費用**も生ずる。

　では，管理の費用や管理人への報酬は，だれが払うか。理論上，所有者が負担するに決まっている。所有者は，本来は自分が責務を負う管理を他人がしてくれるものであり，これに報いなければならない。

　とはいえ，このように実際は進まない。所有者とは連絡がとられていない。そこで，報酬や費用に充てることを想定し，所有者不明土地管理命令が発せられる際，その申立てをした人に対し，お金の予納が求められる。予納されるお金を**予納金**とよぶ。予納金は，本来，所有者不明土地管理命令による管理が終局する際，手続費用を清算したならば，申立人に返却されるべきものである。しかし，最終的な負担をすべき所有者が現われない可能性が大きい。予納金は，申立てをした人の持ち出しになるおそれがある。その予納金の額は，事件ごとに裁判所が定め，一概に額が決まっているものではない。場合によっては，100万円に及ぶ事例もありうる。予納金の額は，不相当に大きくならないようにする配慮がされるべきであり，現に実務上そのような配慮がされていくであろうが，いずれにしても普通の個人が忍んでよい金額ではない。

|101|　土地の管理のファイナンスという宿題

　普通の個人に押しつけて済む話でないならば，どうするか。管理人に与える報酬を含めて，広い意味における土地の管理のコストは，だれが負担するか。それを常に税金で賄うわけにはゆかない。もちろん国庫や地方公共団体が支弁

するのにふさわしい場面もみられる。どの場合に税金で負担するか，正当な見究めが望まれる。荒れ放題の土地が隣にあって困っている人が，たまたま市長の友人であり，市長に頼んだら市の財政でまかなってくれた，では，いけない。

　ここを解決するためには，地域ごとの土地の**管理の構想**が要る。民主的な討議を経て作られた地域のグランド・デザインが用意されていて，それに照らすと，その土地の管理について公のお金を出すことに意義がある，という説明が成りたつならば，それが可能になる。

　土地の管理のコストは，さまざまな事例がありうるから，だれが負担することがよいか，一概に決めてかかる必要はない。隣地の所有者が行方不明で困っている人は，自分のお金を提供するから隣地からの災厄を除きたいと考えるならば，そうすればよい。ある地域の再生をめざして活動している団体は，その構成員など関係者が納得するならば，その団体のお金を用いるとよい。株式会社など営利法人は，きちんと株主などに対する説明がされるならば，その事業に役立つという見込みの上に，資金を投ずる。

　土地の管理に関する民事のルールが調ったところで，次の課題は，土地の管理のファイナンスであるが，それに一つの解はなく，さまざまな人々の工夫がこれから積み重ねられることが期待される。

102　空き家の解決も視野に

　広い意味における所有者不明土地管理制度は，土地にのみ用いられるものではない。おおむね建物にも似た制度が用意される。所有者がわからない建物や，どこに所有者がいるかわからない建物について，裁判所は，**所有者不明建物管理命令**を発することができる。これにより，土地について所有者不明土地管理命令が発せられた場合と同様の仕組みが働く。

　土地とその上の建物がどちらも所在不明所有者のものである場合は，理屈上，土地について管理人が，また建物について管理人が選任される。実際の運用を工夫する余地があり，支障がないことを確かめ，同じ人を双方の管理人に選任するならば，いろいろな事務が滑らかに進む。

　注意を要する点として，所有者不明建物管理命令をマンションについて発することはできない。この仕組みが働く場面は，おもに戸建ての建物である。マ

ンションは，これから深刻な問題になっていく。なるべく早く所在不明者が保有するマンションを管理する仕組みを創らなければならない。その際は，選ばれる管理人が，同じマンションの他の関係者や管理組合との関係で置かれる立場と，それを踏まえた役割をはっきりさせなければならない。所有者不明土地問題にはない難しさがマンションにはある。マンションの問題は，これから本格的に検討されていくであろう。

─────────────── ▶ 解　説 ◀ ───────────────

120　所有者不明土地管理命令の要件

　所有者を知ることができないなどの土地について，つねに所有者不明土地管理命令が発せられるものではない。法文は，「必要があると認める」場合に発せられるとする（民法 264 条の 2 第 1 項）。裁判所が，事案に応じ，発令が相当であるかどうかを判断する。いくら機動性がある制度であるといっても，すでに他の類似の制度が始まっている場合においてまで，それらの制度を押し退けるようにして発令することは相当でない。不在者の財産の管理の制度が始まっている場合は，特別の事情がない限り，こちらの制度を用いることにはならない。理論的に見て，不在者の財産の管理に与る管理人が活動を始めていれば，土地の管理が怠られているものではないから，実質的に所有者またはその所在が不明であるとみるべきであるか，疑義が残る。また，不在者の財産の管理のもとでは，主題となる土地のみならず，不在者の財産の全体を見て財産管理を進めるから，そちらのほうが一般的には当人のために適切な成果をもたらす。この理由から，すでに不在者の財産の管理が始まっている事実を裁判所が知らないで所有者不明土地管理命令を発した場合において，裁判所は，この状況を踏まえ管理命令を取り消すことになる（非訟事件手続法 90 条 10 項）。もっとも，2 つの制度が競合しそうになる際，つねに不在者の財産の管理が優先するというものでもないであろう。不在者の財産の管理が何らかの障害があって渋滞している場合において，その土地の適切な管理や処分が急いで望まれる事情があるときに，所有者不明土地管理命令を発することが常に違法とされるものではない。

　所有者不明土地管理命令を請求することができる者は，民法が定める普通の

ルールは，「利害関係人」である（同法264条の2第1項）。特例として，所有者
不明土地の利用の円滑化等に関する特別措置法により国の行政機関の長および
地方公共団体の長，たとえば市町村長も請求することができる（同法38条2項）。

121　管理人の権限

　土地を管理処分する権限は，管理人に「専属する」（民法264条の3第1項）。
遺言執行者の権限に関する民法1012条1項や破産管財人の権限に関する破産
法78条1項と異ならない。管理人の権限は，土地の所有者が所有していると
みられる土地の上の動産にも及ぶ（民法264条の2第2項）。

　もっとも，「専属する」という規律表現は，どこかにいる所有者は権限を有
せず，その権限がいわば凍結された状態になることを意味するにとどまる。管
理人の権限が，オール・マイティであって，何をしてもかまわないという意味
ではない。民法103条が定める権限を超えて管理・処分をするには，裁判所の
許可を要する（同法264条の3第2項）。土地を売ったり贈ったりすることはもち
ろん，同法602条が定める存続期間の限度を超える長期間にわたり土地を他人
に賃貸することなどは，この制約を受け，管理人の判断のみですることはでき
ない。裁判所の許可を得ず，売却処分をする権限がないにもかかわらず土地の
売買をした場合において，裁判所の許可がなく権限がない事実を知らないで取
引をした買主に限り，売買に基づいて所有権を取得することが認められる（同
項柱書ただし書）。その際は，管理人が任務に背く権限行使をしたものであるか
ら，これを解任する事由となる可能性がある（同法264条の6第1項）。

　共有持分の管理人は，利益相反になるなどの支障の事情がない限り，共有物
の分割を請求したり，遺産分割の協議をしたりすることができる。ただし，こ
れらは処分に当たるから，裁判所の許可を要する。所在不明所有者の子が遺産
共有の共有持分の管理人となり，その子自身も遺産について持分を有する場合
は，権限行使が利益相反に当たる場合の典型であり，この管理人が遺産分割に
関与することは許されない。

122　管理人の訴訟上の地位

　所有者不明土地管理命令が発せられた土地に関する訴訟は，管理人が原告と

なり，また，被告となる（民法264条の4）。管理人による法定訴訟担当である。
管理人に権限が専属するから，ほかに所有者など訴訟当事者になる適格を有す
る者がない。ただし，そのことは，管理人の意思のみで随意に訴訟行為をする
ことを意味しない。提起される訴えの被告になるほうは，土地に関する利益を
主張する者がなくては困るから，保存行為に当たるものとして，つねに管理人
が被告となる。これに対し，訴えを提起して原告となるほうは，ほとんどの事
例において訴訟上請求する事項が実体的には処分に当たるから，裁判所の許可
を要する。また，被告となる場合も，それ自体は認められるとしても，保存行
為の限度を超える訴訟行為をするには裁判所の許可を要する。特別の事情がな
い限り，請求を認諾したり実質的に認諾するのに等しい訴訟上の和解をしたり
することは控え，防御的な訴訟対応をすべきである。原告が請求原因として主
張する諸事実は，ふつう，不知の陳述をすることになるであろう。実際，管理
人となる前の諸事情などを管理人は熟知していない事例が多い。

123　管理人の義務

　管理人は，土地の所有者のために善良な管理者の注意をもって任務をしなけ
ればならない（民法264条の5第1項）。もっとも，それは，所有者の利益の最大
の実現に向け努めるということを必ずしも意味しない。もともと所有者不明土
地管理命令が発せられる場面は，土地基本法6条が定める管理の責務が怠られ
ている場合であり，その責務は，所有者の利益というよりも，所有者のほか，
周辺の住民などの全般的な利益を慮る公共的な性格をもつ。したがって管理人
が，推認される所有者の意向と一致しない仕方で利害関係人の利害にも配慮し
た事務をするとしても，それが機械的に善管注意義務違反になるものではない。
なお，共有者の全員が所在不明であるために選任された土地の管理人や，複数
の共有持分の管理人になる者は，共有者らの全員のために公平で誠実な事務を
しなければならない（民法264条の5第2項）。

124　管理に要する費用の負担

　管理人がする事務に要する費用や管理人の報酬は，所有者が負担する（民法
264条の7第2項）。もともと所有者がするべき土地の管理に伴う負担であり，当

然のことである。この基本原則を確かめたうえで，実際の手順を描くならば，所有者が負担するといっても，所有者の所在は不明であるから，費用や報酬の請求が奏功しない。ただし，管理人の適法な処分により得られた土地や土地上の動産の対価を費用などに充ててよい（同条1項）。それでなお不足があるならば，所有者が帰来した際，不当利得として不足分を請求することになる。

125　所有者不明土地管理制度と他の共有のルールとの役割分担

　A・B・Cが等しい持分で土地を共有する場合において，Cが所在等不明共有者であるときに，Cの共有持分について所有者不明土地管理命令を発し，管理人を選任することができる。できる，ということにとどまる。この制度しか解決の手立てがないというものではない。管理に関する事項（民法252条1項）をするためであれば，Aは，Cに対し民法252条2項1号の手続をして進める。もしBが共有の運営に熱心でないということならば，Bに対しては同項2号の手続をとる。AがCの共有持分を取得することも考えられる（同法262条の2）。買い手が現われているならば，なんとかしてBの協力を得，また，Cに対する同法262条の3の手続を経て，その第三者に売却してもよい。どのような管理または処分の措置が土地について適当であるか明確になっておらず，または，それを明確にして遂行するについてAが習熟していないような場面において，所有者不明土地管理制度を用い，Aが，Cについて選任される管理人と協働して事態を打開していくことが考えられる。

第4節　管理不全土地管理制度

● 柿の樹に登ってはならない

所有者が不明でない空き地という課題　近所に悪影響をもたらす土地は，所有者がわからない土地であるとは限らない。建物も，そうである。所有者がいるけれど，ゴミ屋敷になっていて，周囲に悪臭や不衛生などの迷惑を及ぼす建物もみられる。

　庭に柿の樹があるとしよう。手入れをしていないため害虫が棲みついてしまい，

隣近所の家々にも害虫被害が及びそうな気配である。隣家の住人としては，庭に立ち入り，柿の樹の処置をしたいけれど，それをしてはならない。それは，なぜか。

103　空き地と所有者不明土地の２つの概念の交錯

　空き地とは所有者不明土地のことであるか，と問うならば，そうとも限らない。使用していない常態の土地を空き地とよぶならば，所有者らしい人の出入りを見かける土地であっても，空き地というものはある。また，空き地であるからといって，管理が怠られているとも限らない。ときおり所有者が土地の様子を見に来て，片づけをしたりしている土地は，とくに問題がない。けれども実際には，管理をしないまま放置されている空き地は，めずらしくない。

　建物も同じである。所有者がわかっている空き家もあれば，そうでないのもあり，また空き家は，管理がされていたり，いなかったりする。

　空き地や空き家の問題に関する近年の研究が明らかにしたところによると，管理が不全で困った問題を起こす事象としては，樹木や雑草が茂って困るとか，害虫や鳥獣による被害などがみられる。所有者やその所在がわからないならば，これらの支障がある土地や建物について所有者不明土地管理命令や所有者不明建物管理命令を発し，管理人を選任し，たとえばゴミの散乱であれば，管理人がゴミを片づけ，清掃をすればよい。

　これに対し，所有者がわかっていると，そうはいかない。これらの裁判所の命令は，発する要件を欠く。

104　管理不全土地管理制度のあらまし

　所有者による土地の管理が不適当であることによって他人の権利または法律上保護される利益が侵害され，または侵害されるおそれがある場合において，裁判所は，利害関係人の請求を受け，命令を発することが相当であって必要であると判断するときに，その土地を対象として，**管理不全土地管理人**による管理を命ずる処分をすることができる。これを**管理不全土地管理命令**という。この裁判をする際，管理不全土地管理人が選任される。本節においては，便宜，管理人と簡単によぶ。管理不全土地管理命令が発せられて当該土地に講じられ

る措置の全体は，**管理不全土地管理制度**とよぶにふさわしい。

なぜ管理不全土地管理制度が設けられるか。

決まっているでしょう。所有者による土地の管理が不適当であるため他人の権利または法律上保護される利益が侵害されたりするから，と答えたいところであるが，その困った事態に対しても，なにも管理不全土地管理制度を設けなくても済む，という場面は，いろいろある。

まず，所有者の所在がつかめなければ所有者不明土地管理制度を用いればよい。裏返して述べると，所有者所在不明が証明されない場合，典型的には，そこに現に所有者がいるけれど土地の管理をサボっているという場合は，所有者不明土地管理制度ではダメである。また，相隣関係に基づいて認められる権利（→ 123 ）を用いて解決が得られる場合もある。隣地の林檎の樹の枝が伸びてきて，そこに害虫が巣を作っていて困る，というならば，当方の土地に越境してきている枝の部分の切除を請求し，請求に応じなければ，それを命ずる判決を得て，強制執行をすればよい。でも，この権利が認められる者は，隣地の所有者に限られる。害虫で困っているのは，隣人に限らず，ご近所の人たちみんなであるかもしれない。それと，そもそも枝の切除ができる範囲は，あくまで越境してきた枝でしかない。先方の土地にある樹の幹に害虫の巣があると，お手上げである。

林檎の樹に巣くう害虫で困っている人たちはみんな，持っている土地の所有権を侵されたり，生活が妨害されたりしている。民法は，これらの場合において，所有権に基づく妨害排除請求権や，人格権に基づく請求権を認めるから，これらの権利を行使して裁判を起こし，判決を得て強制執行をすることも考えられる。そうすると，執行官やその依頼を受けた人が土地に立ち入り，巣を撤去するという手順も考えられないではない。あるいは裁判を起こす前提として，仮処分を得て，裁判所の判断によっては御近所の人が自ら立ち入る展開もありうる。林檎の樹であれば，それでよいでしょう。でも，柿の樹であったなら，要注意。

105　なぜ柿の樹に登ってはいけないか

皆さん，林檎の樹に登った経験がありますか。著者は少年の日にあります。

211

しっかりした堅い枝で，その上で何でもできます。優雅に楽器を奏でたりして。でも，柿の樹は，枝が脆く，折れやすい。専門家でない者が登って転落して大怪我をしないとも限らない。土地の管理は，対象とする事象について**土地の性状に即した管理の事務をする専門的能力**を要請される。樹や巣の状況によっては結局において樹を伐らなければならないかもしれない。それを管理人がしてよいか，裁判所との意見調整も望まれ，法律的な知見を求められる。さらに，害虫被害が四季によって様相が異なるならば，年間を通じての継続的な管理の事務も必要ではないか。こうなってくると，いままで民法などが用意してきた個別単発の権利では，まったく歯がたたない。

　そこで，管理不全土地管理制度を設ける。もちろん，そこで選任される管理人として，自らすべてを仕切るスーパーマンのような人がいるはずがない。全部の事務を管理人が手許でする必要はなく，事務を俯瞰して調整をすることが大事。管理人は，個人でなければならないわけでなく，法人でもよい。弁護士や司法書士の資格を持っている人がなるなりゆきは，一つの期待される姿であるけれど，その人がすべての管理の事務を一人で手足を動かしてするはずはない。管理人は，管理の事務を全部自らするものではなく，いろいろ委託をするのに適任な人を探してきて各々の事務の実行が滑らかに進むよう段取りをする。

106　ここでも費用と報酬が大きな課題

　選任される管理人が有能ならばなおさらのこと，その人にただ働きをさせてはならない。報酬と，それとは別に費用は支払わなければならない。きちんと所有者が管理をしないから管理人を置くものであり，当然，費用と報酬は所有者の負担となる。すなおに払わなければ，判決を得て，最後は強制執行をする。

　しかし，それまで管理人に報酬を待ってくれ，とは言えない。そこで，さきざきの面倒が予想される場合において，裁判所は，管理不全土地管理命令の発令を請求する者に対し，予納金を納めるよう求める。これが，一般の人にとっては，なかなか難しい。公が出してくれるとよいけれど，という気持ちはわかる。もちろん，市町村長が手続を請求する仕組みが用意されるなどの場合は，予納金を市町村が用意する。

107　土地の所有者と管理人との関係

　世の中に"微妙"という言葉がある。管理不全土地管理命令のもとに置かれる土地の所有者と管理人との関係ほど，微妙という言葉が似合う場面はない。通常，所有者は所在が不明ではない。そこに所有者はいる。その所有者を差し置いて管理人は管理の事務を進めなければならない。

　庭にある樹木が害虫被害の根本原因であるため，隣人が迷惑を受けているとしよう。その被害を防止する措置を求めても庭の所有者が応じない。そこに管理人として選任された者は，イメージを喩えて描くと，青い兜をしていく。青い兜をした人たちとは，何か。国際連合平和維持部隊である。放っておけば，隣人同士で殴り合いの諍いが始まるかもしれなかった。管理人に選任された弁護士や司法書士は，しばらく待って欲しいと被害者の隣人に告げつつ，土地の持主に伐採が賢明であると説明するであろう。この樹は自分の結婚記念の樹であり，妻に先立たれた自分にとっては，この樹こそ妻であると答えたら，どうするか。造園などの専門家に相談して，なんとか伐らないで害虫を防ぐ術がないか，調べるかもしれない。調べても方策が得られない場合は，やはり伐採が避けられない宿命を告げ，説得するほかない。法律上，管理人は管理を遂行する権限があり，伐採を断行しても違法ではない。けれど実際問題として，土地の所有者がベルトで身を樹に巻きつけ，自分に生ある限り絶対に伐らせないと抗したならば，もうお手上げである。

　その時，おそらく裁判所は，管理不全土地管理命令を発する相当性が失われたと認め，命令を取り消すであろう。あとは，隣人が所有権に基づく妨害排除請求権を行使し，害虫除去のため伐採が避けられない事情が法廷で立証されれば，裁判所が伐採を命ずる。その判決の強制執行に抵抗する者は，執行官が実力で排除する。惨いが仕方がない。記念樹という偶像に頼らなくても愛妻は，ほら，あなたの想念に常にいる，私たちの樹が虫害の源だと難ぜられて悲しいわ，と呟く様子が見えないか。見えないかもしれない。すべての人にそこの開悟を強いてもいけない。事案が難しければ，青い兜が平和をもたらさない顛末もある。

213

108　戸建ての建物にも同じ仕組みが働く

　土地のみならず，建物についても，所有者が管理を投げ出している建物については，**管理不全建物管理命令**の制度が用意される。その仕組みは，管理不全土地管理命令の制度と同様であり，**管理不全建物管理制度**とよぶことがよい。ただし，この仕組みをマンションに用いることは想定されない。その理由は，所有者不明建物管理命令の制度がマンションに適用されない事情と異ならない（→ 102）。

　建物を取り壊すことの是非。これが，管理不全建物管理命令の最大の難所である。取壊しは，法律上，処分の概念で理解される。管理人は，保存や改良の

	所有者不明土地管理制度	管理不全土地管理制度
対象となる土地	所有者不明土地。264 条の 2 第 1 項。	管理が不適当であるために他人の権利利益を侵害し，または侵害するおそれがある土地。264 条の 9 第 1 項。 所有者不明土地であってもよい。
管理人の権限	土地に関する権限が専属する。ただし，保存や改良を超える行為は，裁判所の許可を要する。許可を得ないでした行為の相手方は，善意の場合に限り保護される。264 条の 3。	管理のため，保存や改良を超えない行為をする。超える行為は，裁判所の許可を要する。許可を得ないでした行為の相手方は，善意無過失の場合に限り保護される。264 条の 10。
所有者が置かれる状態	管理人に権限が専属し，所有者は使用・収益・処分の権限を行使することができなくなる。	所有者は使用・収益・処分の権限を保つ。ただし，管理のためにする管理人の措置を認容しなければならない。
土地の処分	管理人が裁判所の許可を得てする。	所有者が同意をしない場合において，管理人は，処分をすることができない。264 条の 10 第 3 項。
手続開始の登記	所有者不明土地管理命令が発せられた事実が登記される。	管理不全土地管理命令が発せられた事実は，登記簿を見てもわからない。

　＊　法文の引用は民法の規定である。

権限を有するが，処分は認められない。ただし，所有者の同意がある場合において，裁判所が許可をする処分はしてよい。所有者の同意がある場合において，建物の状況を見て，やむをえないと人々が感ずるようなものであるならば，裁判所は許可を出すであろう。

------------------------------ 解　説 ------------------------------

126　管理不全土地管理制度の概要

　管理が不全で困った問題を起こす事象としては，ゴミの散乱，樹木の管理不全，雑草の繁茂，そして不適切な施錠などがあるとされる（馬場弘樹「多面的な要因からみた空き家の管理不全傾向」住宅土地経済 118 号〔2020 年秋季号〕）。さらに，そのほかにもいろいろあるであろう。山村部には鳥獣被害もある。

　そうした土地に関し，管理不全土地管理命令の制度は，管理人を選任し，本来は所有者が履践すべき土地基本法 6 条の責務を尽くさない所有者に代わって，管理の事務を担う。所有者の所在が判明していてもよい。そこに姿がみえる所有者を差し置いて，管理人が管理をする。管理であるから，許される事務は，原則として，保存や定められた範囲の改良に限られる（民法 264 条の 10 第 2 項）。処分はできない。ただし，所有者の同意があり，かつ，裁判所が許可を与える場合は，処分ができる（同条 3 項）。

127　管理不全土地管理命令の要件

　管理不全土地管理命令を発するためには，「所有者による土地の管理が不適当であることによって他人の権利又は法律上保護される利益が侵害され，又は侵害されるおそれがある場合」であることを要する。くわえて，発令が「必要があると認めるとき」でなければならない（民法 264 条の 9 第 1 項）。

　「権利又は法律上保護される利益」の概念の理解は，民法 709 条のものと異ならない。「権利又は法律上保護される利益」で一個の概念であり，やかましく何が権利であり何が法律上の利益であるかを論ずる必要はない。近傍に住む人の人格権（人格的利益）であったり，隣地の所有権であったりする。したがって，管理不全土地管理命令を発する場合は，併行して，人格権に基づく差止請

求権や物権に基づく妨害排除請求権も行使することができる。しかし，それらを権利者が行使することでは実効的な解決が得られない場合は，管理不全土地管理命令の出番である。一回的給付で解決せず時間的に継続する管理の措置を必要としたり，専門的な技能を用いてする対処が望まれたりする場合が考えられる。これらの場合は，管理不全土地管理命令を発することが「必要であると認めるとき」に当たる可能性が大きい。ここにいう「必要である」は，「相当である」という意味を含む。管理不全土地管理命令が唯一の解決策である必要はなく，他の解決手段に比べて優れているという場合であればよい。

　所有者の所在が把握されていないことは，管理不全土地管理命令を当然に妨げるものではないが，ふつう，所有者不明土地管理命令が相当であると考えられる。土地の所有者が住所を去っているために不在者の財産の管理が始まっている場合は，そちらの手続による管理人のもとで現実に進められている管理との関係を勘案し，裁判所が相当であると認める事例において管理不全土地管理命令を発することは妨げられない。

　管理が不適当であることに「よって」他人の権利利益に侵害が及ぶ事態につながっていくから，ここに因果関係を要する。天災地変による土地の状況の変化が隣地に被害をもたらすおそれがある場合において，ただちに管理者による管理が不適当であるとはならない。社会的に相当と認められる余裕をもって所有者が土地の復旧を検討し，自ら実行する機会は認めなければならない。この限度を超え所有者が無策のままでいることになると，たとえ天災地変に起因するとしても，管理不全があって，それにより他人の権利利益を侵害するものとして，管理不全土地管理命令が発せられる可能性がある。

　ここまでに検討する諸要件を充たすならば，裁判所は，利害関係人からの請求がある場合において，管理不全土地管理命令を発することができる。「利害関係人」の概念は，基本の理解において，所有者不明土地管理命令の場合と異ならない。土地の管理が適切でないために被害を受ける近傍の住民などは，利害関係人の典型である。市町村長が独立の資格として管理不全土地管理命令の発令を請求することはできない。所有者不明土地管理命令に関する「所有者不明土地の利用の円滑化等に関する特別措置法」38条2項とは扱いが異なる。今後，同法の見直しの際，この扱いを保つかどうか，検討されてよい。

　裁判所は，管理不全土地管理命令を発する際，必ず管理不全土地管理人を選任する（民法264条の9第3項）。

　土地が共有の目的である場合において，ある共有者はしっかり管理をしているのに対し別の共有者はさぼっている，などという事態は，考えにくい。その土地は，全体として管理がされているかいないか，のどちらかである。共有持分についての管理不全土地管理命令といったものは，観念されず，そこは所有者不明土地管理命令と異なる。

128　管理不全土地管理人の権限

　管理不全土地管理人は，おおづかみに述べると，管理不全土地管理命令の対象とされた土地の管理および処分をする（民法264条の10第1項）。その権限は，土地そのものに限られない。管理不全土地管理命令の効力は，その対象とされた土地にある動産であって，管理不全土地管理命令の対象とされた土地の所有者やその共有持分を有する者が所有するものに及ぶ（同法264条の9第2項）。さらに，そうした管理や処分により管理人が得た財産の管理および処分をする権限も有する。

　ただし，管理不全土地管理人の権限の基本的性格は，管理ということに尽きる。すなわち，管理する土地などの保存行為と，それから管理不全土地などの性質を変えない範囲内において，その利用または改良を目的とする行為に限られる（同法264条の10第2項）。事案によっては，これを超える管理人の行為が望まれる場合もありうるけれども，裁判所の許可を得なければならない。この許可がないにもかかわらず，それがあると信じて取引の相手方となった第三者に対しては，許可がないことをもって対抗することができない。もっとも，許可の有無は調べれば普通はわかるものであり，調べなかった者には過失がある。裁判所の許可がないことをもって対抗することができない第三者とは，厳密には「善意でかつ過失がない第三者」であり（同項柱書ただし書），所要の調査を怠った者は，善意無過失の第三者とみることができない。

129　プチ所有者不明土地管理制度ではないか

　"プチ"という意味は，本来は所有者不明土地管理制度を用いるべき場面に

おいて，ややこしい話が嫌だから手続が軽くて済む管理不全土地管理命令の制度を用いよう，という魂胆である。ご名答。ここに気づいた人は，頭が良い。所有者不明土地管理制度を用いるのには，所有者がわからず，所有者の所在がわからないという事実を裁判所に納得してもらわなければならない。半面，管理不全土地管理制度は，それを用いるのに所有者の所在が判明していない，という要件はない。だったら，面倒な話は避け，管理不全土地管理命令の制度を用いよう，というストーリーは，十分に考えられる。

　ただし，注意点が一つ。土地に関し処分に当たる行為をする可能性が視野にあるとすれば，管理不全土地管理制度ではもたない。法文を注意して読まなければならない点として，管理不全土地管理制度にあっては，所有者の同意がない限り処分ができない（民法264条の10第3項）。同意がない限り，というのは，すすんで同意があるのでない限り，という意味である。異議がない限り処分ができる，というルールとは異なる。所有者に異議がないか，呼びかけはしたが，ついに所有者は現われず異議を述べる人はいませんでした，では済まされない。所有者の所在がわからなくて同意を取り付ける困難があるならば，その事情を説明して，所有者不明土地管理命令の発令を求めるほかない。それが，本来の道である。

130　管理不全土地管理人と所有者との関係

　管理人は，管理の事務をするうえで必要があれば，土地を占有することができる。権原を有しない者が占有している場合は，明渡しを請求することができる。この明渡請求は，管理人の職務上の地位に基づいてされ，所有者の代理人としてするものではない。明渡請求の訴訟において，所有者との間に訴訟担当の関係はなく，管理人が敗訴する確定判決の効力は所有者に及ばない。

　所有者が占有している場合は，どうか。管理の事務をするために占有が必要である事情を主張立証する管理人に対し，所有者は所有権を占有権原の抗弁とすることはできない。管理人の権限の論理的な理解は，こうなる。ただし，所有者が事実上頑強に拒み，明渡しの強制執行などが多大な摩擦ないし混乱を生じさせるおそれがあるならば，それは，そもそも管理不全土地管理命令を相当とする事例であるか，疑われる。裁判所が発令の維持を不相当と認めるならば，

命令は取り消されるであろう（非訟事件手続法 91 条 7 項）。

　管理人に土地の占有が移ったと認められる場合において，その占有を侵奪する者に対し，管理人は，占有回収の訴えを提起することができる（民法 200 条）。所有者が占有を侵奪する場合も異ならない。本来は俺の土地だ，という言い分は成りたたず，不動産侵奪罪を問擬される（刑法 235 条の 2・242 条）。

131　管理不全土地管理人の訴訟における権能

　管理人は，裁判所から委ねられ，本来は所有者がする管理の事務に携わるから，それに対し妨害を受ける場合は，所有者が妨害を排除することができるのと同じように，妨害の停止を請求することができる。そのために提起する訴訟は，管理人の固有の立場において提起される。所有者との間に訴訟担当の関係を考えたりはしない。妨害排除の訴訟に管理人が敗訴しても，その敗訴判決の効力が所有者に及ぶものではない。

132　管理不全土地管理人に関する諸種のルール

　管理不全土地管理人の義務，解任および辞任のルールは，それらの点に関する所有者不明土地管理人をめぐるルールとほぼ同じである（民法 264 条の 11・264 条の 12）。"ほぼ"と述べると，どこが異なるか，と心配になるかもしれないが，大きな話はない。話があるとすると，共有持分の管理人という概念がない，という点であろうか。A・B が共有する土地の管理が怠られている場合において，その土地（の全部）に対し管理不全土地管理命令が発せられる。A は適切に管理をしていたが B による管理が感心しない，という事態は考えにくい。そこで，土地について置かれる管理人は，A・B の両方のために，誠実かつ公平にその権限を行使しなければならない，という義務を負う（同法 264 条の 11 第 2 項）。

133　管理不全土地管理人の報酬

　管理人の報酬は，「管理不全土地等の所有者の負担とする」（民法 264 条の 13 第 2 項）。当然のことであるが，現実には，円滑に所有者から取立てができるとは限らない。そこで，「管理人は，管理不全土地等から裁判所が定める額の費

用の前払及び報酬を受けることができる」（同条1項）。「管理不全土地等から」という際は，予納金から，という意味を含む。

134　管理不全建物管理命令

　管理不全建物管理命令に関する規律は，建物の区分所有等に関する法律における専有部分および共用部分には，適用されない（建物の区分所有等に関する法律6条4項）。

　馬場・前掲論文（126所引）は，おもに戸建ての建物を想定しつつ，その管理不全として現実に多くみられるものとして，不正常な施錠を挙げる。同稿が掲げるゴミの散乱も，状況によっては土地でなく建物の問題である。これらの事態は，現場を見ると辛いものがあるが，法律論としては単純な話であり，きちんと鍵をかけ，ゴミを片づけるとよい。

　悩ましい事項は，法律関係を処さなければならない場面である。

　管理不全建物管理命令は，建物の所有者またはその共有持分を有する者が有する権利で，その建物を所有するための建物の敷地に関する権利となる土地の賃借権など土地の使用収益を目的とするものに及ぶ（民法264条の14第2項）。したがって，AがBに賃貸している土地の上にBが所有する建物の管理が不全であるために発せられた管理不全建物管理命令に係る管理人は，Bが有する土地の賃借権に管理の権限を行使する。その行使にあたり適切であると認められるならば，Bに代わって管理人がAに対し賃料を支払うということもありうる。ただし，管理人は，なるべくBの賃借権が消滅しないように取り計らう義務を負わない。それは，管理人の仕事ではない。管理人の職務は，あくまでも，建物の管理不全が周囲に迷惑を及ぼさないようにする仕事である。敷地利用権が地上権である場合の地代も異ならない。

　ある著名な歴史家が所蔵する書籍が，並んで所在する甲・乙の建物に保管されているとしよう。その人が高齢になり施設に移ったらしいが，所在がわからない。2つの建物の施錠不全があるほか，建物を所有する土地の敷地の地代の問題がある。甲建物は学者の所有地に所在するのに対し，乙建物は隣地の所有者から地上権の設定を受けて所有している。ずっと地代が支払われておらず，このままでは地上権消滅請求を受けるおそれがある。

　こういうとき，甲・乙の建物を一体として管理し，そこで学者の蔵書を包括的に保存することに合理性があると認められるならば，管理人が地代を第三者弁済する。地代を弁済する場合は，どうしても建物の維持管理に必要な場合であり，この例では，地上権そのものの存続に腐心することが，管理不全建物管理人の職務ではない。これがもし学者の財産の全体を管理する不在者財産管理人であるならば，また話は変わってくるであろう。

	所有者不明土地管理制度の管理人による土地の処分	管理不全土地管理制度の管理人による土地の処分	土地の所有者から委託を受けた代理人による土地の処分
土地の所有者の関与	不要	所有者の同意が要る。264条の10第3項。	所有者が委託する。643条・99条。
裁判所の関与	裁判所の許可の裁判が要る。264条の3第2項。	裁判所の許可の裁判が要る。264条の10第2項。	ない。
費用・報酬	所有者が負担する。予納金から支弁されることもある。264条の7。	所有者が負担する。予納金から支弁されることもある。264条の13。	所有者が委任契約に基づき負担する。648条・650条。予納金というものは登場しない。

＊　法文の引用は民法の規定である。

第5節　共有地の管理

● 無関心な共有者という困った問題

　共有地の管理は難しい　共有地の管理は難しい。なぜか。一人では管理の方法が決められないから。

　くわえて，みんなで決めようとしても，いなくなってしまう人や，連絡を返してくれない人がいる。その人たちの諒解がないと話が進まないならば，共有地の管理は，絶望的である。

109 意思決定の３つの方法

　共有地の管理を絶望的にしないためには，まず，管理において課題となる事項ごとに意思決定のルールを定めておくとよい。つまり，他人の意思にかかわらず一人でしてよいとする事項。つぎに，多数決でする事項。そして，全員が一致しなければいけない事項。この３つに振るい分けをする。そのうえで，後ろの２つについては，行方がわからなくなった者や，反応を返してくれない者の扱いについてルールを工夫する。

　共有地は，複数の人たちで一筆の土地を所有する。所有者となる一人一人の人は，**共有者**とよばれる。各共有者が共有地についてもつ権利の大きさは**持分**で示される。持分は，ふつう分数で示される。ある共有者の持分は６分の１であるとか，別な共有者は一人で過半数に当たる３分の２の持分を有する，とか表現する。どのような大きさで持分が定まるかは，場合により区々である。土地を相続した配偶者と２人の子がある場合において，３人の共有者の持分は，相続分に応じて決まる。遺言で特別の定めがされていなければ，配偶者が２分の１，２人の子がそれぞれ４分の１という持分となる。もし配偶者が自分の持分を株式会社に売ると，その土地は，会社と２人の子らが共有する。

　子の一方は所在がわからなくなり，他の一方が，居場所はわかっているが連絡をしても返事をくれないということになると，どのように土地を管理していけばよいか，会社として途方に暮れる。そこを解決することが共有地の管理の課題になる。

110 相談をしないでしてよい事項

　物の現状を維持するための行為は，**保存行為**という概念で理解され，各共有者が単独ですることができる。土地に埋設されている導管などが共有される場合において，道路に現に危険な段差が生じていたり，導管が腐食してガス漏れなどが危惧されたりするときに，これらの状態をなくすために応急の工事をすることは，保存行為である。保存行為は，他の共有者に相談しないでもすることができるから，他の共有者の所在不明や応答の拒絶などにより悩まされない。

	変更	形状・効用の変化が著しくない変更	管理（狭い意味における管理）	保存行為
意義	形状または効用の改変。251 条 1 項。	形状または効用の著しくない変更。251 条 1 項括弧書。	性質を変えないでする利用または改良	物の価値を損傷し，または，そのおそれがある事象の防止またはそれに係る復旧
具体例	農地に建物を築き宅地にする。	土地の僅かの一部の分筆	将来において摩耗が予想される建物の改良の工事	現に損傷している建物の修繕の工事
共有者の権限	他の共有者の全員の同意を要する。251 条 1 項。	原則として狭い意味における管理の例による。	共有者の持分の価格の過半数により決するところによる。252 条 1 項。	各自することができる。252 条 5 項。
管理者が選任される場合のその権限	共有者の全員の同意を得て権限を行使する。252 条の 2 第 1 項。	同上	共有者の持分の価格の過半数により決するところに従う。252 条の 2 第 3 項。	権限を有する。
所在等不明者や無関心な共有者への対処	所在等不明者の持分を有償で取得し，または譲渡する裁判を得ることができる。262 条の 2・262 条の 3。	同上	所在等不明者や無関心な共有者を除く共有者の持分の価格の過半数で決することができる裁判を得ることができる。252 条 2 項。	所在等不明者や無関心な共有者は，放っておけばよい。

＊　法文の引用は民法の規定である。

111　多数決で決めることが原則

　しかし，本来は**共有物の管理に関する事項**は，多数決で決めなければならない。これが，原則である。共有地でなく共有物の管理とよぶ理由は，これらに関わる法律の規定が土地のみならず建物や動産の共有にも適用されるから。

　物の性質を変えることなく物を利用し，または改良する行為について，管理の具体的な態様の決定は，各共有者の持分の価格に従い，その過半数で決する。多数決といっても，共有者の頭数によるものではない。「過」半数であるから，ちょうど半分の持分を有する者と他の共有者の意見が対立する場合においては，成案が得られないこととなる。

　土地に埋設されている導管などが共有される場合において，それらの当面の使用に支障がないけれども将来に向け予想される支障を除き，または，さらに便利に用いることができるようにするために工事をすることは，ここにいう管理に関する事項に当たるから，持分の過半数を得て，多数決で決めて実行しなければならない。

112　共有者が拒否権を有する事項

　各共有者は，他の共有者の同意を得なければ，**共有物の変更**に当たる行為を共有物についてすることができない。他のすべての共有者の同意を得なければならないから，結局，共有者の全員の意思の合致がなければ，共有物の変更はできないことになる。

　物の形状または効用を変えることが，共有物の変更にほかならない。土地の用途を変更することは，ふつう，土地の効用を変えるから，ここにいう変更に当たるものとして，他の共有者の同意を要する。従来は田畑であった土地を宅地に改めることは共有物の変更であり，また，更地に建物を築くことも，特別の事情がない限り変更に当たる。

　もっとも，共有物の形状または効用の著しい変更を伴わない変更は，持分の価格に従い，その割合の過半数で決することができる。砂利道であった道路に舗装をすることは，従前において主に歩行者が利用するものであったところを自動車の通行も可能とする効用の変化をもたらし，変更に当たる。しかし，道路という効用の本質を改めるものではないから，軽微な変更として扱ってよい。

113　厄介な共有者への対処

　共有者が他の共有者が誰であるかを知ることができず，または他の共有者が誰であるかわかっているとしても所在を知ることができない場合において，裁判所は，その"困った共有者"でない共有者の請求を受けて，その困った共有者を除く共有者らの持分の価格に従い，その過半数で，共有物の管理に関する事項を決することとしてよいとする旨の裁判をすることができる。

　これとは別に，困った共有者の別の形態もある。無関心ないし不熱心な共有者である。そんな共有者に対し，他の共有者が相当の期間を定めて共有物の管理に関する事項を決することについて賛否を明らかにすべき旨を催告したにもかかわらず，その期間内に賛否を明らかにしない場合において，やはり裁判所は，その困った共有者でない共有者の請求を受けて，その困った共有者を除く共有者らの持分の価格に従い，その過半数で，共有物の管理に関する事項を決することとしてよいとする旨の裁判をすることができる。

114　共有者は何人まで？

　共有者というものは，何人までいることが許されるか。何人でもよい。そこに人数の制限はない。法人と2人の個人の共有地があり，法人に死亡ということはないから相続が起こらないとしても，個人のほうは相続がありうる。2人の人がそれぞれ2人の相続人を遺して死ぬと法人と4人の個人の共有地になる。やがて数代にわたる相続が続くと，共有者の数は膨れ上がる。こうなると，所在不明であったり，共有地の管理に熱心でなかったりする共有者がたくさん出てくる。いちいち催告や裁判の手続をするのも煩わしい。あるいは，催告や裁判の手続をするとしても，だれか定まっている人がするとよい。

　共有地の様々な事務をあらかじめ委ねられて処理することを担う者が，**共有物の管理者**である。ここも，共有地でなく共有物の管理者とよぶ理由は，話が土地に限られないから。

　共有物の管理者は，共有者のなかから選んでもよい。また，共有者でない者に頼んでもよく，弁護士や司法書士など専門家にすると頼もしいかもしれない。法人でもよい。もっとも，ただで仕事をしてください，ということにはならないであろう。共有物の管理者の事務に要する費用や，共有物の管理者に払う報

酬は，最終的には共有者がみんなで負担する。

――――・――――・――――――　**解　説**　――――――・――――・――――

135　管理という言葉の 2 つの意味──広い意味の管理と狭い意味の管理

　共有物について共有者が講ずる措置は，すべて**管理**（広い意味における管理）である。民法 252 条 1 項の「共有物の管理に関する事項」で，すぐあとの括弧書による除外を受ける前の概念が，これに当たる。この意味における管理の概念は，広い。なんでもかんでも，すべて管理である。土地が共有される場合を例に取ると，これまで田であった土地で稲作をやめて建物を築いて宅地にする，土地を一時的に他人が駐車場に用いるために貸し出す，土地にギャングが侵入してくる場合に警備の専門家に頼み排除してもらう，これらのなかに，管理に当たらないものはない。

　広い意味における管理に関する事項に当たるこれらについて，解決しなければならない課題は，それら各事項の実行を他の共有者に相談しないでしてよいか，という点にある。この点の解決は，民法 251 条・252 条が用意するルールに従い，共有者の全員一致を要する事項，共有者が多数決で決定し実行することのできる事項，そして各共有者が単独で実行できる事項の 3 つに分かれる。これまで田であった土地で稲作をやめて建物を築いて宅地にする変更（→**136**）は，他の共有者の全員の同意を得なければならない。土地を一時的に他人が駐車場に用いるために貸し出す管理（狭い意味における**管理**）は，共有者の持分の過半数をもって決する（→**137**）。土地に侵入してくるギャングは，これを排除する保存行為が当然されるべきであり，他の共有者に相談する必要はないし（→**138**），だいいち，それをしている間にギャングはいろいろ悪さをするであろう。

136　共有物の変更

　各共有者は，他の共有者の同意を得なければ，**共有物の変更**に当たる行為を共有物についてすることができない（民法 251 条 1 項）。他のすべての共有者の同意を得なければならないから，結局，共有者の全員の意思の合致がなければ，

共有物の変更はできないことになる。

　物の形状または効用を変えることが，共有物の変更にほかならない。土地の用途を変更することは，ふつう，土地の効用を変えるから，ここにいう変更に当たるものとして，他の共有者の同意を要する。従来は田畑であった土地を宅地に改めることは共有物の変更であり（最判平成 10 年 3 月 24 日判例時報 1641 号 80 頁），また，更地に建物を築くことも，特別の事情がない限り変更に当たる。土地に生立する樹木の共有者の一人がこれを伐採することは，もちろん変更である。用途が前後を通じて変わらない場合であっても，その機能が大きく変わる場合は，変更である。砂利道であった道路を舗装することは，従前においては変更に当たると理解されてきた（共有私道の保存・管理等に関する事例研究会〔松尾弘座長〕「複数の者が所有する私道の工事において必要な所有者の同意に関する研究報告書／所有者不明私道への対応ガイドライン」〔2018 年 1 月〕41 頁）。

　共有者が他の共有者を知ることができず，または他の共有者の所在を知ることができない場合において，裁判所は，共有者の請求により，当該の他の共有者を除く他の共有者の同意を得て，共有物に変更を加えることができる旨の裁判をすることができる（同条 2 項）。

　共有物の変更が全員の一致を要るとする原則に対する例外として，共有物の形状または効用の著しい変更を伴わない変更は，持分の価格に従い，その割合の過半数で決することができる（同条 1 項括弧書）。道路の舗装は，上述のように共有地の変更に当たるけれども，通常，過分でない費用で工事をすることができ，道路の実際上の利用において共有者らの利害に影響しないと認められる態様のものは，共有者らの持分の過半数で決めてよい。

137　狭い意味における管理に関する事項

　共有者間の多数決に委ねられる事項の標準的なものは，**共有物の管理に関する事項**であり（民法 252 条 1 項前段），これは，物の性質を変えることなく物を利用し，または改良する行為である。管理の具体的な態様の決定は，「各共有者の持分の価格に従い，その過半数で決する」ものとされるから，多数決といっても，共有者の頭数によるものではない。過半数であるから，半分ずつの持分を有する 2 人の共有者の意見が対立する場合において成案は得られないことと

なる。

　道路や土地に埋設されている導管などが共有される場合において，それらの当面の使用に支障がないけれども将来に向け予想される支障を除き，または，さらに便利に用いることができるようにするために工事をすることは，ここにいう管理行為である（前掲ガイドライン〔**136**所引〕37 頁参照）。

　なお，共有物の管理者の選解任も，管理に関する事項である（同項括弧書，→**141**）。また，共有物の賃貸借も，民法が要件として定める期間の範囲内のものは，管理に関する事項のルールに従ってされる（同条 4 項）。

138　保 存 行 為

　共有物の管理に関する事項であっても，物の現状を維持するための行為は，**保存行為**として各共有者が単独ですることができる（民法 252 条 5 項）。「家屋ノ小修繕」（起草者である梅謙次郎による『民法要義』の 252 条の注釈）は，これに当たる。「損敗シ易キ物ノ売却」（同）は，物の法律的状態に変更を生ぜしめるが，物の価値を維持するための常識的な手段であって，かつ，緊急性を伴う意味で保存行為に含められる。道路や土地に埋設されている導管などが共有される場合において，道路に現に危険な段差が生じていたり，導管が腐食してガス漏れなどが危惧されたりするときに，これらの状態をなくすために応急の工事をすることも，保存行為である（前掲ガイドライン〔**136**所引〕37 頁・97 頁参照）。

139　変更と処分とは異なる

　共有地を譲渡したり，共有地に制限物権を設定したりすることは，民法 251 条の規律するところではない。各共有者が有する持分のすべてに共通して持分を喪失させ，あるいは負担を生ぜしめる重大な法律的変動をもたらす法律行為であるから，つねに共有者の全員でしなければならない。

140　共有地を実際に使用する者を定める手順

　民法 249 条は，共有地など共有物を使用する権利の在り方の基本原則を定める。同条 1 項が定める事項は，2 つに分けて理解される。共有者が共有物を使用する権利が「共有物の全部」に及ぶこと，そして，この使用権が「持分に応

じた」という制約を伴うものであることである。持分が抽象的な権利の割合を示すものであることに鑑みるならば，前者は当然のことである。

　後者の「持分に応じた」使用ということは，抽象論としては当然であるにしても，具体の共有物の利用方法は，これのみでは定まらず，民法251条・252条の定める手順を通じて初めて明らかになる。A・B・Cが等しい持分でする土地の共有を例に取り，局面ごとに眺めてみよう。

　A・Bに諮らないままCが土地を使用している場合において，合わせて持分の過半数を擁するA・Bは，土地をAが使用すると決することができる（民法252条1項，とくにその後段）。これが決せられた場合において，Cは，民法249条の使用権に基づく占有の権原を失い，Aからの土地明渡請求に屈する。このようにしてAの使用が始まるとしても，もとよりCの共有者としての権利が全面的に否定されるものではない。使用を許されたAは，B・Cのために土地を善良な管理者の注意をもって管理しなければならない（同法249条3項）。また，A・B・Cが別段の合意をした場合を除き，Cは，Aに対し，Cが使用することができずに被る損失に係る不当利得の返還請求をすることができる（同条2項）。

　同じ設例において，さらに法律関係が展開し，持分の過半数を擁するB・Cの協議により，爾後は土地をBが使用することができると決することもできる。もっとも，いったん適法に始まった土地の使用に基づきAが建物を築くところに至っているにもかかわらず，Aの土地使用権原を否定して建物を収去せよ，と求めることは乱暴な話である。そこで，そこまで事態が進んでいる場合において，B・CがAの土地使用を否定すると決するにあたっては，特別の影響を受けるAの承諾を得なければならない（同法252条3項）。

　共有物を賃貸する可能性は，どのように考えるべきであるか。建物の所有を目的とする賃借権のような長期（借地借家法3条）にわたる権利の土地への設定は，土地の処分にほかならず（→139），A・B・Cのうち一人でもその関与を欠くならば，効力が認められない。これに対し，そこまでの長期にならない土地の賃借権の設定，精密に述べるならば5年以内の賃借権の設定は，持分の過半数で決することができる。賃借権のほかにも使用収益を目的とする権利は，民法252条4項が財産の種別ごとに定める期間内であれば，同様の要件で設定す

229

ることができる。

141　共有物の管理者

共有者らは，同人らの持分の過半数をもって決するところに従い，共有物の管理者を選任することができる（民法252条1項括弧書）。また，同じ手順により，共有物の管理者を解任することもできる。A・B・Cが等しい持分でする共有において，A・BがAを共有物の管理者に選任するならば，Cは，Aがする適法な権限行使を妨げることができない。

共有物の管理者は，共有者のなかから選ぶ必要はない。A・BがDを共有物の管理者に選任することができ，この場合において，A・Bを委任者とし，また，Dを受任者とする委任契約（同法656条の準委任契約）が成立する。この委任に報酬約束（同法648条1項）がある場合において，報酬債務は委任者であるA・Bが負う。しかし，Dがする委任事務は結局においてCをも共有者とする物の管理であるから，A・Bは，Cに対し，持分に応じてDに支払った報酬の一部についての費用償還を請求することができる。

共有物の管理者にDが選任された場合を例に取り，その権限を明らかにしよう。Dは，3つの事務をする権限を有する（同法252条の2第1項）。すなわち，共有物の管理に関する行為（狭い意味における管理，→137），共有物の変更であるけれども物の形状または効用の著しい変更を伴わない事項，そして保存行為である。ただし，Dは，A・Bが共有物の管理に関する事項を決した場合において，その決したところに従いDの職務を行なわなければならない（同条3項）。A・Bが共有物を他人に賃貸してはならないと定めているにもかかわらず，DがEに賃貸をしたという場合の法律関係は，まず，A・BがDに対し民法644条の善管注意義務に対する違反を問い，委任契約を解除することが考えられる。この事態は，共有のルールとしては，共有物の管理者の解任として理解される。悩ましい事項は，この場合のEの処遇である。A・Bは，Eへの賃貸借の効果がA・Bに帰属しないことをもって「善意の第三者に対抗することができない」とされ（同法252条の2第4項），Dの権限に対する制約を知らないEは，有効に賃借権を取得する。Dの権限に対する制約は登記などされておらず，Eに対し知悉を求めては過酷であり，過失の有無も問うことなく，善意でありさえ

すれば E が保護される。

142　森林法判決の功罪

　共有森林の共有物分割請求を十分な理由なく制限していた当時の森林法の規定が憲法の財産権保障を侵すものであるとする著名な判例は，その憲法判断の事項に関しては，良い判決である（最大判昭和 62 年 4 月 22 日民集 41 巻 3 号 408 頁，山野目章夫「日本型違憲審査制の隠し味，ここに発見！」『私の心に残る裁判例』〔第 1 集，2019 年，判例時報社，Web 日本評論にも掲出〕）。けれども，いささか余分な判示も含まれており，そちらは，正直，迷惑である。「共有者は各自，……共有関係にあるというだけでは，それ以上に相互に特定の目的の下に結合されているとはいえないものである」の部分は，わざわざこんなことを述べなくてもよかったものではないか。これを述べなくても，十分に法令違憲の結論は導出可能であった。

　たしかに，なにか特別の事業をするような目的を共に共有者らが戴く筋合いでないことは，そのとおりであろう。しかし，共有地が適切に管理されなければならない，という最低限の事項については，共有者である限り，関心をもってもらわなければ困る。自分が有する持分さえ守られるならば，それを超えて共有地に関心なんてないね，自分は今，忙しいから，じゃあ失敬，などと吐き捨てて行ってしまう，というような態度は，いけない。昭和 62 年の最高裁判所判決の後に国会が法律で定めた土地所有者の責務（土地基本法 6 条）は，"共有地に関し無関心でいる権利"を斥ける論理を用意したと考えられる。

　この用意を踏まえ，まず，行方がわからなくなった共有者とのコミュニケーションの障害に対し，ルールが整備される。

　共有者が他の共有者が誰であるかを知ることができず，または他の共有者が誰であるかわかっているとしても所在を知ることができない場合において，裁判所は，その"無関心な共有者"でない共有者の請求を受けて，その無関心な共有者を除く共有者らの持分の価格に従い，その過半数で，共有物の管理に関する事項を決することとしてよいとする旨の裁判をすることができる（民法252 条 2 項 1 号）。A・B・C・D が等しい持分でする共有において，D が所在不明でコミュニケーションが遂げられない場合に，この裁判がされるならば，D

を除くＡ・Ｂ・Ｃが管理に関する事項を決することができる。このルールが働くと，ある事項についてＡ・Ｂが賛成でＣが反対という事例は，ＤがいるとするとＡ・Ｂの持分を合わせて半数になるにとどまり過半数が得られないけれども，所在不明のＤを除いて話を進めてよいとすれば，Ａ・Ｂの持分の価格を合わせるとＡ・Ｂ・Ｃの過半数となる。

　共有物の形状または効用の著しい変更を伴わない変更も，同じ手続に従い，所在不明共有者を除く持分の価格の過半数で決することができる（同条1項括弧書）。また，裁判所のする裁判を経て，共有物の変更に当たる事項について，所在不明共有者を除く共有者らの全員の同意により話を進めることができる（同法 251 条 2 項）。

143　無関心でありつづける権利の限界

　無関心な共有者の別の形態もある。所在がはっきりしていながら無関心をあからさまに示す共有者である。そんな共有者に対し，他の共有者が相当の期間を定めて共有物の管理に関する事項を決することについて賛否を明らかにすべき旨を催告したにもかかわらず，その期間内に賛否を明らかにしない場合において，やはり裁判所は，その無関心な共有者でない共有者の請求を受けて，その困った共有者を除く共有者らの持分の価格に従い，その過半数で，共有物の管理に関する事項を決することとしてよいとする旨の裁判をすることができる（民法 252 条 2 項 2 号）。

　ただし，これらの場合を通じ，共有者間の新しい決定が，従前の共有者間の決定に基づいて共有物を使用する特定の共有者に特別の影響を及ぼすべきときは，その承諾を得なければならない（同条 3 項）。

第6節　相続財産の管理

● 見知らぬ人たちとする見知らぬ財産の管理

　家族や親戚の話であるとは限らない　　相続財産の管理というと，家庭のなかでの事象であるという印象を抱くかもしれない。

もちろん，そういう事例もあるであろう。母が遺した財産を同居する父と子らが仲良く話し合って処分した，という場合は，この本で取り上げる必要がない。ほぼ何も問題がないから。

数次にわたる相続が財産の処理がされないまま放置されると，相続人は多数である。つきあいがない人も多い。そもそもどこにいる人であるかわからないということもある。こうなると，家族と見ないことはもちろん，親戚であるとすら感じないであろう。

また，別の問題もある。自分の親であれば，普通は知らないということがないし，家族である実感を伴う。しかし，家族であっても別な人生を歩んでいるからには，その人の持っている財産の全部を知るとは限らない。成人した子が晩年の親の暮らしをよく知らない，という事例は，おおいにありうる。そうすると，親がもっていた財産を調べなければならない。

相続財産の管理とは，見知らぬ人たちと共に管理をし，または，見知らぬ財産を調べて管理する場合だってある。さらに，"または"でなく，"しかも"という場合だって，なくはない。

115　相続財産の管理の３つの課題

管理に与る人たちの顔ぶれがはっきりせず，対象とする財産の範囲も漠然とするおそれがあるということになると，第一に，相続財産の管理は機動的な制度として仕組まなければならない。第二に，管理の制度であるという仕事の目的がはっきりしている必要がある。第三に，専門的な能力の動員可能な制度であることが望まれる。それぞれの課題を考えよう。

116　門戸の広い相続財産の管理の制度にする

相続財産の管理を機動性に富む制度にしよう，と述べても，機動性という概念は，あまりに抽象的で，よくわからないかもしれない。簡単に述べると，どこにでも登場が可能という制度である。警察の機動隊は，命令があった場所は，どこへでも行く。どこかの警察署の管内でしか仕事をしない，という態勢ではない。それと同じである。

機動性に富むという特徴は，制度を利用する側から眺めると，その手続の発

動を裁判所に求める際，いろいろうるさい説明を求められない，という仕方で可視化される。ふつう，相続は，人がなくなってそれが始まると，相続人に当たるとみられる人が，相続を受け容れるか（単純承認という），辞退するか（相続の放棄），あるいは，他の相続人とも相談して，債務を清算し，プラスの財産が残るならばその限度で相続をするか（限定承認）という3つの解決のうち，いずれを採るか，選択して定める。原則として，自分のために相続が開始した事実を知った日の翌日を初日として3か月が経過するまでに，家庭裁判所に申述して決める。ただし，その申述をしなくても，申述をしないまま3か月を経過する場合は，単純承認をしたとみなされる（法定単純承認とよぶ）。また，なくなった人の預金を勝手に引き出して自分のために用いたりする場合も，法定単純承認になる。

　相続人にとっては，自分が今はどの段階にいるか，法律的に精確な判断がかなわず，よくわからない，という事態があっても，その人を責めるわけにはいかない。自分の状況すら法律的に正しい説明に窮するくらいだから，まして，相続人がたくさんいて，所在がわからない人も多いということになると，全体として，今，だれがどのような段階にあるか，さっぱりわからない，という話は，けっしておかしくない。そこをきちんと説明しないと叱られる，というのでは，だれも怖がって**相続財産の管理**の制度を用いなくなる。

　それでは困るから，なにか相続財産があり，自分が少なくとも相続人のうちの一人であるらしい，というところまで説明すれば，裁判所が調べ，手続の開始を拒む理由がなく，かつ，相当であると認める場合において，相続財産の管理のため必要な処分を命ずる。必要な処分というのは，通常，管理人の選任が中心を占める。

117　いちおう清算の話とは切り分ける

　相続財産の管理は，ひとまず管理に専念する仕組みにしておきたい。管理に専念する，ということをイメージで示すならば，たとえば遺産のなかにアパートがあったとしよう。なくなった人は，アパート経営をしていたという話である。相続財産の管理として，ひきつづきアパートの賃料を取り立てていく，という事務になる。引っ越して退去する入居者との間では敷金の清算などをしっ

かり進める。ここまでが管理である。

　取り立てた賃料から借金の返済をして欲しい，なくなった人に自分は融資をしていた，という者が訪れてきたとしても，対応が難しい，という説明をする。その融資が本当にあったかを尋ね，確かめられたならば返済をし，そのほかの債務も弁済して残った財産があれば相続人に引き渡し……という事務になってくると，それは単なる相続財産の管理を超え，相続財産の清算になる。それは，**清算人**の仕事であり，**管理人**の職務でない。法律の規定も，管理人と清算人とは言葉を使い分ける。何から何まで相続財産に関わる事務をせよ，と管理人のストレスを増やすと，相続財産の管理という手続そのものが重くなる。

118　相続人は必ずしも専門家ではない

　日本で起こる数ある相続のなかには，確かに相続人に弁護士がいる，という事例はありうる。でも，それは，どちらかというと例外にすぎない。また，かりに弁護士がいたとしても，その人にだってその職業生活がある。あんたは法律を知っているから，ほかの相続人たちのために全部を手弁当でやれ，というわけにはいかない。相続財産の管理の手続においては，管理人は，相続人の中から選んでもよいし，そうでなくてもよい，というふうにしておく。いずれにしても，管理人が従事する事務について，相続人たちが費用を負担し，また，報酬を支払う，という姿でなければならない。法律が設ける制度は，そうなっている。

119　管理の手続が働かない３つの場合

　どのような段階に相続財産があるか，うるさく考えず，とにかく相続財産があれば，いちおう相続財産の管理の手続を考えてみる前提が調う。ただし，例外があり，いくつかの場合において，この手続が控えられる。

　まず，相続人が一人である事実がはっきりしている場合は，その人が他人と相談しないで財産を管理すればよく，相続財産の管理をする必要がない。その事実が，いったん管理が始まった後に明らかになった場合において，裁判所は，管理の処分を取り消す。

　つぎに，相続人が複数ある場合においても，その人たちの間で遺産の全部の

単純承認
限定承認
相続の放棄

相続財産管理の統一した制度

除外される 3 つの場合
単独相続で単純承認
遺産の全部の分割
相続財産法人の場合

分割がされた場合は，あとは決まったところに従い各相続人が自分の財産として管理をすればよく，相続財産の管理はしない。

そして，だれも相続人がいないらしいということになり，相続財産が法律の規定で法人として扱われる場合は，相続財産の清算のために清算人が選任される。その場合は，その清算人が管理の事務をするから，それとは別に管理人を置くものとはしない。

━━━━━━━━━━　解　説　━━━━━━━━━━

144　相続財産の管理の制度

相続財産の管理に係る必要な処分は，家庭裁判所が裁判でする（民法 897 条の 2 第 1 項本文）。この裁判を請求する資格は，「利害関係人又は検察官」に認められる。利害関係人の概念の理解は，不在者の財産の管理の場合と基本において異ならない（大村敦志ほか編集代表・山野目章夫編『新注釈民法(1) 総則(1)』の 25 条の注釈〔岡孝〕が利害関係人の概念を考察する）。

この裁判において，裁判所は，相続財産の管理のために「必要な処分」を命ずる。通常，管理人の選任がその中心的な内容となる。管理人が選任される場合は，不在者の財産の管理に関する民法 27 条・28 条・29 条が準用される（同法 897 条の 2 第 2 項）。

例外として，相続財産の管理の手続がされない場合は，「相続人が一人である場合においてその相続人が相続の単純承認をしたとき」，「相続人が数人ある場合において遺産の全部の分割がされたとき」，そして「民法第 952 条第 1 項

の規定により相続財産の清算人が選任されているとき」である（同法897条の2第1項ただし書）。これらに当たる場合において，すでに相続財産の管理の必要な処分が命じられているときに，この処分は取り消される（家事事件手続法147条・190条の2）。

　関係する民法の規定が改正される前の文献として，有元和也「限定承認についての再検討／相続債権者の立場から」銀行法務21第754号（2013年）。

145　相続財産の清算人と管理人──名称の使い分け

　相続財産の管理に係る裁判所の処分として選任される「管理人」は，その名称のとおり，管理の事務をする。相続財産の清算の事務は，管理のそれとは区別され，管理人は携わらない。

　限定承認がされた場合において民法936条1項に基づき相続債権者への弁済など相続財産の清算の事務に与る者は，同項の文理にあるとおり，「清算人」である。限定承認の場合は，清算人が選任されると共に管理人が置かれる事態が想定される。清算人は「相続人の中から」選任される（同項）が，相続人が必ずしも財産の管理の専門性のある事務を処する能力を有するとは限らない。そこで，相続人でない者から管理人を選任し，清算人と並立する事態が考えられる。

　相続人不存在の場合の相続財産の事務は，ひたすら清算が究極の目標となり，管理の事務はその円滑を援ける関係に立つ。清算の事務に携わる者が同時に管理の事務をすると効率がよい。そこで，民法952条により選任される「相続財産の清算人」が清算と管理との両方をする。この場合は，管理人は置かれない。

第7節　隣近所の土地の悩み

● お隣の土地を買うという話ではなくて

　相隣関係の「相」「隣」という字を考える　　所有者がわからない土地であるとか，管理がされてない土地であるとかいう話題になる場面の多くは，その土地を買うなどして取得したいのに困った話だ，という文脈で語られる。けれど，ひろく見

渡すと，そればかりでもない。

　お隣の土地の林檎の樹の枝振りが良すぎて，こちらの土地に枝が伸びてきていて，迷惑である，という場合は，べつに隣の土地の所有権を取得したいとかいう大袈裟な話ではない。要は，枝を切ってくれればよいものである。そもそもなぜ隣家の樹の枝が伸びてくるか。それは，隣家のおばあちゃんが元気でいた頃はこまめに庭仕事をしていて，季節ごとに剪定をしてくれていたのに，いつのまにか，おばあちゃんの姿が見えなくなり，樹の手入れがされなくなったからである。気づかれてよいこととして，たまたま今般は当方が迷惑を受ける側であるけれど，もし自分が年老いて施設に移ったならば，当家の庭の枝が御近所に迷惑を及ぼすかもしれない。そうなったら，近所の人たちから当方の樹の枝を切る権利を行使したいと求められるであろう。お互い様なのである。この種類のトラブルは，民法において<u>相隣関係</u>の問題として扱われる。「相」の字は，もちろん互いに隣り合っているという意味であるが，さらに実質的に考えると，受けている迷惑を除くために権利を行使する側とその権利行使の相手方の立場は，その時々の状況に応じ"お互いに"入れ替わる可能性があることを反映してもいる。

　では，「隣」の字は，どうか。もちろん接している土地との関係であるから，この字が用いられる。ただし，いつも接している土地との間の話ばかりでもない。そこで，ひろく捉えると，ご近所の土地との権利の調整というほどのことになる。接していない土地が話に出てくる場面がどれか。そのあたりから，相隣関係の話を始めよう。

120　ライフ・ラインは大切

　民法が作られた明治は文明開化の時代でもあり，日本の近代化が始まった時期であった。電気というものを人々が知り，用いるようにもなった。それはそうであるけれど，それが今日のように普通であるというほどには，まだなっていない。電線のみではなく，水道，下水道，ガス，電話を建物に導くのに導線などの設備を設けなければ，現代の生活は成りたたない。導線などの設備は，もちろん自分の土地に設ける。しかし，それで済む場合は，珍しい。電気を例に取ると，道路には太い送電線がある。そこに繋がらなければ，こちらに電気が来ない。道路まで繋ぐためには，途上の土地を使うことを認めてもらわなければならない。途上の土地であって，隣の土地であるとは限らない。

そこで，土地の所有者は，他の土地に設備を設置し，または他人が所有する設備を使用しなければ電気やガス，さらに水道水の供給などの継続的な給付を受けることができない場合において，継続的な給付を受けるため必要な範囲内で，他の土地に設備を設置したり，他人が所有する設備を使用したりすることができる。これが**設備設置使用権**であり，「隣地」でなく「他の土地」に行使される権利として定められるところを味わって見ておきたい。

121　隣地への立入りを認めて欲しい場合

みだりに隣の土地に立ち入ってはならない。もちろん，そうである。けれど，みだりに，ということでなく，まじめに必要があって立入りを認めて欲しい場面も，ないものでもない。

当方の土地に建物を新築したり，修繕したりする場合において，隣の土地に足場を作らせてもらうと便利である，ということがある。足場とまでいかなくても，作業をする際に少しだけ通らせて欲しい，という場合だって，あるだろう。

それから土地の境界の調査。隣地との境を明らかにする作業であり，自ずと隣の土地と跨ってする作業であるから，たいていの場合において隣地に立ち入らざるをえない。

隣地使用権は，これらの場面において認められる。必要な範囲内において，隣地を使用することができる。必要な範囲において，であるから，隣地使用権に基づく隣地の使用は，その日時，場所および方法が，隣地の所有者および隣地を現に使用している者のために損害が最も少ないものを選ばなければならない。

隣地使用権を実際に行使する場合の手順として，隣地使用権を行使しようとする者は，あらかじめ，その目的，日時，場所および方法を隣地の所有者および隣地使用者に通知しなければならない。ただし，あらかじめ通知することが困難なときは，使用を開始した後，遅滞なく，通知することをもって足りる。

隣地において，人の使用する建物がある場合には，その内部への立入りは，制限を受ける。建物への立入りは，隣地所有者の承諾を得なければならない。

122 隣人とのコミュニケーションの実践例

隣人とは，なるべく仲良くしたい。それは，そうでしょう。ちょっと，皆さんと一緒に実践してみましょうか。

まず，境界の付近で工事をするために隣地に立ち入りたいという場合。隣人に対し，そのように告げたところ，「必要な範囲でして欲しい」という答えが戻ってきた。これは，隣人の言い分がもっともである。隣地の庭の真ん中までズンズン立ち入っていく必要は，普通はないものではないか。境界のあたりだけ，ちょっとだけ入らせてもらうということにしなければならない。隣地使用権は，<u>必要な範囲で</u>隣地を使用する権利であるからである。

つぎに，隣地との境界を測量するために立ち入りたいという場合。そのように告げたら「今日は客が来るから明日にしてくれ」と隣人が答えた。うむむ，これは悩みますね。客を住家に入れ，そこでお茶を飲むという場合において，とくに測量の人たちが庭に出入りするからといって，隣家として困る事情はない。それなのに明日にしてくれ，というのは，あまり根拠がない。これに対し，大勢の客が来て，ガーデン・パーティーをしていて，これからシャンパンを抜くという場合は，測量を遠慮してもらいましょう。だって，その日を楽しみにして予定して来た客に対し，失礼であり，迷惑である。土地が逃げていくもの

	・「必要な範囲でして欲しい」と隣人が答えた。 ・209条1項の「必要な範囲内で」の主張であり，隣人の言い分は，もっともである。
境界の付近で工事をするために隣地に立ち入りたい。	

	・「今日は客が来るから明日にしてくれ」と隣人が答えた。 ・209条2項の「損害が最も少ない」方法で立ち入るとよい。
隣地との境界を測量するために立ち入りたい。	

	・「なんとなく気に入らないからダメ」と隣人が答えた。 ・209条1項3号に基づき「使用することができる」権利を主張して隣人に対し裁判を起こす。
隣地から越えて伸びてきている樹の枝を切るために立ち入りたい。	

ではないから，測量は翌日でよい。隣地使用は，**損害が最も少ない日時・場所・方法**を選ぶ。

　それでは，隣地から越えて伸びてきている樹の枝を切るために立ち入りたいという場合を考えよう。なんと，「なんとなく気に入らないからダメ」と隣人が答えたら，どうであろうか。これは隣人がただ意地悪なだけである。法律では隣地を**使用することができる**権利があることを主張して，隣人に対し裁判を起こすことになる。念のため，ご注意。ダメと言い張る隣人の主張は，理不尽なものであるかもしれないが，だからといって，隣人をぶん殴って隣地に立ち入るというのは困る。面倒なようでも，プライベートな実力を用いて物事を解決してはならない，という約束で，私たちは，社会を作っている。当方としては，隣地に立ち入る権利があると確信しているとしても，隣人にとっては，枝の切取りのための手順（→123）を尽くしていないと思っているかもしれない。そこは，裁判官がよく双方の意見を聴き，判断する。

123　伸びてきた樹の枝を切ってよいか

　隣の土地から樹の枝が伸びてくる。これは，迷惑である。そこで，土地の所有者は，手順として，まず，枝が境界線を越える場合において，その竹木の所有者に対し，その枝を切除させることができる。いきなり自分で勝手に隣地に立ち入って切り取ってはならない。どう処するか考えるチャンスを隣人に恵む。その樹は，隣人にとって，結婚を記念して植えた想い出の樹であるかもしれない。繁ってきて隣家の迷惑であるというのなら，邪魔にならないよう庭の中央に移植する手だってある。

　枝を切除するよう催告したにもかかわらず，いつまでも樹の所有者が切除しない場合において，伸びてきている枝は当方で切り取ることができる。

────────── 解　説 ──────────

146　設備設置使用権

　甲土地と乙土地が所在し，甲土地におけるライフ・ラインの利用を可能とするために乙土地において甲土地の所有者が導管などの設備を設置することが設

備の設置であり，設備は，甲土地の所有者が所有するが，乙土地に存在する。これとは異なり，設備の使用は，乙土地において乙土地の所有者が所有する導管などの設備を甲土地の所有者が使用することであり，これによって甲土地におけるライフ・ラインの利用が可能となる。

(1) **設備設置使用権と隣地使用権との類似**　民法213条の2第1項は，設備の設置・使用そのものの根拠規定であるが，これとは別に，その設置の工事や使用のために甲土地の所有者が乙土地に立ち入るなど，乙土地を使用する根拠は，同条4項の規定である。設備の設置を例にして述べると，乙土地に設備が存在することそのものの根拠が同条1項であるのに対し，その設備を設置するために甲土地の所有者が乙土地を使用する，という人の活動の根拠が同条4項となる。この乙土地の使用については，隣地使用権に関する民法209条の規律が準用される（同項後段）。

　甲・乙の2つの土地は，隣接している必要がない。土地の位置や形状から，甲土地と離れている乙土地において，設備を設置し使用することが望まれる場面がみられる。この点は民法209条の隣地使用権と異なるが，全般的に観察すると，設備設置使用権は，よく隣地使用権と似る。すなわち，同条2項と同じように，設備の設置や使用の方法は，他の土地または他人が所有する設備のために損害が最も少ないものを選ばなければならない（同法213条の2第2項）。また，同法209条3項と同様，他の土地に設備を設置し，または他人が所有する設備を使用する者は，あらかじめ，その旨を他の土地の所有者や他の土地を現に使用している者に通知しなければならない（同法213条の2第3項）。このほか，同法209条1項ただし書に加え，同条2項から4項までの規定が設備の設置使用のための土地の使用に準用される（同法213条の2第4項後段）。

(2) **設備設置使用権と公道に至るための通行権との類似**　設備設置使用権は，設備という工作物を乙土地に設置し，または乙土地に存在する設備を使用するという仕方で乙土地を時間的な持続をもって使用する権利であるから，通路を開設するなどして乙土地を通行する権利（民法210条）と類似する。そこで，これと類似する規律も置かれる。民法212条と同様に，他の土地に設備を設置する者は，その土地の損害に対して償金を支払わなければならない（同法213条の2第5項，また同項ただし書）。また，他人が所有する設備を使用する者は，

設備を設置する際の工事により生じた不利益など，設備の使用を開始するために生じた損害に対して償金を支払わなければならない（同条6項）。設備の使用のほうに関しては，その使用は，上例でいうと，甲・乙の所有者が共同ですることもありうるから，同人らが利益を受ける割合に応じて，その設置，改築，修繕さらに維持に要する費用を負担する（同条7項）。

また，民法213条と似たルールも置かれる。すなわち，分割によって他の土地に設備を設置しなければ継続的な給付を受けることができない土地が生じた場合において，その土地の所有者は，継続的給付を受けるため，他の分割者の所有地のみに設備を設置することができるものとされ，この場合には償金を支払わなくてよい（同法213条の3第1項）。土地の所有者がその土地の一部を譲り渡した場合も異ならない（同条2項）。

147　隣地使用権

　土地の所有者は，民法209条1項に掲げるいずれかの目的のため必要な範囲内において，隣地を使用することができる。同項が掲げる目的とは，境界またはその付近における障壁，建物などの工作物の築造，収去または修繕，境界標の調査または境界に関する測量，そして同法233条3項に基づく枝の切取りである。

　(1) 隣地使用権の行使可能な範囲　隣地使用権は，隣地という〈土地との関係〉と，それから隣地所有者および隣地使用者という〈人との関係〉の両面から制約を受ける。一方において，「目的のため必要な範囲内で，隣地を使用することができる」にとどまる（民法209条1項）。隣地である土地の形状に不必要な変更をもたらすなどしてはならない。他方において，「使用の日時，場所及び方法は，隣地の所有者及び……隣地使用者……のために損害が最も少ないものを選ばなければならない」（同条2項）。土地の使用の形態が同じであるとしても，そこを現に利用する人々の関係において，日時などを勝手に定めてよいということにはならない。

　(2) 事前通知と事後通知　隣地使用権を実際に行使する場合の手順として，隣地使用権を行使しようとする者は，あらかじめ，その目的，日時，場所および方法を隣地の所有者および隣地使用者に通知しなければならない（民法209

条3項本文)。ただし，あらかじめ通知することが困難なときは，使用を開始した後，遅滞なく，通知することをもって足りる（同項ただし書）。だれが隣地所有者であるかわからず，またはその所在がわからない場合は，事前通知が困難な場合に当たる。その場合は，隣地を使用した後，その顛末の隣地所有者による把握を可能とするため，所有者の所在がわかった段階で通知をする。事後通知は，この程度でよい。所在がわからない所有者に対し，わざわざ公示による意思表示（同法98条）の手続によって通知をしてあげるような手間をかけるには及ばない。事後の通知を求める理由は，隣地の使用状況を知らせ，これを隣地所有者や隣地使用者に把握させることが適当であることによる。

　隣地所有者とは別に土地の賃借人や使用借主など隣地を使用する者がある場合においては，その利益も配慮され，事前の通知をしなければならない。現に使用する者が見当たらない場合は，隣地使用者がないことを意味し，事前通知は要らない。この場合は，したがって事後通知の必要も考えにくい。ありうるとすれば，事前の隣地使用者の探索が十分でなく，隣地を使用した後に実は使用する者があると判明する場合は，その者に対し事後通知をする。

　(3)　**隣地使用を拒まれる場合の解決**　　隣地所有者または隣地使用者が隣地の使用を受け容れない場合において，隣地使用権を行使しようとする者は，隣地使用権の存在を確認する判決を求め，また，状況に応じ，隣地の使用を妨害してはならないという不作為を請求する訴訟を提起することが考えられる。この訴訟において請求の当否を判断する訴訟の前提問題として土地の使用が「必要な範囲内」であるかどうかなどが判断される。隣地所有者や隣地使用者が違法に妨害をしてはならないという不作為は，間接強制により履行が強制される。

　この法律上の手順を経ないで隣地に立ち入ると，違法な自力救済として民事において不法行為（民法709条）を構成し，また，住居侵入罪（刑法130条，「邸宅」）を構成する可能性がある。

　(4)　**住家の例外的な扱い**　　隣地使用権の行使に対する重要な例外として，隣地所有者が，人の使用する建物の内部への立入りを伴う土地の使用について承諾を与えるかどうかは，任意であり，承諾を強制する余地はない。このことを定める民法209条1項ただし書が中核的な保護法益として追求するのは，私生活の平穏であるが，解釈論的には，人が事業のために使用する建物について

も，当然に立入りを請求する権利を有しないと考えるべきであり，このように解することにより，居住用・事業用併用の建物は「住家」に当たるか，といった問題を，独立の論点として問う必要はなくなる。明治の起草者は，今日の209条1項ただし書に当たる規律を説明する際，今でいう住居侵入罪に対応する明治13年太政官布告第36号の規定を参照していた（梅謙次郎『民法要義』の209条の注釈）。同罪により処断される対象の建物は，住居に限られず，人の看守する邸宅を含む。

(5)　償金　隣地の所有者または隣地使用者が損害を受けたときは，その償金を請求することができる（民法209条4項）。土地の使用は，所有者に不利益を生ぜしめるが，それには，土地の使用に対する対価として得ることができるはずの利益（①）のほか，民法209条1項に基づく適法な権利行使により所有者が受ける損害（②，たとえば不可避的に生ずる工作物の損傷）や，さらに，土地使用に際し違法に加えられた損害（③）が考えられる。同条4項が本来的に念頭に置くものは①と②であるが，③をも合算して請求することを妨げないというべきである。同項に基づく償金請求権は期限の定めのない債権であると解すべきであり，時効は同法166条に服する。③の賠償を同法709条により請求することも認められるべきであるが，①・②より填補の必要が大きい③が最短であると3年で権利行使ができなくなる結果（同法724条参照）は妥当でないというべきである。

148　竹木の切除

民法233条に従い，土地の所有者は，隣地の「竹木の枝」が境界線を越える場合において，その竹木の所有者に対し，その枝を切除させることができる（同条1項）。すなわち，竹木の所有者に対し切除を命ずる判決を得たうえで，これに従わないときにのみ代替執行ができる。

竹木の所有者に枝を切除するよう催告したにもかかわらず，竹木の所有者が相当の期間内に切除しないとき，また，竹木の所有者を知ることができず，または所有者の所在を知ることができないとき，そして急迫の事情があるときに，土地の所有者は，その枝を切り取ることができる（同条3項）。

竹木が数人の共有に属するときは，各共有者において，その枝を切り取るこ

とができる（同条2項）。この切取りが円滑にされない局面の解決は，どのようになるか。同条3項3号の急迫の事情がない場合において，同項に基づく枝の切取りにあたっては，切取りを請求する側の土地の所有者は，特段の事情がない限り，竹木の共有者の全員に対し枝を切り取るよう催告しなければならない。共有者の一部を知ることができず，または，その所在を知ることができないときに，その者との関係に関する限りにおいて同項2号が適用され，所在が知れている共有者との関係では同項1号の催告の手順をとることになる。

149　管理不全土地管理命令の制度との役割分担

　相隣関係に基づく権利は，実際上，隣地が管理不全であるために損害を被り，または被るおそれがある場合に働く。その点において，管理不全土地管理制度（→ **104**）と機能が重なる。管理不全土地管理制度は，利害関係人であるという説明が成りたつならば管理不全土地管理命令を発するよう裁判所に請求することができ，同命令が発せられて選任される管理人は，土地の状況に応じた管理の措置を柔軟に講じ，命令が取り消されない限り継続的な措置を講ずることができる。相隣関係上の権利は，多くの場合において権利行使をすることができる者が隣地の所有者に限られる。その権利行使は，内容としてすることができる事項のメニューが法律により細かく規定されていて，ほとんどの場合において一回的な措置を講ずる。予納金を用意して管理不全土地管理命令を請求するほうが，広範な管理が実現する。そこまでする必要があるかどうかを判断することになる。

　隣地の樹に蜂の巣があり，蜂が当方に飛来して迷惑であるという場合において，巣がある枝が当方に越境してくるならば，その切除を請求し，判決を得てその強制執行をする権利行使が民事執行法171条により実現される。枝が越境してこないまま，隣地の真ん中にある樹にある巣から蜂が飛来する事態が困る。管理不全土地管理命令であれば，隣地に立ち入り，蜂の駆除をする途が管理人に開かれる。蜂の被害のみでそこまでするか，というあたりが悩ましい。

第7章　土地の放棄

第1節　土地を手放す仕組み

● 論点の整理をしておこう

> **人々の悩み**　なくなった親が所有していた土地を受け継ぎたくない。土地を引き取ってくれる機関などはないか。そもそも親がどことどこに土地を持っていたか，正確に知っておきたい。相続を放棄することと，土地の所有権を放棄することとは，どうちがうか。土地の所有権は，どのような場合に放棄することができるか。また，相続を放棄した場合でも管理の義務を免れないと聞いたが，本当か。
>
> **法律的な厳密な概念はいろいろ**　本章においては，こうした人々の悩みを考える。土地の放棄という実質を伴う話であるから，それを章の表題に掲げる。法律の専門家が用いる概念では，必ずしも「土地の放棄」でないものを扱っていく。

124　土地の放棄という問題を考える観点

　土地を所有してきた者が，土地の所有者であることを辞する。あるいは，土地の所有者となる事態を避ける。これらが，ここでの話の主題である。この主題の陰に隠れているテーマは，きっと<u>税</u>の問題である。

　その人がそう考える理由が何であるか，から考えてみよう。所有する人に土地が幸せをもたらさなければ，人は，土地の所有を望まない。土地に家を建てて暮らすとか，土地から経済的な利益が得られるとか，という功徳が全くなければ人は土地を持ちたいとは考えない。まして，土地基本法が所有者に対し土地を管理する責務を課すとなれば，面倒な負担が生ずるばかりである。

　それならば，土地の放棄を常に認めてよいか。土地は，放棄される物が動産や建物である場合と決定的に異なる点がある。動産や建物は，放棄されて，そのあとどうするかを考える際，皆が厄介であると感ずるならば，物理的に破壊

して消滅させればよい。将来に向け管理を引き受ける者を用意しないで済む。これに対し，土地は，消えない。だれかが引き継がなければならないから，土地の放棄とは，結局，だれかへの移転である。すすんで引き継ぐ人がいなければ，公が担うしかない。公とは何か。私たちが納める税を原資とする財政により営まれる政治的結合が，公にほかならない。税を納める人々には，さまざまな人生がある。恵まれない境遇に生まれ，辛苦のなかで日々働く人もいる。その人が一日の労働を終え，夕暮れにする買い物の際の消費税が，やがて放棄された土地の管理に費やされる因果を是認してよいか。その放棄をした者は，お金があって土地を買い，その土地から利益を得る時を経て，やがて儲からなくなると放棄して国に管理を押しつける。そんなことを許してはいけない。

　放棄された土地を最終的には国が引き継ぐ話になる流れを是認するためには，やむをえない事情で土地を保有するめぐりあわせになったと認められる場合において，土地を棄てようとする者が相応の負担をし，社会が納得する手順を経たうえで，公共に土地を引き継ぐ，というプロセスが要る。

125　土地の放棄をめぐる論点整理

　何よりも，法人に土地の放棄を認める必要はない。理論的に法人の土地保有は常に法人の事業としてされるものであり，当然のことながら法人の（取締役会の決定などの）主体的な意思決定により土地が取得された。その土地を用い儲ける時は儲けておきながら厄介になったら放棄したい，という話につきあう必要はない。もっとも，これは理論の話であり，現実には休眠状態になった会社が管理を投げ出した土地が近隣に迷惑を及ぼす事態は想像しなければならない。けれど，だから法人の土地放棄を容認するとはならず，そうした土地は，所有者不明土地管理制度（→ 95）や管理不全土地管理制度（→ 104）を適用して処する。

　したがって，いわゆる土地の放棄は，個人がする場面に限られる。それも，個人が自ら買うなどし，意図して入手した土地は，法人の土地所有と本質が異ならない。主題とすべき局面は，個人が相続により取得することになる土地に限られる。なお，相続と性質が近い相続人に対する遺贈も並べて扱ってよい。わかりやすい場面を想像すると，親が死んだ際，まず，どことどこに親が土地を持っていたか調べる（→ 第2節）。土地を持っていたと知ったならば，その土

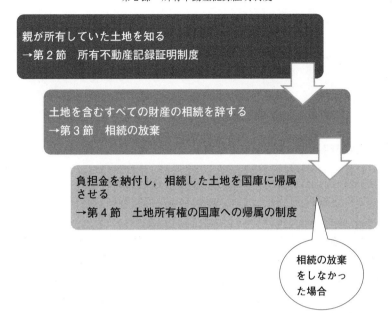

地を受け継ぐかどうかを考える。もし受け継がないと決めても，この段階であれば，とくに払わなければならない金銭の負担はない。あるいは，負担がないように法律を仕組まなければならない（→第3節）。土地を受け継ぐと決めた場合は，それを決めた相続人が土地を取得し，その管理をしてもらうことになる。その管理が歳月を経て首尾よくいかなくなる事態もある。その際は，国が，国への移転の相談を受ける。が，そこでは経済的な負担なく済ませるわけにはいかない（→第4節）。話は，この順序で進む。

第2節　所有不動産記録証明制度

● 親がもつ土地の全部を知るには

名寄せの制度を創る理由　　土地を所有して使い続けるにせよ，放棄し，どこかに引き取ってもらうにせよ，そもそも自分は不動産を所有しているか，それがわからなければ始まらない。

> しかし，自分の土地であるのに知らないなどということがありうるであろうか。
> 親が持っていた土地であれば，そういう事態も考えられるだろう。親がなくなる
> と，とくに手続をしないと子らが土地を受け継ぐ。とはいえ，子らは，どこに親が
> 土地をもっていたか，全部を知っているとは限らない，なるほど，これなら，あり
> そうですね。

126　国が証明してくれる制度が要る

　もちろん，自分と親とは別な人格であり，親が所有する不動産のすべてを子
が知らない，ということは，容易に想像ができる。親がなくなった場合におい
て，いくら相続登記をしなければならないとしても，そもそも相続した土地を
知らなければ，その土地について登記をしようと思い当たるはずがない。自分
が親に育てられた家がある土地は，きっと親が所有している，と容易に想像す
るかもしれない。でも，そのほかに，親が土地を所有していなかったと言い切
ってよいであろうか。どこかに山林を，また別荘を所有している，ということ
だって，ありうる。それから，自分が生まれ育った家がある土地だって，その
場所は，一筆でしょうか。いや，自分が育った家は一軒家でしたよ，という記
憶があるとしても，それは建物の話。建物の敷地は，どうか。建物の直下の場
所と庭とは同じ筆であろうか。それから家の裏の通路は，お隣のおたくとの共
有でないと言い切れるか。結局，よく調べてみないと見慣れた生家すらいくつ
の筆の土地であるか，わからないことになる。

　実例をおみせしよう。図の 63 番 1 の土地にある生家で育った者は，親が 63
番 1 の土地を所有してきたことは，もちろん知っている。しかし，その傍らに
63 番 2 という小さな土地があるとは，なかなか気づかない。63 番 2 である場
所は 63 番 1 の一部であって，63 番 1 の土地が直ちに道路に面している，と信
じているかもしれない。62 番 2 の土地も，同じ心配がある。状況によっては，
62 番 2 や 63 番 2 の土地が分かれていなくて，道路に沿い，やけに細長い土地
になっている事例もある。こういう土地は，**長狭物**というニックネームを与え
られる。見方を変えると，現況が一体として道路であるとみられる場所の一部
であるから，**道路内民有地**とよばれ，街区整備における悩ましい問題の一つと
される。そうした土地は，ときに周囲の人たちの共有であり，複数の相続が絡

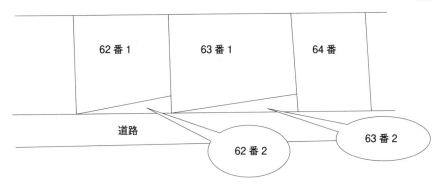

み合って，さらに話が複雑になる。

　そこで，いったい自分の親は，どのような土地を所有していたものであろうか，そのリストが欲しい，という話が切実になってくる。

　所有不動産記録証明制度が，この要請に応える。だれであっても，登記官に対し，手数料を納め，自分が所有権の登記名義人として記録されている不動産のリストを求めることができ，登記官は，これに応じて所有不動産記録証明書を交付してくれる。登記官は，法務局または地方法務局に勤める公務員であり，その勤める部署が登記所である。この事務は，指定された登記所でするから，所有不動産記録証明書の交付の事務をしている登記所の法務局または地方法務局を調べるとよい。

127　どのような証明をしてもらうことができるか

　所有不動産記録証明制度は，親が所有する不動産のみならず，自分が所有する不動産の記録の証明も求めることができる。

　ここに徳川秀忠という人がいるとしよう。徳川秀忠は，「徳川秀忠」を所有権の登記名義人とする不動産の記録のなかから法令で定める重要な事項を記した**所有不動産記録証明書**の交付を請求する。これにより，徳川秀忠は，自分が所有することになっている不動産のリストを手に入れる。

　また，徳川秀忠は，親である「徳川家康」を所有権の登記名義人とする不動産に係る所有不動産記録証明書の交付を請求することもできる。そのような不動産がない場合は，ない，ということの証明書が交付される。これをニックネ

ームで**ないこと証明**とよぶこともある（→⑥）。

　ただし，これらの証明は，あくまでも登記の上で所有する形になっている不動産についてのみされる。まず，徳川家康が豊臣秀吉から買ったけれど未だ登記はしていない，という場合において，その買った不動産の証明はされない。売買による豊臣秀吉→徳川家康の所有権の移転の登記がされていなければ，登記の仕組みにおいて徳川家康が所有している事実が把握されないから，その不動産はリストに載らない。また，徳川家康が生前に伊達政宗に売ったのに未だ売買による徳川家康→伊達政宗の所有権の移転の登記がされていなければ，登記上は徳川家康のものであると登記のシステムが認識し，その不動産がリストに上ることになる。

128　証明を請求することができる者の範囲

　何人も，登記官に対し，手数料を納付して，自らが所有権の登記名義人などとして記録されている不動産に係る所有不動産記録証明書の交付を請求することができる。これが，法律の用意するルールである。

　何人も，と聞き，それは良いと述べる人と，なんとなく怖いと感ずる人と，両方があると想像する。だれでも請求することができる，ということは，いろいろ資格を求められずに済むという扱いであり，便利である，という見方が一方にある。半面，自分が持っている土地を世の中の人たちから誰彼なく覗かれてしまう，という気持ちもわかる。

　けれど，どちらの感覚も，さほど当たっていません。はっきりしている点は，豊臣秀吉が，徳川家康が所有する土地を調べようと考えて所有不動産記録証明書を請求しようとしても，その請求は登記官から斥けられる，ということである。他人の土地を名寄せしてリストにしようとするために，この制度は働かない。証明を請求することができる不動産は，**自らが所有権の登記名義人として記録されている不動産**である。徳川家康が，徳川家康を所有権の登記名義人とする土地の証明を求めると，それが出てくる。あと，**相続人その他の一般承継人**も，証明の請求ができる。徳川家康が死んだときに，その息子の徳川秀忠が，徳川家康を所有権の登記名義人とする土地のリストを請求すると，それは証明してもらえる。だって，もともと親の持っている不動産を子が知るという用途

のために設ける制度ですから。

　ほかの用途にこの制度は役立たない。不正な手段で私腹を肥やしている政治家の不正を暴こうとする新聞記者が所有不動産のリストを請求しても，それはできない。このように述べると，では，政治家の不正を見逃してもよいか，と憤る人がいるかもしれないが，そんなことはない。政治家やその親族が所有する土地の地番や不動産番号がわかれば，普通に登記事項証明書を法務局に請求する手続は，今までと異ならない。土地を特定するところまでは，自分の足で努力して調べてください，という話である。そうする理由は，政治家に対して用いられる手段は，ほかの人にも濫りに用いられてしまうから。友人の資産を調べてやろう，という興味本位で所有不動産のリストを洗いざらい白日に晒してよい，というふうに，人々は思わないであろう。

　それからまた，勤める会社が倒産したけれど賃金を支払ってもらえない，という労働者のことを考えてみよう。弁護士に頼み，会社の資産の差押えや仮差押えをして賃金を確保したいと考えても，そもそも会社がどこに土地を持っているか，わからないということでは困る。けれど，これも，弁護士は法律を知っているから心配は要らない。会社の資産を調べたければ，所有不動産記録証明制度でなく，財産開示という制度を用いる。この場合の財産開示は，民事執行法という法律の197条2項の規定で定められている。

　ほかにも，財産開示の制度を選ぶべき場面がある。支払を請求する相手の財産を調べるために所有不動産記録証明制度を用いてよいとすると，高利貸しからお金を借りた人の資産は，この制度を用い，手っ取り早く調べられてしまう。それは，やはり問題であろう。支払ってくれない相手の不動産を調べる必要がある場合には，財産開示の制度を用い，裁判所に申立てをして，裁判所のコントロールのもと，不動産の情報を取得するべきである。

129　会社の所有不動産も証明

　このように所有不動産記録証明制度は，おもに相続を契機とする所有者不明土地の発生を抑止するという政策効果をねらう。ただし，それぱかりでもない。法人には相続ということが起こらないが，この制度は法人が所有する不動産を調べるためにも用いられる。自らが所有権の登記名義人として記録されている

不動産の証明を請求するという際の「登記名義人」は法人でもありうる。「一般承継人」が証明の請求ができる場合には，合併後に存続する会社などによる請求の場合なども含まれる。実際，法人が所有する土地についても，前述 **126** の話の図面の63番2の土地を気づかないうちに所有しているということがありうるから，それを調べることができれば，合併などの際の的確な登記の処理を促す政策効果が期待される。

証明を請求する者	登記簿の客観的な記録内容	証明の請求に対する登記官の応接
Aが，Aを所有権の登記名義人とする土地を照会する。	Aが所有する甲土地がある。	Aが甲土地の所有権の登記名義人である旨の証明がされる。
	Aが所有する土地はない。	Aを所有権の登記名義人とする土地はないとする証明がされる。いわゆる"ないこと証明"。
Aが死亡した後にAの子であるBが，Aを所有権の登記名義人とする土地を照会する。	Aが所有する甲土地がある。	Aが甲土地の所有権の登記名義人である旨の証明がされる。
A・Bと無関係のCが，Aを所有権の登記名義人とする土地を照会する。	Aが所有する甲土地がある。	証明の請求を斥ける。
	Aが所有する土地はない。	証明の請求は斥けられ，ないという証明はされない。

―――・―――・――― 解　説 ―――・―――・―――

150　所有不動産記録証明制度の概要

　所有不動産記録証明制度に基づき，何人も，登記官に対し，手数料を納付して，自らが所有権の登記名義人や登記名義人に準ずる者として法務省令で定めるものとして記録されている不動産に係る所有不動産記録証明書の交付を請求することができる（不動産登記法119条の2第1項）。所有権の登記名義人について相続などの一般承継があった場合において，相続人などの一般承継人も，そ

の所有権の登記名義人の所有不動産記録証明書の交付を請求することができる（同条2項）。相続人による相続登記の申請を促進する政策効果がねらわれる。本文 **126** の図面にある 62 番 2 や 63 番 2 の土地の登記も漏れなくされ，さらに長狭物などについても，適正な登記上の処置がされる成果が期待される。ただし，相続というものがある個人のみならず，法人が所有する不動産にもこの制度は用いられる。長狭物の概念について，国土審議会土地政策分科会企画部会国土調査のあり方に関する検討小委員会の第 9 回会議（2018 年 11 月 30 日）の議事を参照。

151　代理人による所有不動産記録証明書の交付請求

　所有権の登記名義人やその一般承継人の代理人による所有不動産記録証明書の交付請求も認められる。その手続は，法務省令において整備され，制度実施までに運用の在り方を検討することになる。

　実際，登記名義人の成年後見人であるとか，登記名義人の相続人である未成年者の親権者などに交付請求を認めなければ，不便このうえない。これらの場合において郵送による交付をするときは，交付請求をしてきた法定代理人の住所に宛てて送付をしても，とくに問題はない。法定代理人による証明の請求のほか，不在者財産管理人や相続財産管理人，遺言執行者，破産管財人なども，同様に扱われてよい。

　これに対し，本人による委任を受けて証明書の交付請求をしてくる場面は，注意を要する。本人に対し融資をした者が高圧的に本人に要求して委任を証する書面を作成させ，これを登記官に示して証明書を取得し，しかも本人には証明書を渡さない，といった事態は適切でない。任意代理に係る代理人の交付請求は，本人の委任意思を厳格に確認する運用が望まれる。証明書の交付も，むしろ本人の住所に宛てて郵送すべきであるかもしれない。そして，そこまで考えると，任意代理による証明の請求なるものは，代理というよりも使者による交付請求に近いものとなる。それは，それでよいと考えられる。

　また，ここまで考えてくると，代理でなく，そもそも本人が証明の請求をしてくる場合も，きちんと本人確認をしなければならないという課題が現われる。類似する局面である地方税法上の土地名寄帳（同法 387 条 1 項）の制度において，

本人が土地名寄帳の写しの交付請求をする際，運転免許証や健康保険証の写しなどの提供を求めて本人確認をしている運用は，参考になる。法人が所有する不動産の証明においても，その代表者について，印鑑カードの提供を求めるなどの運用が考えられる。

第3節　相続の放棄

● 親の相続は逃げられない，ってホント？

> **遠方からの突然の電話**　マンションの管理をしているという会社から電話がかかってきた人がいる。電話の話を聴くと，他界したという知らせを先月に受けた親が所有していたマンションの管理をしている会社であるという。
>
> 晩年の親とは全く音信がなく，暮らしていた場所も，死亡の知らせを受けて初めて知ったほどである。まして，そんなマンションに一室を所有している，なんて，もちろん初耳に属する。先日，家庭裁判所に行き，すべての遺産は要らない，という手続をしてきた。それを告げても，電話の業者は，それでも責任はありますよ，という話を続ける。くわしく話を聴くと，水漏れをしているようであったから，緊急を要するので入らせてもらった，そのことは御諒承いただきたい，水漏れを止めるのに工事をしたからその費用は御負担いただく，下の階に影響がなかったか調べているが，もし何か起こっているようであれば，損害の賠償のこともお考えいただかなければならないから，御承知おきいただきたい——という話である。
>
> そんなことって，あるだろうか。これでは，遺産を放棄する手続は，なにも意味がないと感ずる。

130　相続の放棄ということの意味

遺産を放棄する，と述べられているものは，正しくは**相続の放棄**という。相続の放棄がされると，相続放棄者は，初めから相続人でなかったとして扱われる。相続人でない，ということは，親が有していた一切の財産を受け継がない，ということであり，また，その裏返しとして，親が負っていた借金や親の不始末で起こした損害賠償の責任も，まったく受け継がない。注意をしなければならない点は，全部を失う，ということである。親の有していた土地は要らない

が，預金は欲しい，という，つまみぐい，のようなことはできない。

　相続の放棄は，原則として，親が死亡し，自分が相続人になる事態が生じた，という事実を知った日から3か月以内に家庭裁判所への手続をしてする。知った日の当日は計算に入れず，翌日を第一日として計算を始め，3か月が経過する前に手続をしよう。書類の様式は，裁判所のウェブサイトからダウンロードすることができる。家庭裁判所への郵送をしてもよい。

　相続の放棄をするかどうかは，よく考えてすることがよい。親が持っていた土地を見てみたら，どうも管理をするのに手数や費用がかかりそうである，それからマンションをもっていると聞いたが，自分が暮らしているのでない遠くの街にあるマンションを受け継いでも仕方がない，ほかに預金などは，なさそうである，というような場合は，相続の放棄をすることが考えられる。相続の放棄をすれば，すでに述べたように，一切を受け継がない，という効果が生ずる。

131　相続を放棄した者の遺産管理の義務──都市伝説の克服

　だれが言い始めたものであるか知らないが，相続の放棄をしても責任は免れず，本当に相続をすることになる者に引き渡すまで管理をしていなければならない，という噂を聞く。都市伝説である。こういうことでは困る。これからの日本は，概して親が長生きをし，また，晩年の親と疎遠になる子も珍しくない。ほとんど交流がなかった親の訃報を聞き，相続の放棄をしても遺産を管理し続けなければならないような仕組みになっていたのでは，親の人生の重荷を現役世代に強いることになる。これは，避けなければならない。

　2021年の民法改正は，ここをはっきりさせた。

　存在すら知らなかった親の財産は，相続の放棄をすれば，管理の責任を一切免れる。この解決が採用され，責任を負う場合と，その場合における責任の程度が明確にされた。民法の940条という規定を改正して，これが実現されたものである。

132　遺産管理の義務を負う場合

　新しい民法の規定によると，相続を放棄した者は，もはや相続人ではないか

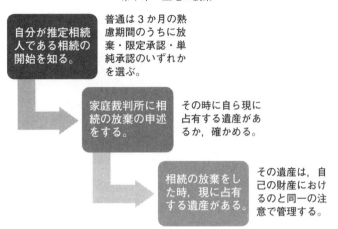

ら，占有している相続財産があるとしても，**自己の財産におけるのと同一の注意をもって**財産を管理することで足りる。手許にある自分の財産と同じような管理の仕方でよい。「自己の財産におけるのと同一の注意をもって」する管理と対比されるものは，善良な管理者の注意をもってする管理である。相続財産を管理する者として裁判所から選任される管理人は，その任務に従い，きちんとした管理をしなければならない。そのことを示す専門的な法律表現が，「善良な管理者の注意をもって」しなければならない管理である。そこまで相続を放棄した者には求められない。したがって，民法 940 条の法文は，「……しなければならない」という書き方になっているが，言葉の感覚としては，自己の財産におけるのと同一の注意をもって管理をすれば足りる，というルールが同条により示される。

133　どのような者が義務を負うか

　管理人のように重いものとされる義務でないとはいえ，管理の義務を負う者は誰であるか，と問うならば，相続の放棄をした時に**遺産を占有していた者**である。〈占有〉は，法律上の概念であり，ひらたく述べると，"もっている"ということであるが，実際に考え始めると，いろいろ難しい。占有には直接占有と間接占有がある。

　直接占有は，物を手許に置き，意思によって所持していることをいう。所持

といっても，常識で見て財産を手許に置いて支配を及ぼしている，という意味であり，身体に接着している必要はない。自分の意思で支配していなければならないから，親と一緒に住んでいるからといって，その建物を占有していることにはならず，親が死んで相続を放棄したときの管理の義務は否定される。これに対し，親から住んでもよいと告げられ，借りて住み，子が建物で独立の家庭を営む場合は，その建物を占有しているとされる。親が所有し，耕している畑の仕事を子がときどき手伝う，というような場面は，判断が難しい。親による土地の使用に子が関与している度合いによっては，親と子が共同で占有しているものとされ，したがって子に（も）占有があるということになる。ときどき手伝っていた，という程度であれば，畑を占有していることにはならない。

　間接占有は，直接占有をする者に代わってしてもらう占有である。賃貸アパートの所有者は，そこに住んでいない場合において所持がないから直接占有がないけれども，入居者と契約を結び，その退去の際は返してくれ，と求める関係があると，間接占有を有していることになる。親が他人に貸しているアパートは，ふつう子が占有しているとはみない。子が親を手伝い，ときどきアパートの見回りをしていたということがあったとしても，そこに占有者として子は登場せず，親が間接占有を有し，入居者が直接占有を有する，という考え方になる。これに対し，子が親から借りた一棟アパートの各室を別の者に転貸（またがし）して入居者から賃料を得ているならば，子が間接占有という占有を有するとされる。

134　どのような者は義務を負わないか

　相続を放棄した時に占有をしていない者は，管理の義務を負わない。ずっと会っていない親が住んでいたマンションの一室があり，親の訃報をもたらす管理者から，「あなた，息子であれば，マンションの後始末をして，滞納していた管理費を払ってください」と求められても，相続の放棄をして，ことわってよい。気をつけなければならない点は，訃報を知らされて現地に赴いて後始末をしているうちに，なんとなくマンションを占有している人と周囲からみられてしまうなりゆきである。みられてしまっても法律的には占有しているとはならないが，トラブルは避けるほうがよい。誤解を避けたければ，現地において

関係者に対し，自分は後始末のために来たにすぎず，このマンションを受け継ぐつもりはない，と告げておく工夫も考えられる。

135　期待される管理の内容

遺産を現に占有していた相続放棄者は，現実には，どのように遺産を保存し，管理すればよいか。自己の財産と同一の注意，という基準は，一見，抽象的に過ぎ，役に立たないような気もするが，存外，そうでもない。相続の放棄をしたとはいえ，それが自分の物であるとしたら，という発想で考える。自分の物であれば，通常は，その物を減失させたり損傷させたりしない。だから，ここでも，**できれば減失させ損傷させないようにする義務**を負う。けれど，そこまでである。それを超え，財産の減少を防ぎ，その維持に一所懸命に努める腐心は，しなくてよい。

さらに，**事情によっては棄ててもよい**と考えられる。だって，そうでしょう，自分の物であれば，ふつう，これ棄てるよね，という社会通念上無価値な物を何一つ棄てないで保管していなければならない，ということでは相続放棄者の心労は重い。

136　管理をしなければならない期間

自己の財産におけるのと同一の注意をもってする管理を続けるよう期待される時期は，ヒトコトで述べると，相続を放棄した者が占有している財産がなくなるまでである。まず，相続の放棄をしていない相続人がわかった場合は，相続人に財産を管理する権利と責務があるから，その**相続人への引渡し**をすればよい。引き渡せば，手許には財産がなくなる。

相続人がいないということになるならば，どうなるか。フランス語では，これを"からっぽの相続"とよぶ。もちろん，財産がからっぽでなく，人がいない，という意味である。人がいてもいなくても，そこに人がいることにするテクニックとして，今日の社会が用いるものが，財団法人にほかならない。一群の財産を一人の人とみなすのである。もちろん，みなすといっても，手続をしなければ話は進まない。すでに関係者が請求をし，**相続財産法人**が成立していることを前提として相続財産の清算人がある場合は，その清算人に引き渡せば

よい。まだ清算人がなければ，相続を放棄した者も清算人の選任を請求する手続ができる。

　要するに，相続を放棄した者が占有している財産は，ずっと手許に置かなければならないものではなく，それを受け取る者が必ずいる。支障があるとすれば，受け取る者が誰であり，どこにいるかわからない，という点にある。調べてわからなければ，受け取るべき者がわからない，という理由を説明して，供託をすればよい。これは，弁済供託とよばれる手続である。役所に預けて，義務を免れる，という話になる。弁済供託は，法律的に厳密に述べると供託所にするものであるが，現実に供託所という役所はなく，供託所に当たる事務は，法務局で扱う。

　相続放棄者が占有する遺産が金銭であれば，この弁済供託をすればよい。その場合の実際の供託の手続は，現金を法務局に持ち込むことをせず，金融機関などに持参して手続をする。これに対し，動産類は，指定された倉庫業者のところに持っていく手続も考えられるが，実際には，それに親しまない事例も多く，法律が定めるところに従い競売をする手続が認められる。まして，畑やマンションを供託所に持ち込むなどは考えられない。不動産の場合は，競売をする手続も考えられないではないが，ふさわしい手続は，やはり相続財産の管理人や相続財産法人の清算人の選任を裁判所に求め，それらの管理人や清算人に引き渡す手順であろう。裁判所に選任を求める手続が面倒でもあるけれど，せいて供託の手続で供託所や裁判所に相談して右往左往するよりは，結局は，急がば回れ，という気がする。

────────────── 解　説 ──────────────

152　民法940条の趣旨

　相続の放棄をした者に相続財産の管理が期待される場合は，相続の放棄の時に相続財産に属する財産を現に占有していた場合であり，しかも，その現に占有していた財産に限り管理が要請される。要請される財産管理において相続放棄者に課せられる義務は，自己の財産におけるのと同一の注意をもってすることで足りる。法文は，自己の財産におけるのと同一の注意をもって保存「しな

ければならない」とするが，他の類似の規定と平仄を揃えるものであるにすぎない。この財産管理は，財産を引き渡すべき者に引き渡すか，それに困難があるときに供託をするか，により終了する。引き渡す相手は，相続人（相続の放棄をしていない推定相続人）か，または，それがないときには民法952条1項に基づき選任される相続財産の清算人である。この引渡しの義務を相続放棄者が負う根拠は，民法940条2項により準用される同法646条に求められる。

153　「現に占有している」ことの意義

　一般に，相続人の占有は二義性をもつ。すなわち，一方において，被相続人が有していた占有を相続開始により民法896条に基づき当然に承継する。この効果は，相続に際し，常に起こる。他方において，常に起こるものではない事象として，相続財産の全部または一部について相続人が現実の占有を取得することがある。水津太郎「相続人の占有と所有権の時効取得」法律時報93巻3号・4号（2021年）は，ここで論ずる局面とは異なるが，この相続人の占有の二義性を理解するうえで，有益である。民法940条1項が要件に掲げる「現に占有している」という概念は，観念的な占有のほうでなく，現実の占有を有するほうを意味する。観念的な占有も「現に占有している」という概念に含めて理解することは，「現に」という文理に照らし自然でない。しかも，観念的な占有は，論理としては推定相続人のすべてについて少なくとも一旦は起こる事態であり，それが相続の放棄により同法939条に基づき遡って消滅する，という技巧的な説明をしなければならなくなる。そのような技巧を凝らすことの意義は乏しい。

　現に占有していたかどうかを判断する基準時は，相続の放棄の時である。被相続人が耕作していた畑である土地において，その畑の管理を始めた相続人が相続を放棄すると，次の相続人が現われてその者に引き渡すまで管理を続けなければならない。被相続人の生前に既に同人と共同で経営する農業の担い手として同人と共に畑を管理していた場合も，相続の放棄の時に占有するものとされる。

　相続人が占有することを要し，占有補助者であるのみでは足りない。被相続人が農業を経営し，畑を耕す仕事のみを手伝っていた推定相続人は，ふつう，

せいぜい畑である土地の占有補助者であって，占有者ではない。

相続の放棄の時に占有をしていれば足り，その占有は間接占有であることを妨げない。被相続人からアパートの賃貸経営を委ねられる趣旨で被相続人からアパートの全体を賃借して入居者に転貸していたりする場合は，相続の放棄の時に現に間接占有を有するものとみられる。

154　相続放棄者による財産の保存に係る注意義務

相続放棄者が占有していた物の管理をするに際しては，民法 940 条 1 項に基づき自己の財産におけるのと同一の注意をもってし，最終的には，同条 2 項が準用する同法 646 条に基づき次順位の相続人などに対する引渡しの義務を負う。占有している物が特定物であるならば，本来は同法 400 条に基づき善良な管理者の注意をもって保存しなければならないとされるところに対し，その特例をなす。特例をなす部分は，注意義務の水準の点に限られる。同条の「債権の発生原因及び取引上の社会通念に照らして」注意義務の内容が定まるという考え方は維持される。さらに，より一般的に，同法 646 条の準用に基づいて負う引渡しの義務そのものの履行の在り方は，裏返して述べると，その不履行があるかどうか「債務の発生原因及び取引上の社会通念に照らして」（同法 415 条 1 項）定まるべきものと考えられる。

相続放棄者の占有下にある物が，ほぼ無価値の物であるなど，社会通念上廃棄して処分することが合理的であると認められる場合において，それを相続放棄者が棄て，引渡しをしなかったとしても，それはもともと引渡しの前提となる保存の義務に対する違反がないか，または引渡しをしないことが引渡義務の不履行に当たらないと考えられる。

155　相続放棄者による財産の管理の終期

社会通念に照らし廃棄が許され，引渡しをする義務を免れるような例外に当たらなければ，相続放棄者は，占有する物を相続人に引き渡さなければならない。すべての推定相続人が相続の放棄をし，相続人がない場合は，民法 952 条に基づき選任される相続財産の清算人に引き渡す。これらの引渡しの義務の根拠は，同法 940 条 2 項が準用する同法 646 条であり，これに基づく引渡しの履

行は，債務の弁済に当たる。その弁済に支障があって，引渡しができない事態は，弁済供託の原因となる。相続人があるかどうかがわからず，または，相続人がない場合において相続財産法人の清算人が選任されているかどうか判然としない場合は，同法494条2項の債権者不確知に当たる。また，相続人の所在が知れない場合は，同条1項2号の受領不能となる。

　弁済供託の原因が存在する場合において，相続放棄者が占有する遺産が金銭であるような場合は，通常の手順で供託をすればよい。供託をすることが困難な事情が認められる物である場合は，同法497条に基づき，いわゆる自助売却をして金銭に換える手順による。

第4節　相続土地国庫帰属制度

● 親から受け継いだ土地を手放す

　誰のために税金を用いるか　　土地を手放して国に帰属させる制度が法律により設けられた。この制度の創設の構想に関心を抱いてきた人々の間では，評判が悪い。また，この制度の話が進んでいる経過を知らない人たちからは，とくに評判は聞こえてこない。後者は当然であろう。後者の人たちは，日々の暮らしに精一杯であり，新聞が伝える法制審議会の報道など読む暇はない。前者は，場合によっては自分が持て余している土地を放棄するかもしれない，と考えてきた人たちであろうか。

　どのような制度が構想されているか。親から相続したけれど活用の可能性がなくて困っている土地を若干のお金を納め，国に引き取ってもらう，という制度である。評判が悪い理由は，2つある。一方において，引き取ってもらう条件が厳しすぎると言う。土壌汚染があったり危険な崖地であったりする土地は引き取らない。当然であろう。危険な土地は，引き取るとかどうかという話の以前に危険を解消しなければならない。危険を除去するのに，公共の関与を求めることができるかの場面である。それは，ここでの主題ではない。

　他方において，国に引き取ってもらうために納めるお金が思いのほか高すぎると言う。その不満を受け止め，納めるお金を安くすれば，国が引き取った土地の管理に要する費用は，みんなの税で負担しなければならなくなる。みんな，とよばれる人たちのなかには，土地を保有する機会などなかった階層の人たちもいる。その階

層の人たちがすべて住民税非課税世帯などではない。貧しい家庭で育ち，苦労をして成人して家計を成りたたせ，納める税が土地保有層の土地放棄を受け止める原資になる。これでよいか。このたび設けられた制度は，その人たちのための制度ではない。放っておくと管理が等閑にされ，所有者不明土地になるから，それを防ごうとして設ける制度である。個人資産の「管理や処分をどうするかは『持てる者』の悩みであり，全国民の負担で解決するのは公平性の観点から疑問なしとは言えない」（小林伸年「もらっても迷惑」長野日報2021年5月2日づけ）。

　土地の放棄を望む人たちは，どのような人生を歩んできたか。もちろん，さまざまな人生があり，一概には描き切れない。問うてみたい事項として，親から継いだというが，親から継いだものは土地のみであろうか。預金や株式は受け取り，土地は面倒だから放棄するという話であろうか。それから，その土地は，今でこそ管理が煩わしいというが，かつてどうであったか。現在は都会で職業を営むが，幼いころは，その土地にあった邸宅で無垢に遊び，その土地が福をもたらしたひとときがないか。むろん，土地の放棄を望む人たちのすべてがそういう人生であったとは考えにくい。しかし，そういう人も，必ずいる。その人たちが放棄する土地をみんなで引き受けるとしよう。それで，この国の道義を人々は信ずるか。道義を信じて人々は税を納めるか。そこが疑わしくなったら，私たちの社会は壊れる，と著者は考える。読者のみなさんは，どうか。

137 所有者ばかりが土地の管理の責務を負うことでよいか

　土地を所有する者は，その適正な管理をする責務を負う（土地基本法6条1項）。それは，その人が土地を取得したからである。人が土地を所有することになる事情はさまざまであるが，すすんで土地を取得した者が，その土地の管理の責務を負うことは，当然であると理解される。買って取得することはもちろん，他人から贈られる場合も異ならない。贈られる，という事態は，贈与の契約（民法549条）を結んでそうなるものであり，それを欲しなければ贈与の契約を拒むことができたのに拒むことをしなかった者が土地の所有者となって管理の責務を負うことは，仕方がないと考えられる。

　これに対し，**土地を相続で取得した場合**は，同じ事情で語ることが親しまない。相続は，親の死亡など，自分のコントロールができない経過で起こる。数代も遡る所有者について起こる相続は，それを知らない相続人がいるにちがい

265

ない。土地が荒れ果てて管理が困難になり，あるいは多大な費用を投じなければ管理ができない状態になって，それでも管理を果たせ，と所有者に迫るばかりでは，良い結果にならない。そのまま放っておくと，その所有者が死亡して次の代への相続が起こり，やがては所有者不明土地になってしまうおそれもある。

　国や地方公共団体も，適正な管理を実現する責務を負っており（土地基本法7条，→[23]），管理が適正にされず低未利用土地になっている土地の「適正な利用及び管理の促進に努める」ことが求められる（同法13条4項）。この「努める」ことの具体の施策はいろいろ考えられるけれども，最も徹底した解決は，その問題の土地を個人に所有させ続けることとせず，国や地方公共団体に帰属させることである。そして，必ずしも地方公共団体の事情が許さない場合は，国土の最終的な管理を担う国が引き受けなければならない。

[138]　国への帰属はどのような制度であるか

　新しく制定される「相続等により取得した土地所有権の国庫への帰属に関する法律」に基づく**相続土地国庫帰属制度**は，現在の所有者が土地を保有し続けるとしても**大きな困難がなく土地を管理することができる場合**において，しかし土地を保有することになった事情が相続という自発的でない契機によるものであるときに，法律が定める手続により所有権を国に帰属させ，そうすることにより土地を保有し続けなくてよいことになる仕組みである。

　この仕組みから外れる場面は，まず，その土地の管理に現に支障がある場合である。例を挙げると，危険な崖の状態の土地は，この制度を用いることに親しまない。そのまま土地を現在の所有者から国の所有に替えて特に手当ての必要がない，という場面に用いられる仕組みが，この制度である。危険な状態になっている土地は，そのまま，ということでは困る。その状態を解消するための公共の関与が求められるから，そのために用意されている制度を用いる。危険な崖になっているような土地は，急傾斜地の崩壊を防ぐ工事を公共の支援のもとに実施する仕組みがあるとよいし，実際，そのような制度がある。

　また，すでに述べたように，すすんで自ら土地を取得した場合は，この制度が適用される本来の場面ではない。買ったり贈られたりした土地は，いつのま

にか知らないうちに所有者になるということではなく，考えて取得したものであるから，その取得した人の考えにしたがって，保有し，管理を続けてもらいたい。

| 親から相続した土地の管理に困る。 | 不承認の事由がないか，確かめる。 | 負担金を納めて国に帰属させる。 |

139　国への帰属の承認の申請ができる場合とできない場合

　親から相続した土地は，国への帰属の承認申請をする資格が認められる。親からに限らず，相続により取得した土地であれば，承認申請ができる。妻が所有していた土地を相続した夫が，その例である。

　親から買った土地は，承認申請ができない。親からに限らず，宅地建物取引業者の仲介で，知らない人から買った土地も，承認申請ができない。これらの場合は，自分の主体的な判断で買ったものであるから，その土地の使い勝手が悪くなったから，と所有権を国に押しつけてよい理由はない。

　親からもらった土地は，どうか。生前に親からもらった土地は，もらう判断をして子がもらったものであり，承認申請はできない。親が子に取得させる遺言をしていた土地は，子において国への帰属の承認申請ができる。

　夫婦で買った土地は，どうか。買って土地が夫婦の共有になったとしよう。

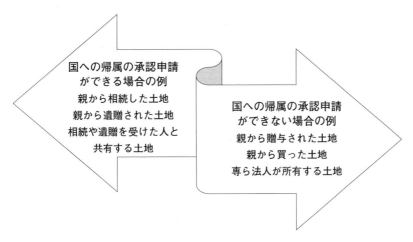

国への帰属の承認申請ができる場合の例
親から相続した土地
親から遺贈された土地
相続や遺贈を受けた人と共有する土地

国への帰属の承認申請ができない場合の例
親から贈与された土地
親から買った土地
専ら法人が所有する土地

妻がなくなり，妻の持分を夫と夫婦の間に生まれた子が相続すると，土地は，夫と子の共有となる。この土地は，遺された夫と子とが共同でするならば，承認申請ができる。

　ここまでの話は，ルールを2つに整理して理解するとよい。まず，相続で取得した土地は，承認申請ができる。つぎに，相続で取得した人と共有する土地は，その土地の全体をまとめて承認申請をするならば，国への帰属の承認申請をする資格が認められる。

140 国への帰属の承認の手続

　承認申請は，法務大臣に対してする。もっとも，この手続において法務大臣がする事務は，法務局または地方法務局に委任される。札幌・仙台・東京・名古屋・大阪・広島・高松・福岡には**法務局**が置かれ，そのほかの都市に置かれる場合は**地方法務局**とよばれる。これからあとは簡単に，地方法務局を含め法務局とよぶ（→8）。土地が所在する法務局に**承認申請**の手続をする。法務省のウェブサイトを見ると，土地の場所に応じ管轄する法務局がわかる。

　承認申請を受けた法務局は，**事実の調査**をする。なんのためにする調査であるか。承認をするかどうかを見究めるためである。法律が定める事由が見当たらない場合は，土地の所有権の国庫への帰属についての承認をしなければならない。

　この承認がされると，つぎに承認申請者が**負担金**を納付する。負担金は，土地の種目ごとに管理に要する10年分の標準的な費用の額を勘案して政令で定めるところにより算定した額を金銭で納付する（相続等により取得した土地所有権の国庫への帰属に関する法律10条）。承認申請者が負担金を納付したときは，その納付の時において，土地の所有権が国庫に帰属する。すなわち，**国が所有権を取得する時期**は，負担金が納付された時である。負担金の納付をもって観念の上では，所有権が国に帰属し，半面において承認申請者は，所有権を喪失する。この所有権移転は，承認申請者から国庫への承継取得である。

　あとは，登記の手続などが残る。国への所有権の移転の登記をし，土地を国に引き渡す。引渡しを受けた土地は，原則として，国有財産法の普通財産として管理される。農用地や森林は農林水産省が管理し，そのほかは財務省が管理

する。

141　承認申請をすることができない土地

　相続土地国庫帰属制度により国庫に帰属させることができる土地は，通常の管理に親しむ土地に限られる。

　<u>危険な崖の状態になっている土地</u>は，危険を除くための工事をしなければならず，また，<u>土壌が汚染されている土地</u>は汚染を解消しなければならない。それらの解決がされていない土地は，国庫への帰属の承認申請をすることができない。崖は形状を外形から観察することになる。土壌汚染は，何をもって汚染されているかというと，国が承認を与える時点で法令が定める有害物質が土壌にあるかどうかを調べることにより，明らかにする。

　これらの障害とは別に，<u>承認申請者でない者の権利が存在</u>しており，または，権利や権原がないのに土地を占拠している者がいて<u>明渡しに事実上困難がある土地</u>も，承認申請をすることができない。

　法律は，これらの事由を不承認の場合として定める。法律が定める不承認の事由が一つもなければ，法務大臣は，国庫帰属を承認しなければならない。なんとなく承認はよしておこう，というわけにはいかない。確たる理由がなく承認を拒む法務大臣の処分は，これを不服として裁判所に行政事件訴訟を提起することができる。

142　負担金とは何か

　承認申請者は，国庫帰属が承認された場合において，法令が定める額の負担金を納付しなければならない。納付をしないと所有権は国に移転しない。負担金は，相続土地国庫帰属制度という制度により土地を手放す利益に恵まれる者が，この制度を抽象的に支えるために負担する。負担金は，国有地の種目ごとに，その管理に要する 10 年分の標準的な費用の額を勘案して政令で定めるところにより算定した額を金銭で納付する。市街地で 200 平方メートルの土地を想像すると，だいたい 80 万円くらいの金額が政令で定められる見通しである。もっとも，土地の種目ごとに定められるから，市街地でなく，粗放的な管理に親しむ土地などは，もっと安くなるにちがいない。

　国庫に帰属した土地は，行政財産などとして国自身が使用することとするような場合でなければ，原則として売却などの処分が試みられる。10年を待たないで売却先が見つかって売却処分されたとしても，負担金の一部を返せ，と国に要求することはできない。反対に，思うように売却先が見つからず，15年を経て，やっと売却先が得られるという経緯になる場合も，5年分を追加徴収されるとはならない。それらの個別具体の経過に左右されず，制度を抽象的に支えるお金として納めるものが，負担金にほかならない。

143　土地所有権の国庫への帰属という制度を考える

　所有する土地の扱いに悩む人たちが抱える悩みには，よく考えると，2つの種類がある。ひとつは，相続をしたはよいけれど，結局は使用の当てがないという土地。親が郷里で所有している土地を相続したけれど，自分は大都会で仕事をし，家庭も持っているから，その土地を用いる予定がなく，どうしてよいか，困る。いきおい所有者は土地を放置しがちである。放置しておくうちに数次にわたり相続が発生したりすると，権利関係が不明確になるという〈法的管理〉が危惧される場面である。この局面で土地の所有権を国庫に帰属させ，所有者不明土地にならないようにする。これこそ，相続土地国庫帰属制度の趣旨にほかならない。

　もうひとつは，放置しておくと崖地の崩落など地域に危険を及ぼす〈物理的管理〉の見直しが望まれる場面である。それはなんとかしなければならないし，このような土地を工事などにより正常な状態とする必要は，相続により取得した土地に限られない。こちらの問題は，相続土地国庫帰属制度が引き受ける事態ではない。

　相続土地国庫帰属制度は，法的管理が危うい事例の土地を国に所有権を移して権利関係の不明確化を避けようとする。物理的管理を見直さなければならない事例は，権利を移転するというよりも，まず管理不全の状態を解消しなければならない。これには，管理不全土地管理命令の制度がある（→104）。費用が重く，また，切迫していて公共の危険がある場合は，急傾斜地の法制などで政府の別の部門が対処する。

　また，法的管理が危うい土地も，常に国庫に帰属させることが最適であるか

は，わからない。ひとまず相続土地国庫帰属制度は，国庫に帰属する制度のみを定める。地域の事情は，中央でなく地方，地元がよく知っているから，いつも国庫に帰属させることばかり考えず，地域の街づくりの団体が引き受けてもよい。今後，土地政策のなかで，低未利用土地の適切な管理や所有者不明土地の発生防止を理念として掲げる土地基本法のもと，いわゆるランドバンクなど，さまざまな試みがされるであろう。そうして動き始める新しい仕組みと相続土地国庫帰属制度とがどのように協働していくか，土地政策の展開を見守りたいものである。

解　説

156　土地基本法 13 条の読み方——土地基本法に土地の放棄が登場しない理由

土地基本法に土地の放棄という言葉が登場してくるか。というと，その言葉それ自体は，ない。同法は，土地を保有する国民が放棄をして土地を国に帰属する，という契機を否定するものであるか。

土地基本法は，土地の放棄ということを否定しない。それにもかかわらず，その言葉が法文にない理由は何か。

第一に，扱われるものが常に放棄という論理で説明されるとは限らない。相続土地国庫帰属制度に限って述べると，私人から所有権が移転して，国に帰属する。そこに放棄という概念は登場しない。民法の概念に準えて述べると，贈与に似るところがある。贈与に基づき所有権が承継取得される。私人が放棄をして無主の土地になったものを民法 239 条 2 項に基づき国が所有するという論理ではない。

第二に，土地基本法 13 条の規定文言は，国の施策として，国民が土地を手放して国の帰属にする契機を論理として含む。多くの場合において，私人が土地を手放したいと考える場面は，その土地が低未利用にならざるをえず管理の難しい土地であり，したがってまた，そのまま事態が推移すると所有者不明土地になりかねない局面である。同条 4 項は，国や地方公共団体が，「低未利用土地の取得の支援」に努めなければならないとする。究極の取得の支援は国自

らが取得することであり，また，同条5項は，「所有者不明土地……の発生の抑制及び解消並びに円滑な利用及び管理の確保」に国や地方公共団体が努めなければならないとする。さらに同条1項は，国が「適正な土地の利用及び管理の確保を図るため……必要な措置を講ずる」とし，そして，いよいよ同条2項が，必要な「権原の取得」に関する措置を講ずる努力を国などに要請する。

　このように案内すると，なんでまたそんなにもって回った言い方をするか，はっきり放棄と書けばよいではないか，と抗議する読者もおられるかもしれない。

　第三に，けれど，法制執務に携わる立場から述べると，国民は土地を手放すことができる，という法文を書くことはできない。低未利用土地を適切な者が使用するようにし，所有者不明土地の発生を抑制するために種々考えられる施策のうち，一つの，そして究極の施策として土地を手放し，国に帰属させるという場面がありうる。放棄ができると書くならば，何を措いても放棄があり，ということとなって，ランドバンクや農地の中間管理機構のような制度は，もう回りくどいからやめましょう，という仕儀に至る。

　それでは困るから，土地基本法13条は，慎重な表現を選ぶ。同条が述べたい内容は，低未利用土地の利用を促し，所有者不明土地の発生を抑制する施策の一つとして，条件が調えば土地の放棄を認める――これに満たない話でないと共に，これを超えるものでもない。

157 国への所有権の帰属の承認申請をする資格

　相続により土地を取得した者，そして，相続人に対する遺贈の受遺者は，承認申請ができる。これらの者に該当する可能性がない法人は，原則として承認申請をすることができない。

　Aが所有する土地を相続したBは，承認申請ができる（相続等により取得した土地所有権の国庫への帰属に関する法律2条1項）。Aが，遺産分割の方法としてBに土地を相続させる旨の遺言をした場合（特定財産承継遺言の場合）も，Bが相続により土地を取得したものと考えられるから，Bにおいて承認申請ができる（同項括弧書の「全部」の場合）。

　相続人に対する遺贈の受遺者も承認申請ができるから，AがBに対し土地

を遺贈する旨の遺言をした場合も，Bの承認申請の資格が認められる（同法1
条の「相続等」の定義を踏まえる2条1項）。実際上，ふつう法律家でない一般の人
が作成する自筆証書遺言は，精密に法律用語を用いて作成されるとは限らない。
単に「土地はBが受け継ぐ」と記される場合は，特定財産承継遺言と解する
こともあろうし，Bへの遺贈と解する余地もある。どちらであるかにより承認
申請の有無が隔てられる解決が良いとは考えにくい。そこで，いずれであって
も，承認申請が認められる。

　Aの相続人がB・Cの2人であり，相続により土地がB・Cの共有になる場
合において，B・Cは，その土地の所有権の国への帰属の承認申請をすること
ができる（同法2条1項括弧書の「一部」の場合）。Bの持分のみ，また，Cの持分
のみの国への帰属の承認申請はできない（同法2条2項前段・5条2項）。Cの持分
をCからDが買った場合は，B・Dが共同で承認申請をすることができる。D
は，自らの判断で買って取得したものであるが，だから承認申請を認めないと
すると，持分のみの承認申請を認めず，一筆の土地ごとに承認申請をするとい
うルール（同法5条2項）がある限り，承認申請が閉ざされ，共有者のBが迷惑
である。そこで，相続や遺贈により土地を取得したものでないDも，Bと共
にするならば，承認申請が認められる（同法2条2項後段）。

　Aの生前にBが贈与を受けた土地は，承認申請をすることができない。B
は，Bの意思による選択としてAとの贈与契約をしたものであり，土地の使
い勝手が悪くなったからといって国へ放り出されても困る。その贈与がAの
死亡により効力を生ずるとする場合（民法554条）も，事情は異ならない。

158　承認申請を却下すべき事由

　承認申請は，相続等により取得した土地所有権の国庫への帰属に関する法律
2条3項が定める事由がある場合において，することができない。することが
できないとされることの効果として，同項所掲の事由のいずれかがある場合は
承認申請が却下される。実質的ないし評価的な審査を要せずに存否を判断する
ことができる5個の事由が同項において挙げられている。これらの事由に当た
らず，ほかに承認申請を却下すべき事由がない場合において，その申請は，却
下されない。もっとも，申請が却下されないからといって，必ず承認がされる

ものではない。承認申請が却下されない場合において，同法 6 条が定める事実の調査をし，次述 159 で案内する不承認の事由がないときに，承認がされる。

同法 2 条 3 項が定める却下事由は 5 つある。① 建物の存する土地（1 号）や，② 担保権または使用および収益を目的とする権利が設定されている土地（2 号）の国庫帰属の承認申請は，却下される。担保権は抵当権や質権など特別担保に限る。一般の先取特権の目的になっていても，国庫に帰属すれば一般の先取特権の効力の範囲から外れるから，ここにいう担保権に含まれない。企業担保権も同じである。使用収益を目的とする権利は，地上権や永小作権，賃借権などである。共有の性質を有しない入会権（民法 294 条）が存在する土地も，承認申請をすることができない。③ 通路，ため池や井溝など他人による使用が予定される土地として政令で定めるものが含まれる土地（3 号），④ 土壌汚染対策法 2 条 1 項に規定する特定有害物質であって法務省令で定める基準を超えるものにより汚染されている土地（4 号）の承認申請も，却下される。法務省令においては，特定有害物質を定める環境省令と同様の内容が定められる見通しである。⑤ 境界が明らかでないなど土地の所有権の存否，帰属または範囲について争いがある土地（5 号）も，国庫が受け容れるのに親しまない。登記されていない土地は，通常，境界が明らかでなく，場合によっては所有権の存否も判然としない。登記されている土地は，承認の適否を検討する際の国の事実の調査において，境界が明らかになれば，承認ができる。筆界が特定されていたり，不動産登記法 14 条 1 項の地図が作成されていたりすることまでを要求するものではない。なお，境界が明らかでない，という際の境界は，理論的に述べれば所有権の境界の意味であり，筆界そのものを意味しない。

159 不承認の処分をすべき事由

承認申請が却下されなかった場合において，事実を調査して不承認の事由があるときに，不承認の処分がされる。不承認の事由は，相続等により取得した土地所有権の国庫への帰属に関する法律 5 条 1 項が定める。不承認の事由がない場合において，法務大臣は，国庫帰属を承認しなければならない。不承認の事由がないにもかかわらず不承認とすることは，法務大臣の裁量権の踰越に当たり，行政事件訴訟法に基づき不承認の処分の取消しを請求する抗告訴訟を提

起することができる。

　同項が定める不承認の事由は，5つある。①崖地で，勾配や高さについて政令で定める基準に該当するもの（1号）は，承認されない。②土地の通常の管理処分を阻害する工作物，車両や樹木などの有体物が地上に存する土地（2号）も，不承認となる。③除去しなければ土地の通常の管理処分をすることができない有体物が地下に存する土地（3号）も，そうである。④隣接する土地の所有者などとの争訟によらなければ通常の管理処分をすることができない土地（4号）として政令で定めるものも，承認申請に親しまない。

　これらのほか，⑤として，①から④までに当たらなくても，通常の管理処分をするにあたり過分の費用または労力を要する土地として政令で定めるもの（5号）は，承認申請をすることができない。洞窟のように，崖ではないが崖に似て安全の対策が要る土地であるとか，汚泥が発生して環境衛生上支障が大きい土地などは，承認申請に親しまないであろう。

160　土地の土壌汚染がそのままでよいか

　そのままでよいはずはない。よいはずはないが，それは，相続土地国庫帰属制度のミッションではない。土壌汚染対策法7条は，土地の所有者などが土壌汚染を除去する措置を講じなければならず，また，同法8条は，除去に要する費用を原因者に対し請求する途を定める。これらの所有者や原因者の義務ないし負担をウヤムヤにしたまま汚染した土地を国庫に帰属させることは，相当でない。

　もちろん，これで土壌汚染の制度がよいか，別途検討を要する点はある。とくに，所有者が過酷な負担を強いられる帰結は，違憲の疑いが残る。ドイツの連邦憲法裁判所は，2000年2月16日の判決において，基本法14条に抵触する所有権の制限に当たるかどうかを検討して，原則として土地の価格の限度で負担を課するべきであるという合憲性テストの基準を示す（基本法は，ドイツ連邦共和国において憲法に相当する法律である）。日本にも同じ問題はあるであろう。上智大学の桑原勇進教授の状態責任の研究が，参考になる。桑原「状態責任の根拠と限界／ドイツにおける土壌汚染を巡る判例・学説を中心に」自治研究86巻12号・87巻1号〜3号（2010年・2011年）。

161　危ない崖地がそのままでよいか

　こちらも，そのままでよいということはない。急傾斜地の崩壊による災害の防止に関する法律 9 条は，所有者などに急傾斜地の崩壊を防止する努力の義務を課し，同法 12 条は，その努力に困難がある場合について都道府県による急傾斜地崩壊防止工事の施行を想定する。この急傾斜地の仕組みが制度や運用において適切であるか，ひきつづき問うていかなければならない。そこの検討をしないまま相続土地国庫帰属制度で崖地を国に引き取ってもらうという制度の建付けは，考えにくい。

162　承認申請を斥けるべき事由と損害賠償の関係

　不承認の事由が存在するにもかかわらず承認がされた場合において，これによって国に損害が生じたときに，その事由の存在する事実を知りながら告げずに承認を受けた者は，国に対し，その損害を賠償する責任を負う（相続等により取得した土地所有権の国庫への帰属に関する法律 14 条）。すなわち，承認申請者が土地を国庫に帰属させる行為により国に損害を発生させた場合に発生する損害賠償責任は，承認申請者に故意があった場合に限られる。承認を与える際に国も調査をしており，その調査の不完全の不利益を承認申請者という私人に押し付けることは，適当でない。承認申請者に過失があったにとどまる場合には民法 709 条の不法行為責任の成立が例外として阻却される。

　このこととは別に，土壌汚染の原因を作出した者に対し国が土壌汚染対策法 8 条の費用請求をすることなどは妨げられない。

163　承認申請の取消し

　法務大臣は，承認申請者が偽りなど不正の手段により土地所有権の国庫帰属の承認を受けたことが判明した場合において，その承認を取り消すことができる（相続等により取得した土地所有権の国庫への帰属に関する法律 13 条）。承認が取り消されれば，国庫への土地所有権の帰属は，遡って効力を失う。そこで，既に国が土地を売却などしていたときには，売却を受けた者やその者から権利を移転されたり設定を受けていたりする者をめぐる権利関係を覆すことになるから，それらの者の同意を得なければ承認を取り消すことができない。

承認の取消しは，偽りなど不正の手段があった場合に限られる。土壌が汚染されているにもかかわらず，汚染されていないと信じさせる詐術を用いたような場合である。承認申請者が過失により汚染がある事実に気づかなかったにすぎない場合などにおいて，承認を取り消すことはできない。**162** と同じように，承認を与える際に国も調査をしており，その調査の不完全の不利益を承認申請者という私人に押し付けることが適当でないことによる。

164　農地や森林

農地や採草放牧地および森林については，農業経営基盤強化促進法および森林経営管理法において，市町村が関与して利用権を設定したり，売却を促進したりするなどの仕組みが整備されている。これらの施策は，これらの土地を適切に集約して維持し，利用するという政策的観点に立脚するものにほかならない。相続土地国庫帰属制度は，これらの制度との間に良いハーモニーを築いていくことが望まれる。それが，土地基本法13条が掲げる国と地方公共団体の役割でもある。農業や森林に関する上記の2つの法律に基づく仕組みをまず利用したうえでなければ承認申請をすることができないという仕組みではないから，これらの法律に基づく仕組みの実施主体である地方公共団体の事務および費用の負担が増加するおそれなどに配意しつつ，適切な連係関係が追求されていくことが期待される。

所有者のない土地についてであるが，まずは市町村への帰属を模索し，市町村が望まない場合は手順を経て国に帰属させる，という構図を描くフランス民法典713条とは異なり，日本における柔軟な国と地方との連係を実現することができるか，問われ続ける。小柳春一郎『仏日不動産法の現代的展開／所有者不明・無主不動産・土地所有権放棄・相続登記未了』（2021年）157-243頁。

165　法人による承認申請の可能性

相続土地国庫帰属制度は，原則として，この制度により法人が土地を手放すことを認めない。たしかに，形骸化した法人が土地を放置していて，所有者不明になっていくような実態はある。あまり実態が個人と異ならない法人もあるであろう。けれども，① この制度を創設する根拠である立法事実は，おもに

数次相続の発生などに伴う所有者不明土地の増加ということである。②法人には継続して適切に事業を遂行する社会的要請があり，法人が所有する土地は，もとはといえば法人が事業のために取得した土地である。③法人には解散と清算の規律が整備されており，それによる処理を待つべきであって，それらの規律を奪胎することは，適切でないと考えられる。

　もっとも，Aの相続人がB・Cの2人であり，相続により土地がB・Cの共有になる場合において，法人であるMへCの持分が譲渡された場合において，B・Mは，その土地の所有権の国への帰属の承認申請をすることができる（相続等により取得した土地所有権の国庫への帰属に関する法律2条2項）。承認申請を一筆の土地ごとにするという規律（同法5条2項）のもと，これを認めなければBによる承認申請が閉ざされてしまう。

166　所有者不明土地管理制度との関係

　Aの相続人がB・Cの2人であり，相続により土地がB・Cの共有になったけれども，Cの所在がわからなくなり，Cの持分に係る所有者不明土地管理命令が発せられたとき（民法264条の2第1項の共有持分の規律）に，その管理人とBとが，共有地の国庫帰属の承認申請をすることができる。ただし，これは，それによりCの持分が失われる処分の行為であるから，管理人は，これをするについて裁判所の権限外行為の許可の裁判（同法264条の3第2項）を経なければならない。

	相続の放棄	法務大臣の承認を経る所有権の国への帰属（相続土地国庫帰属制度）
法的構成（法律的なロジック）	相続を放棄すると，初めから相続人でないとされる。	いったん取得した土地を国に帰属させる。
土地の放棄と考えてよいか？	法律的には，相続そのものの放棄である。 おもな財産が土地である場合において，土地を放棄した，と当事者が感ずることがあるかもしれない。	一般の人が，実質的には土地の放棄であると理解することを妨げない。 法律的には，国による所有権の承継である。
親の債務の法律的な扱い	相続の放棄をすれば，債務も承継しない。親の借金は，受け継がない。	土地の国への帰属は，それに尽きる話である。相続の承認をすれば，親の借金を負う。
随意にすることができるか？	相続の放棄の意思表示を，推定相続人の意思により随意にする。	法務大臣が承認すると国への所有権の帰属に進む。
期間の制約があるか。	原則として3か月の熟慮期間にする。	時期の制約はない。随意に承認申請ができる。
どのような土地を手放すことができるか？	土地を手放す選択は随意にできる。ただし，手放す際は，遺産に属するすべての土地を手放す。山林は要らないが，宅地は欲しい，という選択はできない。	法務大臣の承認が得られた土地を手放すことができる。
お金を納めなければならないか？	相続放棄者に特にお金の負担はない。	負担金を国に納める。 また，審査手数料も要る。
放棄される財産は何か？	相続財産の全部	その土地のみ

第8章　人々の暮らしと土地制度

● 格差，そして個人情報

辛苦して生きる人々の群像

——201号室の男／それほど広くないアパートであるが，家賃の負担が辛い。ながく自粛で閉店が続き，やっと店が再開されたが，客足は減り，店長から当分は店に来なくてよいと告げられた。することがなくウォーキングをしていたら，大きな御屋敷がある。きれいな生垣がめぐらされていて，手入れに金もかかるだろうに。あげく，ちょっと聞いたけど，そういう管理が嫌になったら国が引き取ってくれる法律までできる，って話じゃないか。なさけないけど，オレの人生と比べてしまう。いったい，あの屋敷の持ち主は，どんなヤツだろう。

——202号室の女／このアパートに来て3か月。夫の暴力から逃れてきて，5歳の娘と二人暮らし。見つかったら，連れ戻されて，また殴られるのだわ。最近，心配なのは，郷里の親のぐあいが悪いこと。相続ということになったら，そりゃあ，娘を育てていくためにも親の財産は，できれば欲しい。けれど，なんか土地を相続して権利者になると登記簿に私の名前と住所が載るらしい。登記簿って，誰にでもみられてしまうのかしら。だったら，登記簿なんてなくなってしまえばいいのに。

——ベランダ越しに201号室のほうから声がある／ちょっと，あんた，登記簿がなくなればいい，なんて冗談じゃないよ。オレは，今日見つけた屋敷の持ち主を知りたい。それに，その持ち主が他にどんな不動産をもっているかも。

——言い返す202号室の住人／隣の人，言っていることが少しヘンよ。私，ここに住んでいることを知られたら，殺されるかもしれない。人が殺されても維持しなければならない制度なんてないはずだわ。

地味にみえる土地法という分野であるけれど，じつは，この社会が人々にとって生きていきたいと感ずる場所であるかどうか，その研究に託されている側面がある。

144　人々の多様な生き方と土地政策

　昭和の高度成長期は，元気な人がめだった時代である。バリバリ仕事をする人が，やけにめだった。その時代にも辛い思いをして生きている人たちはいたはずであるのに。

　社会の世代構成の変化や家族の多様化は，辛い思いをして現代社会を生きている人々を可視化した。実際，そのような人たちが数として増えてきた，ということがあり，また，そこに社会の関心も向かわざるをえないという事情がある。

　ひとくちに辛い思いといっても，その事象の内実は，分析を要する。経済的に苦しいという辛さがあり，また，他の者とのコミュニケーションに悩む，という辛さもある。もちろん実際には，これらの異なる悩みを同時に抱え込む人たちも少なくない。夫であった男の暴力から逃れてきて，不安定な雇用形態で働く人は，経済的に苦しいことに加え，夫から発見されると乱暴されるであろう恐怖と戦いながら，しばしば幼い子を育てる。

　こうした人たちの悩みと，土地政策は，関係がある。無関係であるようにも映るが，現実は，そのようなことはない。すぐ気づくこととして，土地政策の主要なツールの一つには不動産登記制度がある。それは，土地の所有者を明らかにする制度であるが，たやすく住所まで明らかにされると，その人の生命や

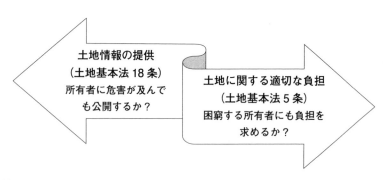

身体に危険が及ぶ。そこは，どのように考えるとよいか。

145 土地情報政策の考察の端緒——土地基本法18条

土地の保有は，法律学における権利概念の整理においては，所有権で説明される。しかし，土地政策の思想を確かめるならば，土地の保有は，与えられた自然の一部にすぎない。だから土地基本法18条2項は，「個人の権利利益の保護に配慮」することの留意を要請しつつ，「地籍，土地の利用及び管理の状況，不動産市場の動向等」に係る情報が国民に提供される，と定める（→ 29 ・ 84 ）。

これが土地情報政策というものの基盤をなす思想であるが，その際，「個人の権利利益の保護に配慮」するという牽制原理が用意されることは，注意を要する。

146 「個人の権利利益の保護」の配慮の具体の様相

土地基本法18条2項は，地籍の情報の公開，提供にあたり，「個人の権利利益の保護に配慮」することを要請する。

「配慮」の様相は，局面により異なる。

土地の所有者など当事者からみて公開を嫌忌する事項であること（①）に加え，その嫌忌の要望が社会的に正当であると認められるという条件（②）が調う局面において，情報の公開が控えられ，または抑えられる。

(1) **土地の所有者の情報は公開が原則**　まず，一般的に土地を所有する者の氏名や住所として登記された内容に係る情報は，開示されるべきであると考えられる。土地の所有者など当事者が公開を嫌忌することがあるかもしれない（①）けれども，公開することが社会的に要請される（②）。土地を所有し，したがって土地について責務と権限を有する者が明らかとなり，そして，その者とのコミュニケーションが可能でなければ，土地の適正な利用，管理，取引の実現は難しい。防災や災害復興にあっても，重大な支障が生ずる。大きな災害の際，緊急に土地を使用する必要が生ずる際など，所有者と迅速，円滑に連絡調整ができるようになっていなければならない。

そこで，原則として，登記情報は公開される。だれでも手数料を支払って登記の内容を知るために登記事項証明書の交付を受けることができる。だれでも，

というのは，所有者でなくても，という意味である。だれでも，すべての日本の土地の所有者とその住所を知る可能性を与えられる。

　この原則のうえに，不動産取引の実務上，注意して扱うべき局面は，たしかにある。ふつう，離婚をする2人は，もはや相手の将来の人生に関わらないし，関わるべきではない。住所を伝えるかどうかも，もちろん当事者が自ら判断するところを尊重する。新婚の際，2人で組んだ住宅のローンは，2人が所有している建物や土地について，2人を債務者とする抵当権の設定の登記をしてされる。これを解消して抵当権の登記を抹消し，いずれか一方または第三者が所有権を取得する旨の登記の手続をする際，関与する司法書士は，細心の注意を求められる。多くの書類が作成され，交換されるが，これからは別々の人生を歩む相手方の住所などを書類で容易に見てしまうような段取りは避けなければならない。<u>ペア・ローン</u>の解消という工夫を要する実務が要請される。

　(2)　**配偶者の暴力・児童虐待・ストーカー被害**　　もっと深刻である場面は，単に離婚するという話で終わらず，暴力により生命や身体が危うくなる場合である。

　配偶者または配偶者であった者から暴力をふるわれ，その者から離れて住もうとしても，なお追いかけてきて暴力をふるわれる。その恐怖と戦いながら生きる人たちがある。あるいは，虐待される児童。また，ストーカー行為の被害に遭っている人たちもあり，これらの人たちを保護する仕組みを社会において用意しなければならない。その保護の仕組みが適切に機能しているか，それ自体として大きな一個の課題である。

　それと共に，土地政策の観点から考えなければならない課題がないか，これが本章の主題となる。

　配偶者の暴力と土地政策。あまり関連がない印象を与えるかもしれないが，配偶者または配偶者であった者から暴力をふるわれるおそれがある人たちも，土地を相続して登記の義務を負う。登記を申請すれば，暴力の被害に遭っているその人たちは，所有権の登記名義人となり，氏名と住所が登記される。それは困る。

　さて，どうすべきか。

　あらためて考えると，被害者の住所を登記することで何が困るか。それは，

登記されている内容が一般の人に開示されるからである。登記されている内容
を一般の人々は，どのようにして知るか。手数料を納め，**登記事項証明書**の交
付を受け，それを参照して知る。登記そのものは，法務省が管理するデータで
あり，一般の人々がアクセスすることができない。登記のデータをプリントし
て交付するものが登記事項証明書にほかならない。そうであるならば，被害者
の住所は，登記のデータには書き込んでおくとしても，それをプリントして交
付する際，登記事項証明書には印刷して表示することをしない扱いとすればよ
い。これが，不動産登記法の119条6項という新しい規定が定める仕組みであ
る。たとえ被害者の住所であっても，登記のデータそのものには記録しておか
なければならない。そうでないと，登記の資料としての正確性が損なわれる。

　すこし悩ましい事項は，被害者が登記名義人である土地の登記事項証明書に
おいて住所として何を記載するか，である。すぐに想像されることとして，空
欄にするほかない，とも考えられる。しかし，そうすると，登記事項証明書の
交付を受ける人々にとっては，住所が空欄になっているため，なにかトラブル
に巻き込まれた人であると告げられるに等しい。それは，宜しくないであろう。
また，だれか別の人の住所を記載すればよいという意見もあるかもしれない。
けれど，それでは住所を書かれた人は，あまり心穏やかでないと想像される。

　結局，国の住所を記載するほかないのである。たとえば東京法務局の住所を
記載するなど，である。この方法は悪くないと感じられるが，稀な事例につい
て少し心配は残る。東京法務局の本局は，東京都千代田区九段南にあり，たま
たま被害者も九段南のアパートに住んでいるという場合において，登記事項証
明書を見て九段南を徘徊している加害者と偶然バッタリと顔を合わせないとも
限らない。こうしたおそれがある事例は，別の住所を記載して解決されるであ
ろう。東京法務局府中支局の住所を書いておく，などの工夫である。

　さいわいにして，すこし時間がある。不動産登記法119条6項の規定は本書
刊行の時点で施行されていない。施行まで若干の暇があり，その間に適切な解
決を探していくこととなるであろう。

　ここの話を要約すると，土地の所有者の登記された住所の開示により関係者
の生命・身体に危険が生ずる場合において，土地の所有者など当事者が公開を
強く嫌忌する利益があり（①），この利益は，公開を望む社会的な要請を凌駕

する（②）。したがって，不動産登記法 119 条 6 項により登記情報の公開が控えられる。

(3) 集積された情報の利用の功罪　　これとは異なる論点として，ある人が全国でどれくらい土地を有しているか，全貌を知られるようになる公開は，どのように考えたらよいか。いわゆる**名寄せ**を容易にして世の中に資産の全貌を晒すものとしてよいか，という問題である。現代は，高度な情報通信技術が駆使される。不動産の登記に係る情報も電子化されているから，その情報を手許に置く政府は，容易に**集積された情報**としての名寄せをすることができる。けれども，その成果を勝手に覗き見る他人は，良い趣向の持ち主とは申し上げにくい。

公開により資産の全貌が世上に知られるならば，その人の印象が社会的に形成され，形成された印象は，その人の人格の社会的評価と関連させられるから，当事者が公開を嫌忌することは理解が可能であり（①），また，公開することに社会的な福利があるとも認められない（②）。そこで，**所有不動産記録証明制度**（→ 126）において，名寄せの成果に係る情報は，登記名義人本人およびその相続人のみが提供を受ける（不動産登記法 119 条の 2）。

(4) 実売価格情報の開示における工夫　　不動産の情報の公開が当事者の資産状況を推認させるという問題は，**不動産取引価格情報提供制度**にもみられる（→ 84）。土地の取引がされた際の実際の価格が開示されると，土地の所有者など当事者の資産形成の状況の推認が容易になり，公開により資産の全貌が世上に知られるならば，その人の印象が社会的に形成され，形成された印象は，やはりここでもその人の人格の社会的評価と関連させて観察されかねない（①）。けれども，国民に開かれた透明性のある不動産市場を実現することも社会的に要請される（②）。そこで，物件のピンポイントでの特定を避ける工夫を伴わせながら情報を公開する。

◆**土地の所有者の氏名・名称・住所として登記された内容の開示**（→
本文(1)）

  →一般には，土地の所有者など当事者が公開を嫌忌することがあ
るかもしれない（①）けれども，公開することが社会的に要請
される（②）。

  →そこで，原則として，情報が公開される。不動産登記法119条
1項。

◆**土地の所有者の氏名・名称・住所として登記された内容の開示によ
り関係者の生命・身体に危険が生ずる場合**（→ 本文(2)）

  →この場合は，土地の所有者など当事者が公開を強く嫌忌する利
益があり（①），この利益は，公開を望む社会的な要請を凌駕
する（②）。

  →したがって，情報は公開されない。不動産登記法119条6項。

  →なお，生命・身体への危険に比肩される心身への有害な影響が
危惧されるとして法務省令で定める場合も，同じ扱いがされる。
住所の公開により人々が深刻な影響を受ける場面は社会経済情
勢の変化に応じて様々な新しい形態のものが現われることも予
想されるから，法律改正を経なくても政府による臨機の柔軟な
対処を可能としておかなければならない。

◆**ある人が全国でどれくらい土地を有しているか全貌を知られるよう
にする公開**（いわゆる名寄せ）（→ 本文(3)）

  →ここでは，公開により資産の全貌が世上に知られるならば，そ
の人の印象が社会的に形成され，形成された印象は，その人の
人格の社会的評価と関連する側面があるから，当事者が公開を
嫌忌することは理解が可能であり（①），また，公開すること
に社会的な福利があるとも認められない（②）。

  →そこで，登記名義人本人およびその相続人のみが情報を取得す
ることができる。不動産登記法119条の2。

◆**土地の取引がされた際の価格の開示**（→本文(4)）

　　→価格が明らかになると，土地の所有者など当事者の資産形成の
　　　状況の推認が容易になり，公開により資産の全貌が世上に知ら
　　　れる。その人について社会的に形成された印象は，その人の人
　　　格の社会的評価と関連する側面がある（①）けれども，国民に
　　　開かれた透明性のある不動産市場を実現することも社会的に要
　　　請される（②）。

　　→そこで，工夫をして情報を公開する。不動産取引価格情報提供
　　　制度（→84）。

147　格差のある社会と土地政策

　土地基本法は，土地の利用や管理，登記手続，境界の明確化などについて土
地所有者に責務を課する。責務を誠実に履行しようとすれば，費用を負担しな
ければならない局面もある。さらに，土地所有者は，土地の社会的，経済的な
条件の変化や社会資本の整備に伴う適切な負担をしなければならないとされる
（土地基本法5条）。負担をしなければならない理由は，土地基本法5条2項が定
める負担に関して見ると，社会資本の整備などにより利益を受けることに見出
される。すなわち，ここには，〈応益的な観点〉からする負担の発想があり，
しかも，それしかない。

　負担をする所有者の資産や所得の状況がどのようなものであっても負担をし
なければならない，ということであろうか。〈応能的な観点〉から見て負担の
減免を講ずる必要がないか，という問題意識からの検討は，これまでのところ
研究が十分でない。

　これから研究が深められるべき課題であり，その際は，土地政策のみを見る
狭い視野ではなく，社会像を俯瞰する視点が要る。土地課税の在り方は，どの
ような資産課税がよいか，という税制の体系的観点をも背景に置いて検討しな
ければならない。

　ひとしく土地所有者の負担といっても，社会経済的な条件の変化により所有
者が手にする開発利益を公共に還元させること（土地基本法5条1項）は，土地

の資産としての有利性を減殺し，格差への対処としての意義をもつ側面がある。

　土地政策と社会保障との関係に関しては，今後において検討を要する課題が多い。土地の保有が生活保護の受給の妨げになることのないようにする制度の運用など，心がけていく必要がある。

　ここに掲げた諸課題は，格差という深刻な問題を抱える現代日本社会において土地政策を進めるにあたり，2021年の土地制度改革が残した宿題として，これから検討されていくことになる。

148　土地の所有者という抽象的存在から現実の人間存在への視点の転換

　土地基本法に導かれる土地政策は，同法の言葉遣いからも知ることができるように，土地を所有していたり，土地の使用収益権原を有したりする存在として人を把握する。当然のことながら，それらの人々は，土地保有のことに終始して生きているものではない。土地のほかにも資産を有していたり，反対に全く資産も所得もなかったり，あるいは土地の近くに住んでいたり，近くには住んでいなかったり，要するに様々の現実の暮らしがある。その暮らしがあってこその人であり，その暮らしを安んじてこそ土地政策は達せられる。

　土地の所有者という人の抽象的な把握から出発するとしても，話が最後には，現実に生きる人間の像を捉えないで済ますわけにはいかない。

　所有者不明土地問題も，言い換えれば，土地とその所有者の現実の人生とが隔てられる，という現象の言い換えである。

149　"ないこと証明"の向こうにめざすもの

　所有者不明土地が増えてきた，と，ときに人は述べるけれども，いなくなってしまった所有者，失踪して行方不明になっている所有者が増えているということであろうか。**第1章**でも述べたように，そんなに失踪している人が増えているという感覚は，著者にはありません。皆さんは，いかがでしょうか。

　これは実は，所有者が失踪しているものではなく，しばしば遠くにいる所有者などが土地に関心を示さなくなって，土地と人との縁が途切れそうになっているということではないか。

　第1章で考察したとおり，親とは別の場所で職業を営み家庭をもつ人たち

が多くなった社会にあって，相続をする人々は，遠方に所在する資産価値が乏しい土地に関心をもたない。半面，土地の利用への要請は，各地において，産業的な需要とは異なる形態で現われ始める。地域においては，保育所や託児所，介護施設などを建て，また，防災などの観点も睨みながらコンパクトな都市に誘導するため，土地利用をコントロールしなければならない。土地保有に関心を失う相続人と，土地利用の再編を望む地域とのミス・マッチから，所有者不明土地問題は生じた。

　地域の土地に関心を抱く相続人が•いないことを確かめる手順を経て，その土地を地域に役立てる。この方向へ大きく舵を切った出来事が，2021年の土地制度改革にほかならない。

　この論理の積み重ねから明らかであるように，土地制度改革は，それをすること自体が目標ではない。土地利用を適切に制御する術を得た地域は，それにより地域を再編し，そこで人々の暮らしを安定させなければならない。

150　これからを考えるヒント──「地域」

　このように考えを進めてきて初めて合点がいくものが，土地基本法1条である。地域という概念が1条の法文を支える。

　　「この法律は，土地についての基本理念を定め，並びに土地所有者等，国，地方公共団体，事業者及び国民の土地についての基本理念に係る責務を明らかにするとともに，土地に関する施策の基本となる事項を定めることにより，土地が有する効用の十分な発揮，現在及び将来における**地域**の良好な環境の確保並びに災害予防，災害応急対策，災害復旧及び災害からの復興に資する適正な土地の利用及び管理並びにこれらを促進するための土地の取引の円滑化及び適正な地価の形成に関する施策を総合的に推進し，もって**地域**の活性化及び安全で持続可能な社会の形成を図り，国民生活の安定向上と国民経済の健全な発展に寄与することを目的とする。」

　令和2年法律第12号により大きく装いを改めた令和の土地基本法を踏まえ，いささか遠い眼で私たちの社会の行く末を睨む際，土地制度改革は，どこに目

標を見出すべきであろうか。土地基本法1条をヒントとして述べるならば，平成の土地基本法には「需給関係」とか「地価の形成」という言葉が見え，半面，「地域」が見当たらない。令和の土地基本法は，ひとたびならず「地域」が登場する。そう，地域。土地政策は，土地そのものが問題だから展開するというよりも，その土地が，そこで人々が暮らす場所であるからこそ，意味があるものであろう。地域をしっかりしていかなければ，これからの日本が立ち行かない，という文脈は，新しい土地基本法を読み解いて与えられる大切な示唆にほかならない。

　地域とは，すなわち，人々の社会的関係形成の集積である。むろん，ひとくちに社会的関係形成といっても，その実際は一様ではない。親族共同体が希薄になってきているといっても，崩壊していない家族も少なくない。半面，身寄りがなく一人で暮らす人たちも増えてきている。その人たちは別な仕方で地域において人間関係を築くことができるとよい。

　所有者不明土地問題の解決も，地域の再編が要請し，また，地域の再編の成果として達せられる。一方に土地から離れていく所有者があり，他方に土地を必要とする地元の人々がある。この行き違いを正し，地域を発展させようとする試みが，これから今般の土地制度改革と共に始まる。

────────── 解　説 ──────────

167　1959年の伊勢湾台風における災害救助

　1959年の伊勢湾台風は，三重県や滋賀県に甚大な高波，洪水の被害をもたらした。滋賀県の日野川の堤防が決壊し，洪水が迫ってきた際，土地を切り崩し，迫り来る水を遠ざけた。その切り崩される土地の所有関係，つまり所有者の氏名および住所を登記で確かめながら手順が進められた（滋賀県のウェブサイト）。

168　ペア・ローンの離婚の際の処理

　夫婦が共有する不動産について，各自の持分を目的として共同抵当の抵当権の設定がされ，その旨の登記がされており，抵当権が担保する債権の債務者は

夫婦2人である場合において，その夫婦が離婚する際は，抵当権の登記を抹消し，所有権を夫婦の一方または第三者が取得する旨の登記が実際上要請される。いわゆるペア・ローンの離婚の際の処理などにおいて，本来は隔離されることが望まれる関係者の間に錯綜した接触を避けることができない。登記原因証明情報を差入方式にしたり複数の文書にしたりするなど取引決済の適切な方法の調査研究が望まれる。鹿島久実子「DV等の被害者への支援措置と司法書士業務のかかわり（1）（2）」市民と法118号・119号（2019年），座談会「母子家庭の三重苦を考える——住まい・DV・養育費」市民と法122号（2020年）。

169　配偶者から暴力を受ける者などの不動産登記制度における保護

　登記官は，登記記録に記録されている個人の住所が明らかにされることにより人の生命または身体に危害を及ぼすおそれがある場合，また，これに準ずる程度に心身に有害な影響を及ぼすおそれがあるものとして法務省令で定める場合において，その者からの申出があったときは，法務省令で定めるところにより，登記事項証明書においては，住所に代わるものとして法務省令で定める事項を記載しなければならない（不動産登記法119条6項）。

　この規定による登記事項証明書の特例的な扱いがされる者の典型は，配偶者から暴力を受けた者で住民基本台帳事務処理要領が定める支援措置を受けており，住民票上の住所を秘匿する必要がある者である。虐待の被害を受けている児童や，ストーカー行為の被害に遭っている人たちも，同様の扱いが望まれる。

　従来の扱いを顧みると，まず，被害者が登記義務者となる登記をする際，その前提として住所の変更の登記を経ることを要しないとされた（民事局民事第二課長通知平成25年12月12日民二809号・登記研究808号102頁，①）。つぎに，登記名義人となる場合において，申請情報に記される前住所等を登記権利者の住所とする扱いへと進む（民事局民事第二課長通知平成27年3月31日民二196号・登記研究808号105頁，②）。ストーカー行為の相手方および虐待を受けた児童についても，同様である。附属書類の閲覧を制限する措置も附言しておこう（民事局民事第二課長通知平成27年3月31日民二198号・登記研究808号107頁，③）。一連の措置は，しかし，法令上の確たる根拠を欠く憾みを伴った。令和3年法律第24号による不動産登記法の改正により，この課題に対し明瞭な法制上の措置

が講じられる。

　不動産登記法 119 条 6 項により，被害者の住所が登記事項証明書に記載されるべき場合においては，その住所の記載に代え，「法務省令で定める事項を記載」する。この定めをする法務省令は，同項の規律を施行するまでに制定される。

　吉田克己「不動産登記と個人情報・プライバシー」ジュリスト 1502 号（2017 年），鹿島久実子「DV 等被害者への支援措置と司法書士業務のかかわり／被害者保護に寄与する制度の実現のために」THINK（司法書士論叢）119 号（2021 年）。

170　不動産登記法 119 条 6 項の施行と従前の登記先例

　不動産登記法 119 条 6 項が定める 169 の仕組みが実施されると，169 の ① ・ ② の登記先例は，意義を失う。

　その際，② の登記先例に従い，現に前住所の登記名義人として記録している登記記録については，所要の経過的な措置が講じられることになるであろう。前住所を登記名義人の住所として記録している所有権の登記名義人は，住所の変更の登記の申請を義務づける同法 76 条の 5 の施行後 2 年以内に住所の変更登記を申請すべき義務を負うから，この登記の申請と共に，同法 119 条 6 項に基づく申出をして，同条の措置を受けることになると考えられる。ここの局面の運用における経過的な措置が適切にされるよう期待する。

　従前の登記先例のうち，169 の ③ は，必ずしも意義を失うものではなく，不動産登記法 121 条 3 項の「正当な理由」の存否の認定判断の運用に活かされる。

171　所有不動産記録証明制度

　ある土地を誰が所有しているか，という登記の情報は，何人でも取得することができる（不動産登記法 119 条 1 項）。しかし，ある人がどれくらいの土地を所有しているか，という情報を所有不動産記録証明制度により手にすることができる者は，本人とその相続人などの一般承継人に限られる（同法 119 条の 2 第 1 項・2 項）。「情報処理（集積，同一化，非セキュリティ状態，二次利用，排除）」の弊害という問題が，ここでは考慮されなければならない。角本和理

「サイバー時代におけるプライバシーの法理論（6）」北大法学論集 69 巻 4 号
（2018 年）1077 頁。

172　相続土地国庫帰属制度の見直し規定

　2021 年 3 月 30 日，衆議院法務委員会は，民法や不動産登記法を改正する
「民法等の一部を改正する法律案」および「相続等により取得した土地所有権
の国庫への帰属に関する法律案」を可決した際，附帯決議をした。附帯決議に
おいては，後者の法律の附則で予定される施行 5 年経過後の見直しの検討の機
会に向け，つぎの事項が掲げられる。すなわち，「経済価値の乏しい相続土地
の国庫帰属については，申請人の負担軽減の必要性も踏まえ，承認要件や申請
人の費用負担の在り方を検討するとともに，施行後 5 年間の運用状況を踏まえ，
検討を行うに当たっては，土地所有権の放棄の在り方，承認申請者の要件，国
庫帰属後の土地の利活用の方策その他の事項についても検討し，その結果に基
づいて必要な措置を講ずること。また，承認申請があった際には，関係機関や
地方公共団体との連絡・連携を密にし，土地の有効活用の機会を確保するよう，
地域の実情に沿った運用に努めること」である。申請人が納付することになる
負担金を同人の生活，所得，資産などを勘案して減免する仕組みの採用の適否
や，採用する際の内容などは，論点となる可能性を意識しておかなければなら
ない。その際，相続土地国庫帰属制度が創設される前の状況は，田處博之「不
動産所有権の放棄と国庫帰属／各地の財務局への情報公開請求からみえてきた
もの」札幌学院法学 34 巻 1 号（2017 年）が伝える。

173　土地の保有と生活保護

　生活保護は，「生活に困窮する者が，その利用し得る資産，能力その他あら
ゆるものを，その最低限度の生活の維持のために活用することを要件として行
われる」（生活保護法 4 条 1 項）。土地も資産であるから，そうすると，土地を保
有しつづけながら生活保護を受けることはできないということになるか。政府
の見解は，「原則から申し上げますと……不動産等の資産は，原則として処分
をしていただくこととなります。／ただし，そうは申しましても，一方で，現
在住んでいる住宅ですとか……活用していないもののすぐには買い手がつかな

い土地など，個別の事情によりまして，例外的に，不動産等を所有したまま保護を開始ができるという取扱いをしております。／その上で，例えばすぐに買い手がつかない土地を保有する場合には，福祉事務所は保護開始後に土地の処分を指導し，その後，売却をできた際に保護に要した費用の返還を求める，こういった取扱い」をするというものである（衆議院国土交通委員会，2018 年 5 月 23 日の会議）。

　類似の構図の問題は，自動車の保有についても観察される。内藤俊文「生活保護の自動車保有要件に関するアンケート結果と社会保障制度利用支援助成事業のご紹介」月報全青司 494 号（2021 年 6 月号），最判平成 30 年 12 月 17 日民集 72 巻 6 号 1112 頁の事案など，参照。

174　土地制度と格差の問題

　平成の土地基本法の段階において既に「今回の地価高騰は，……土地を持つ者と持たざる者との資産格差を拡大し，社会的不公平感を増大させるなど我が国社会・経済に重大な問題を引き起こしている」という観点が意識されていた（江口・前掲「土地基本法の概要」〔**9** 所引〕34 頁）。今日，この観点は，より鋭敏に意識されなければならない。それは皆が思うことでもあろう。そういう意識で「土地法制の改革」という本書の書名を見ると，もしかすると中味は，大きく土地制度の改革を論ずる本であり，土地の私有制の廃止を提言するものではないか，と感じた人もあるかもしれない。

　そんなことは政治的に現実性がない，と話を片づけてしまうことは，容易である。

　しかし，では，もし，土地を公有する巨大な政府を作り，すべての国民にベーシックな所得を保障して結果の平等をもたらすことが政治的に可能であるならば，その実現が本当に望まれることであろうか。

　その問いに答えることは，もはや本書の守備範囲から離れつつあるから，若干の論及にとどめる。たしかに，「民主社会において諸市民が対等者として機能するのに充分な潜在能力の保障」（森悠一郎『関係の対等性と平等』〔法哲学叢書第 II 期 2，2019 年〕200 頁，傍点原文）があるべきである。格差は，やはり見逃すことができない。それと共に，「分配的平等主義における主体間の相互行為の契

295

機の捨象化」（森・同書 10 頁）ということも困る。適正な社会的・経済的な平等を基盤として自らの状態を処していく市民こそが大切であり，これとは異なり，なんでもセーフティ・ネットで救う社会体制が人々に瑞々しい幸福を恵むとは考えにくい（亀本洋「民法の正義と『公正としての正義』」法律論叢 93 巻 4 = 5 号〔2021年〕61-62 頁参照）。そして，そうであるならば，本書が論じてきた土地政策の展開を前提として，これから土地の上でどのような地域の営みが展開していくか，こそを注視すべきであろう。読者の皆さんと共に，そこに眼を凝らしていきたい。

事 項 索 引

事 項 索 引

条 文 索 引

著者紹介

山野目 章夫（やまのめ あきお）

早稲田大学大学院法務研究科教授

　1958 年 福島県生まれ
　1981 年 東北大学法学部卒業
　　　　国土審議会土地政策分科会特別部会部会長として，所有者不明土地の利用の円滑化等に関する特別措置法案および土地基本法改正案を，法制審議会民法・不動産登記法部会部会長として，民法・不動産登記法等改正案および相続等により取得した土地所有権の国庫への帰属に関する法律案を取りまとめた。

主著

物権法〔第 5 版〕（日本評論社，2012 年）
不動産登記法概論 登記先例のプロムナード（有斐閣，2013 年）
不動産登記法入門〔第 2 版〕（日本経済新聞出版社，2014 年）
民法概論 1 民法総則（有斐閣，2017 年）
ストーリーに学ぶ所有者不明土地の論点（商事法務，2018 年）
民法 総則・物権〔第 7 版〕（有斐閣，2020 年）
不動産登記法〔第 2 版〕（商事法務，2020 年）
民法概論 4 債権各論（有斐閣，2020 年）

土地法制の改革
──土地の利用・管理・放棄

2022 年 2 月 10 日　初版第 1 刷発行

著　者	山 野 目 章 夫
発 行 者	江 草 貞 治
発 行 所	株式会社 有 斐 閣

郵便番号 101-0051
東京都千代田区神田神保町 2-17
http://www.yuhikaku.co.jp/

印刷・株式会社理想社／製本・牧製本印刷株式会社

ISBN 978-4-641-13879-7